JULIE SCHMIDT

To all
the boys
I've fucked
before

Über die Autorin:
Geboren wurde Julie Schmidt ausgerechnet am 6.9.1993 (ja, Sternzeichen Jungfrau). Als Ruhrpott-Göre hat sie früh gelernt, kein Blatt vor den Mund zu nehmen. Sie studierte Journalistik in Köln, absolvierte die Axel-Springer-Akademie und arbeitet heute als Boulevard-Journalistin in Berlin. In ihrer NOIZZ.de-Kolumne »SEX VOR NEUN« schreibt sie über ihre Vorliebe für Blowjobs, Fuckboys und Zigaretten.

JULIE SCHMIDT

To all the boys I've fucked before

Sex-Geschichten einer **Frau,**
die lieber die **Liebe** finden würde

mvgverlag

Bibliografische Information der Deutschen Nationalbibliothek
Die Deutsche Nationalbibliothek verzeichnet diese Publikation in der Deutschen Nationalbibliografie. Detaillierte bibliografische Daten sind im Internet über http://dnb.d-nb.de abrufbar.

Für Fragen und Anregungen
info@mvg-verlag.de

Originalausgabe
1. Auflage 2020
© 2020 by mvg Verlag, ein Imprint der Münchner Verlagsgruppe GmbH
Nymphenburger Straße 86
D-80636 München
Tel.: 089 651285-0
Fax: 089 652096

Redaktion: Iris Rinser
Umschlaggestaltung: Maria Verdorfer
Umschlagabbildungen: shutterstock.com/Pedro Bento; Ondacaracola
Satz: Digital Design, Eka Rost
Druck: CPI books GmbH, Leck
Printed in Germany

ISBN Print 978-3- 7474-0207-8
ISBN E-Book (PDF) 978-3- 96121-564-5
ISBN E-Book (EPUB, Mobi) 978-3-96121-565-2

Weitere Informationen zum Verlag finden Sie unter

www.mvg-verlag.de

Beachten Sie auch unsere weiteren Verlage unter www.muenchner-verlagsgruppe.de

Für meine Vagina und mein Herz.

Und für alle, die in den Himmel blicken und sich fragen,
wieso das mit der Liebe einfach nicht klappt.

Inhalt

Kapitel 1:
Die enttäuschende Nummer mit der ersten großen Liebe

Lieber Leon,

na, wie geht's wie steht's? Hoffentlich besser als bei unserem Date. Danke, dass du der erste Typ warst, der mir mein fucking Herz gebrochen hat. Ach ja, und dafür, dass du nicht mal einen Ständer bekommen hast, nachdem ich über sechs Jahre auf dich gewartet habe.

XOXO Julie Schmidt

*

Ich hatte schon immer ein Herz für arrogante Arschlöcher und schöne Penisse. Vermutlich war das der Grund, weshalb ich mich als 13-Jährige Hals über Kopf in Leon verknallte. Okay zugegeben, damals konnte ich noch nicht wissen, ob er wirklich einen schönen Penis hat. Erst ein paar Jahre später sollte ich erfahren: Sein Penis war wirklich ein Prachtexemplar. Dank seiner fast perfekten Form, Länge und Dicke hätte er bei der Casting-Show »Julies next Super-Dick« sicherlich jede Runde ein Foto von mir in die Hand gedrückt bekommen … davon hatte ich schließlich genug.

Als ich mich mit dreizehn Jahren in Leon verknallte, wusste ich allerdings nur eins über ihn: Er konnte ein verdammt süßes Arschloch sein. Dass mich dieser beschissene Typ mit den eisblauen Augen und den dunkelbraunen Haaren durch meine ganze Pubertät begleiten und mir Jahr für Jahr mein Herz brechen würde, hätte ich in diesem Moment dann aber doch nicht gedacht.

Leon war, wenn man Fiete von den *Pfefferkörnern* abzieht, meine erste große Liebe – die leider von Anfang an zum Scheitern verurteilt war. Also zumindest, wenn man die ersten sechs Wochen abzog, in denen er mir täglich niedliche Zettelchen in meine Federmappe steckte und direkt nach der Schule mit einem *»Ah-Oh«* in meinen ICQ-Messenger slidete, wie die Fuckboys heute in die Insta-DMs.

*

»Leon … du bist dran«, grinste mein bester Freund Tim und klatschte aufgeregt in die Hände. Seine Stimme schoss erst in die Höhe und brach dann heiser ab – die Pubertät war ein mieser Verräter. Seit einem Jahr war Tim mein bester Freund: Wir hingen ständig miteinander rum, er begleitete mich zum Shoppen, er fuhr mit mir ins Kino in die Nachbarstadt und hörte sich nun schon seit Wochen an, wie verknallt ich in seinen Kumpel Leon war.

»Wehe, ich muss noch mal aus dem Aquarium trinken«, stöhnte Leon und warf ihm einen drohenden Blick zu.

Tim lachte diabolisch auf, schüttelte aber den Kopf: »Küssen! Du hast die Wahl zwischen Julie und Nastasia!« Mein Herz donnerte aufgeregt gegen meine Brust. Würde er sich für mich entscheiden? Würden seine vollen Lippen gleich wirklich zum ersten Mal auf meine treffen? Ich warf Tim einen aufgewühlten Blick zu, er grinste.

Leon nickte bereitwillig, zeigte für den Bruchteil einer Sekunde mit dem Finger erst auf meine Freundin Nastasia, dann allerdings auf mich und sagte mit seinem schelmischen Leon-Grinsen:»Ich küsse Julie ...«

Tim und die anderen Jungs pfiffen begeistert. Ich lächelte dagegen nur und rutschte selbstbewusst zu ihm rüber. Ich muss in diesem Moment ziemlich gelassen gewirkt haben, dabei sah es in mir drin alles andere als cool und abgebrüht aus: Die Schmetterlinge flogen Loopings, die Endorphine tanzten Salsa und das Blut pumpte so laut durch meine Venen, dass ich es rauschen hörte.

Leon lächelte, legte seine Hand an meine Wange und drückte seine leicht angefeuchteten Lippen zum ersten Mal auf meine. Der Kuss dauerte zwar nur fünf Sekunden, trotzdem explodierte in mir ein Hormonfeuerwerk, das einer Atombombe glich und leider auch so große Langzeitschäden verursachte.

Denn als er sich wieder von mir löste und die anderen das mit einem verschwörerischen»Uuuuuuhhhh« kommentierten, spürte ich zum ersten Mal die Sehnsucht nach meinem ganz persönlichen Happy End unter meiner Brust: Ich wollte mit Leon zusammen sein – und zwar bis zum Ende meiner Tage.

Um für immer eine Erinnerung an den ersten Kuss mit ihm zu haben, behielt ich das Kaugummi, das ich währenddessen zwischen meine Zähne geklemmt hatte, in meinem Mund. Als ich gegen 24 Uhr zu Hause ankam und immer noch völlig beschwipst von meinen Glücksgefühlen war, schnappte ich mir den nächstbesten Bilderrahmen und pappte das zähe Teil voller Zuversicht, dass ich das sicherlich irgendwann noch mal unseren Kindern zeigen würde, hinter die Glasscheibe. Spoiler: Etwa ein Jahrzehnt später fand ich den silbernen Bilderrahmen mit dem Kaugummi in meiner Erinnerungskiste und warf ihn lachend und etwas angeekelt in den Müll.

*

Dieser besagte Abend war schon damals von größter Bedeutung für mich, denn spätestens nach unserem harmlosen Fünf-Sekunden-Kuss bekam ich die Schmetterlinge, die wild durch meinen Körper flatterten, nicht mehr unter Kontrolle. Sie hörten auch nicht auf zu flattern, als Leon mir nicht mal eine Woche nach Tims Geburtstag steckte, dass er sich unerwartet in eine Freundin von mir verknallt hatte; sie wollten auch nicht aufhören zu flattern, als er etwa ein halbes Jahr später den ersten Liebesbrief meines Lebens durch die Sitzbänke reichte, als wären es die Lösungen für die nächste Matheklausur; und sie flatterten auch immer noch, als ich ihm tapfer dabei zusehen musste, wie er etwa ein Jahr später seine erste Freundin hatte.

Diese schrecklichen Mutanten-Schmetterlinge sorgten auch in den nächsten Jahren dafür, dass ich mich zwar mit anderen Typen vergnügen, allerdings nie so recht mein Herz für sie öffnen konnte. Leon öffnete hingegen nicht nur sein Herz, sondern auch immer öfter seine Hose für andere Mädels. Damals brach es mir Tag für Tag, Jahr für Jahr aufs Neue mein Herz. Während meiner Schulzeit hätte ich sicherlich fünfzehn Badewannen mit Tränen füllen können, weil ich einfach nicht über meinen Leon mit den beschissenen blauen Augen und dem schelmischen Lächeln hinwegkam. Denn obwohl Leon und ich nie zueinander fanden und wir lange einfach nur nebeneinanderher lebten, gab es immer wieder Tage, an denen wir für wenige Augenblicke doch wieder zueinander fanden.

In der achten Klasse knutschten wir heimlich in einem leeren Klassenzimmer, während die anderen ein Geschichtsreferat vorbereiteten, in der Neunten schlief er bei einer Klassenfahrt in meinem Bett, in der Zehnten schickte er mir plötzlich mitten in der Nacht SMS, in denen er mir von seinen feuchten Träumen erzählte, und in der Elften verabredeten wir uns regelmäßig zum Rauchen hinter dem Lehrerparkplatz, um uns dort heimlich die Zigaretten zu teilen.

»Ich habe heute Nacht von dir geträumt«, erklärte Leon mir, als wir an einem kalten Februarmorgen in der großen Pause alleine auf dem versteckten Parkplatz standen. Seine dunklen Haare hatte er akkurat mit etwas Gel gestylt, seine blauen Augen leuchteten.

»Wirklich? Was denn?«, fragte ich ihn mit einem charmanten Lächeln, meine Finger klammerten sich an die Zigarette, mein Herz klopfte aufgeregt – doch das ließ ich mir nicht anmerken.

»Na ja … nachdem ich dich gestern in deinem kurzen Rock gesehen habe …« Er schmunzelte und guckte kurz verlegen auf seine grauen Nike-Turnschuhe. Mein Blick fiel auf seine langen schwarzen Wimpern, um die ich ihn so beneidete.

»Ahhh… *So* ein Traum war das also …« Ein selbstbewusstes Grinsen huschte über meine Lippen.

»Du hast gestern wieder so unglaublich heiß ausgesehen. Wie könnte ich da nicht von dir träumen?«, fragte er und guckte mir tief in die Augen. Mein Herz pochte noch heftiger. Warum drückte er mir nicht einfach seine Lippen auf meine und mich anschließend an die Wand? Seit Jahren träumte ich davon, wie wir irgendwann in der Kiste landen würden, aber Leon machte keine Anstalten, auf mich zuzukommen. Er blieb wie angewurzelt stehen und lächelte mich aus einem Sicherheitsabstand von einem Meter an.

»Baby, du weißt, dass du das auch in echt haben könntest«, zwinkerte ich ihm zu. Woher diese Selbstsicherheit kam, konnte ich mir nicht erklären. Er seufzte frustriert, nickte und guckte auf seine Zigarette, die erloschen war.

»Hast du noch mal Feuer?«, fragte er mich. Ich lächelte und reichte es ihm rüber. Als seine Hand meine Finger streifte, durchfuhr ein Blitz meinen Körper, der direkt in meine Vagina einschlug.

»Ach Julie, ich wüsste so viele Dinge mit dir anzustellen«, sagte er nachdenklich, bevor er mir wieder einen intensiven Blick zuwarf. Ich konzentrierte mich auf seine Lippen. Am liebsten hätte ich ihn in das verlassene Treppenhaus hinter der Aula gezogen, um die verbotensten Dinge mit ihm anzustellen. Aber das ging nicht, Leon hatte immer noch seine blöde 15-jährige Freundin, die er aus unerklärlichen Gründen nicht verlassen wollte.

Obwohl es zwischen uns nicht nur knisterte; die sexuelle Spannung loderte! Denn zu den unschuldigen Schmetterlingen hatten sich spätestens in der elften Klasse auch eine glühende Wut und eine brennende Frustration gemischt. Ich verstand einfach nicht, wieso wir uns seit Jahren heimlich verstohlene Blicke zuwarfen, durch zufällige Berührungen eine Gänsehaut hervorzauberten und wir immer wieder darüber sprachen, was alles passieren könnte, nur damit es dann nie passierte. Deshalb braute sich in meinem Blut spätestens ab meinem sechzehnten Lebensjahr ein gefährlicher Hormoncocktail zusammen, der mir eine unglaubliche sexuelle Energie verlieh, die ich seitdem nie wieder loswurde.

»Tja, überleg es dir«, sagte ich, als ich den letzten Zug meiner Zigarette genommen und sie auf den Boden geworfen hatte, dann schritt ich auf ihn zu und raunte ihm ein »Du weißt, was du verpasst« ins Ohr, bevor ich zum Schulgebäude ging. Kurz bevor ich die Tür aufdrückte, drehte ich mich noch mal über die Schulter um und zwinkerte Leon zu, der mir grinsend hinterhergestarrt hatte.

*

Es war übrigens nicht nur Leon, der sich meines Anblickes nicht entziehen konnte, auch die Blicke seiner Freunde klebten an mir, wenn ich in meinen hohen Schuhen, den knappen Lederröcken und den rotgeschminkten Lippen durch die Schulflure spazierte, als wäre ich gerade auf dem Weg zu einem Fetisch-Fotoshooting. Meine Mitschüler konnten sich meiner bittersüßen Aura nicht entziehen, sie zerrissen sich ihre Mäuler über mich und meine knappen Klamotten und setzten Gerüchte in die Welt, mit wem ich schon mal in der Kiste gelandet war. Anfangs verletzte es mich noch, dass sie so schlecht über mich redeten, irgendwann fing ich aber an, ihre Empörung über meine Outfits zu genießen und suhlte mich in der Aufmerksamkeit, die sie mir durch meine Provokationen entgegenbrachten.

Mir bereitete es größte Freude, ihnen eine Fantasie von und mit mir in den Kopf zu pflanzen, auf die sie sich sicherlich täglich einen runterholten und dann peinlich berührt ihre Mütter mal wieder darum bitten mussten, die geliebte Schalke-Bettwäsche zum dritten Mal innerhalb einer Woche zu waschen. Vielleicht wollten mich weder Leon noch seine langweiligen Freunde als feste Freundin haben, aber mit mir ins Bett wären sie alle gestiegen.

Und dieses Wissen genoss ich nicht nur, sondern ließ es auch raushängen: Julie Schmidt, die unnahbare Verführerin war geboren und ließ es sich abseits des kleinen Schulkosmos auch nicht nehmen, sich immer öfter auf irgendwelchen Partys in wilde Knutschereien und bedeutungslose Affären mit Typen hineinzustürzen, von denen sie nicht viel mehr als ihre Kondomgröße wusste ... aber dazu später mehr.

*

»Leon hat mir heute während des Physikunterrichts eine Nachricht geschrieben«, verkündete ich, als ich an einem Tag im Oktober mit meiner besten Freundin Mia auf den rot gepolsterten Bänken im Raucherbereich unseres Lieblingscafés saß und aufgeregt in meinem Latte Macchiato herumrührte. Inzwischen gingen wir in die dreizehnte Klasse – bis zum Abi war es nur noch ein halbes Jahr.

»Schon wieder? Was stand diesmal drin?«, fragte Mia und sah mich erwartungsvoll an. Ihre langen blonden Haare fielen ihr über die Schultern, ihre vollen Lippen schmückte ein freundliches Lächeln. Wenn wir irgendwo auftauchten, wurden wir ständig gefragt, ob wir Schwestern seien: Wir waren beide groß, hatten sogar das gleiche Muttermal auf der Wange, nur unsere Haar- und die Augenfarben unterschieden sich. Während ich Männern mit meinen hellblauen Augen direkt in die Seele blickte, glitzerten Mias blaue Augen im richtigen Licht grün wie der Ozean.

»Er hat mir geschrieben, dass er mich in der Pause dabei beobachtet hat, wie ich an meinem Lakritz-Lolli gelutscht habe und dass er seitdem nicht mehr aus dem Kopf bekommt, was ich mit meinen Lippen noch alles anstellen könnte«, sagte ich und konnte mir ein Grinsen nicht verkneifen.

»Der ist einfach so krass. Der ist doch immer noch mit seiner Laura zusammen, oder?«, fragte Mia und legte ihre Stirn in Falten. Ihre Begeisterung für Leon hielt sich in Grenzen, was wohl in erster Linie daran lag, dass ich sie seit Jahren mit meinem Liebeskummer vollheulte und in fast jedem Gespräch mindestens einmal sein Name fiel.

»Mir doch egal«, sagte ich und zuckte mit den Schultern. »Diese Beziehung kann ich einfach nicht ernst nehmen. Ich meine … obwohl die zusammen sind, schreibt er mir seit Monaten immer wieder solche Nachrichten. Dann kann bei denen ja nicht besonders viel im Bett laufen, wenn er ständig an mich denken muss«, erklärte ich abschätzig. Dass es weder von ihm noch von mir eine Glanzleistung war, die Tatsache zu ignorieren, dass er eine Freundin hatte, interessierte mich in dem Moment nicht – schließlich war ich als Erste da gewesen!

»Oh Mann, Julie …«, sagte Mia einfühlsam und seufzte: »Wie lange soll das denn noch so weitergehen mit euch?«

»Ist mir egal! Ich sage dir: Irgendwann werde ich mit ihm in der Kiste landen, und wenn ich dafür noch zehn Jahre warten muss! Ich will ihn einfach rumbekommen, da ist ja ganz offensichtlich etwas zwischen uns, auch wenn das keiner sehen will«, donnerten mir die Worte schonungslos über die Lippen.

»Wieso willst du das eigentlich überhaupt so dringend? Der ist doch ein richtiger Idiot«, sagte Mia ruhig und legte ihren Kopf schräg. Obwohl wir schon so oft über Leon diskutiert hatten, hatte sie mir diese Frage noch nie gestellt.

Ich seufzte nachdenklich und guckte für einen Moment auf den runden Marmortisch, der vor uns stand. »Na ja, weil ich es eben will. Bis ich Leon kennengelernt habe, hab' ich immer alles bekommen, was ich wollte. Leon ist eben der erste Typ, den ich nicht bekommen habe«, erklärte ich und sah Mia fest in die Augen: »Ich kann mich einfach nicht damit abfinden, dass ich ausgerechnet an ihm scheitern soll. Abgesehen davon haben wir uns gegenseitig schon so oft heiß gemacht, dass wir irgendwann einfach vögeln *müssen*.«

Mia presste ihre Lippen aufeinander und atmete einmal tief durch: »Also geht es gar nicht um Leon?«

»Doch, klar! Er ist mein Traummann. Aber ich will eben einfach, dass alle in der Schule sehen, dass ich mir die Sache mit ihm nicht nur eingebildet habe. Seit Jahren zerreißen die sich das Maul über ihn und mich und machen sich darüber lustig, dass ich in ihn verliebt bin. Ich will einfach, dass die endlich verstehen, dass ich ihn doch haben kann«, sagte ich und zündete mir angespannt eine Zigarette an.

*

Tatsächlich tat mir Leon den Gefallen nicht. In den insgesamt sechs gemeinsamen Jahren bis zu unserem letzten Schultag verabredete er sich zwar sehr häufig mit mir, sagte aber jedes Treffen ganz kurzfristig ab: Meistens schob er seine Freundin Laura als Grund vor, ein paar Mal war ein angeknackster Fuß schuld, andere Male scheiterten unsere Treffen angeblich daran, dass wir keinen geeigneten Ort fanden.

Bis ich an einem Märzabend etwa eine Woche vor den Abiprüfungen mal wieder mit Mia in unserer Eisdiele saß. Vor uns standen zwei Gläser Spezi auf dem Tisch, es war bereits 21 Uhr, draußen war es schon fast dunkel, als sich mein Schicksal entschied, nochmal eine unerwartete Wendung zu nehmen.

Mein Handy vibrierte auf dem Tisch.

Leon: >>*Julie! Komm zu mir! Ich will dich jetzt auf der Stelle!*<<

Das Adrenalin kickte durch meine Adern, mein Herz blieb kurz stehen, nur um dann doppelt so schnell zu klopfen. Ich riss meine Augen auf und zündete mir mit zittrigen Fingern eine Zigarette an.

»Was ist passiert?«, wollte Mia wissen. Ich schob ihr das Handy kommentarlos über den Tisch und versuchte gleichzeitig, meine Lungen mit Atemluft zu füllen, weil ich das Gefühl hatte, gleich zu ersticken.

»Krass! Echt jetzt?«, sagte sie und beobachtete mich dabei, wie mein ganzer Körper zitterte.

Ich nickte nur und tippte wie paralysiert eine Antwort an ihn: >>*Komm du lieber zu mir. In einer halben Stunde auf dem Parkplatz hinter meinem Haus.*<<

Es war nicht das erste Mal, dass er mir so eine Nachricht schrieb, aber es war das erste Mal, dass ich ihm so eine konkrete Ansage bezüglich eines Treffens machte.

Leon: >>*Ok, mach mich gleich auf den Weg.*<<

Ich quietschte. In meinen Augen flammte die Panik auf.

»Ach du Scheiße, der meint das ernst, oder?«, sagte Mia entgeistert. Ihr Mund blieb offen stehen.

»Keine Ahnung, aber wir müssen dringend zu diesem Parkplatz!«, presste ich atemlos zwischen meinen Lippen hervor und sprang auf. Mein Herzschlag ging so schnell, dass ich kurz das Gefühl hatte, ohnmächtig zu werden.

Wir zahlten, stürmten hektisch aus dem Café und sprangen nur wenige Minuten später in mein Auto. Fahrtüchtig war ich in diesem Moment sicherlich nicht – das Adrenalin und die Aufregung wirkten wie hochprozentiger Schnaps auf mich. Mia saß neben mir und krallte sich am Fenster fest, während ich mit achtzig Sachen durch die Stadt raste, obwohl nur fünfzig erlaubt waren. Ich musste sie an ihrem Auto absetzen, das sie auf dem großen Parkplatz hinter unserem Haus geparkt hatte. Nur wenige Sekunden nachdem wir ausgestiegen waren und ich mir mit zittrigen Fingern eine Beruhigungszigarette angezündet hatte, erblickte ich die Scheinwerfer eines Autos, das nun ebenfalls auf den Schotterplatz einbog.

»Krass, der ist ja wirklich gekommen«, sagte Mia geschockt.

»Scheiße, ja! Fuck, verpiss dich, verpiss dich«, donnerte ich ihr panisch entgegen.

Sie nahm mir die Worte nicht mal übel, sondern rannte einfach um die nächste Ecke. Am liebsten wäre ich ihr kopflos gefolgt, aber ich konnte jetzt nicht kneifen. Also atmete ich tief durch und lehnte mich mit zittrigen Knien und verschränkten Armen lässig an meinen schwarzen Audi, um meine Aufregung krampfhaft zu überspielen. Die Beifahrertür des Autos öffnete sich in Zeitlupe, Leon stieg aus. Er trug eine Jeans und einen dunkelgrünen Hoodie – soweit ich das im schummrigen Licht der Straßenlaternen erkennen konnte. Leon verabschiedete sich vom Fahrer, drehte sich um und schritt dann schmunzelnd auf mich zu, während der Wagen mit quietschenden Reifen vom Parkplatz bretterte.

»Na, schöne Frau?«, sagte Leon liebevoll, während er mich in seine Arme schloss. Sein Geruch vernebelte mir die Sinne.

»Na?«, erwiderte ich cool, obwohl mein Herz immer noch aufgeregt klopfte.

»Hast du Feuer?«, fragte er mit seinem schelmischen Lächeln, das mir automatisch den Slip feucht werden ließ. *Fuck, was hatte ich überhaupt für Unterwäsche an?*

»Klar, hier«, sagte ich und ließ das Feuerzeug aufflammen, damit er sich die Zigarette daran anzünden konnte. Diese Situation war absurd, sie war *so* absurd! Ich hatte jahrelang auf ihn gewartet und mir erträumt, dass er eines Tages einfach vor mir stehen würde – und jetzt stand er hier und grinste, während wir uns unterhielten und an unseren Zigaretten zogen.

»Wollen wir uns einen ruhigeren Ort suchen?«, fragte ich ihn mit einem selbstbewussten Lächeln. Er nickte. Dass ich nach außen so cool wirkte, hatte ich wohl der Erfahrung mit den anderen Typen zu verdanken, die ich in den letzten Jahren in mein Bett, auf eine Clubtoilette oder auf den Vordersitz meines Autos geschleift hatte.

»Na dann, komm mal mit«, zwinkerte ich, entriegelte per Knopfdruck die Türen meines Autos und setzte mich auf den Fahrersitz. Leon folgte mir.

Zwanzig Minuten später bogen wir auf einen einsamen Waldweg ab. Meine Aufregung hatte sich langsam gelegt. Ich fragte ihn, was er in den letzten Wochen seit unserem letzten Schultag getrieben hatte, sog jedes Wort von ihm in mich ein, parkte das Auto am Wegrand und wollte wissen, was er jetzt vorhatte. Er erzählte mir irgendwas von einer Ausbildung als Banker, dabei interessierte mich vielmehr, wann er mir endlich seinen Schwanz in den Mund stecken würde.

In diesem Moment merkte ich zum ersten Mal, dass wir wohl nicht im gleichen Tempo auf dem Weg Richtung Orgasmus unterwegs waren: Während ich schon ins Speedboot gestiegen war, musste er erstmal die Paddel seines Schlauchboots koordinieren. Dass mein Leon, der sonst immer so cool getan hatte, jetzt mit mir im Auto saß und über seine Zukunft philosophierte, fand ich aber trotz Speedboot-Kurs so niedlich, dass ich lächelte und mich traute, den ersten Schritt zu machen. Ich warf ihm einen verstohlenen Blick zu und ließ meine Hand über seinen Oberschenkel fahren.

Ich wollte ihn. Hier. Jetzt. Auf der Stelle. Ich hatte sechs verdammte Jahre auf diesen Moment gewartet und konnte es kaum erwarten, endlich seinen Penis zwischen meinen Beinen und seine Lippen auf meinen zu spüren. Ich lächelte ihn herausfordernd an, seine Augen leuchteten. Endlich hatte Leon sein Tempo an meins angepasst, legte seine Hände an meinen Hals und drückte seine Lippen auf meine. Die Glücksgefühle kickten durch meinen Körper, erweckten die alten Mutanten-Schmetterlinge zum Leben und ließen meine Vagina aufschreien: »Gib mir jetzt deinen Schwanz!« *Oh, ich habe euch ja noch gar nicht vorgestellt: Liebe Leser, das ist meine Vagina; liebe Vagina, das sind unsere Leser. Vermutlich werdet ihr auf den nächsten Seiten noch viel Spaß miteinander haben! Und NEIN, wir werden keinen von ihnen vögeln, hast du verstanden V.?*

Nachdem das Eis gebrochen war, ließ Leon sich nicht lange bitten, mich auf seinen Schoß zu ziehen, um nur kurze Zeit später mit der Hand zwischen meine Beine zu fahren. Ich grinste in unseren Kuss hinein und biss provokativ auf seine Unterlippe, er fuhr mir über die Hüften und zog mich noch näher an sich.

Innerlich explodierte ich: Da waren die Endorphine, die Purzelbäume schlugen, da war das Adrenalin, das durch meine Adern rauschte, da war die Lust, die so heftig zwischen meinen Beinen pulsierte, dass ich mich kurz fragte, ob mir in den letzten zwanzig Minuten ein Penis gewachsen war, und da war dieses Gefühl von Genugtuung, dass ich mich in all den Jahren, aller kritischer Kommentare meiner Freundinnen zum Trotz, doch nicht darin geirrt hatte, dass Leon und ich irgendwann mal miteinander in der Kiste landen würden.

Leider hatte ich mich in diesem Moment etwas zu früh gefreut. Denn Leon saß immer noch in seinem imaginären Schlauchboot, und dem wich gerade unbemerkt die Luft aus. Als ich mich an seinem braunen Gürtel zu schaffen machte und langsam seine Hose aufknöpfte, erwartete mich kein aufrechter Ständer, der vor Lust pulsierte.

Nein, in seiner verdammten Hose tat sich nichts. Das konnte doch nicht sein. Nein, das wollte ich nicht akzeptieren. Ich hatte doch nicht so lange darauf gewartet, endlich mit ihm in der Kiste, oder besser gesagt auf dem Vordersitz meines Autos zu landen, nur damit er nun in diesem historischen Moment keinen hochbekam? Das konnte und durfte einfach nicht sein!

Ich entschied mich für das einzig Richtige und versuchte, die jämmerliche Tatsache erstmal zu ignorieren. Meine Hand wanderte wieder nach oben und strich liebevoll über seine Brust, während er mir mein Oberteil über den Kopf zog. *Ja,* das war gut! Der Anblick meiner Brüste würde das schon richten! Wieder drückte ich ihm meine Lippen auf seine, während ich langsam anfing mein Becken im Takt der Musik zu bewegen, die leise durch die Boxen dröhnte.

»Ich glaube, der will heute nicht so richtig stehen«, sagte Leon nach ein paar Minuten, in denen wir in einen Kuss verfallen waren, der sich anfühlte, als ob zwei verlorene Puzzleteile endlich zueinander gefunden hatten.

Ich stoppte etwas perplex und überfordert: »Okay«, war mein einziger Kommentar, weil ich mit meiner Fassung rang – das war doch ein *fucking* Scherz! Wollte er mir jetzt ernsthaft verklickern, dass er seinen verdammten Penis nicht unter Kontrolle hatte? Glücklicherweise spiegelte mein Verhalten in diesem Moment das komplette Gegenteil meiner aufgewühlten Gedanken: Ich blieb ruhig, nahm sein hübsches Gesicht noch mal in meine Hände, um ihm einen lieblichen, unaufgeregten Kuss auf die Lippen zu drücken und zurück auf den Fahrersitz zu krabbeln.

Meine Enttäuschung und Überforderung wirbelte glücklicherweise nur für den Bruchteil einer Sekunde unter meiner Brust, dann atmete ich einmal tief durch: *Okay,* er bekam keinen hoch. Das war kein Weltuntergang. Vermutlich war er einfach nur von der Situation gestresst oder hatte zu tief ins Glas geguckt. Seine Küsse schmeckten nach Alkohol – wahrscheinlich war der Schuld daran, dass er gerade nicht konnte. Und sicherlich war er auch ein bisschen aufgeregt. Schließlich saß er hier gerade in einem dunklen Wald, im Auto einer Frau, mit der er schon seit sechs Jahren immer mal wieder aneinander, aber nie ineinander geraten war. Das war bestimmt auch für ihn keine Situation, in der er sich tiefenentspannen konnte.

»Und jetzt?«, fragte Leon peinlich berührt und fuhr sich mit der Hand über den Mund.

»Jetzt rauchen wir erstmal eine«, sagte ich unaufgeregt. Dabei war der Moment auch für mich absolut unangenehm. Für den Bruchteil einer Sekunde hatte ich darüber nachgedacht, ob sein Durchhänger vielleicht mit mir zusammenhing, ob er mich eventuell doch nicht so attraktiv, anziehend und sexy fand, wie ich gedacht hatte. Diesen Gedanken verdrängte ich nach dem ersten Zug an meiner Zigarette aber wieder, denn wenn ich eins gerade so gar nicht gebrauchen konnte, dann waren es Selbstzweifel.

Nach der Zigarette und ein bisschen Smalltalk sah die Welt schon ganz anders aus.

»Aber ist doch eigentlich ganz geil hier«, sagte ich und deutete auf den dunklen Wald vor uns, in dem ein paar Nebelschwaden aufgestiegen waren, die im Mondlicht schimmerten.

»Na ja, oder auch nicht«, prustete Leon los und deutete zwischen seine Beine. So selbstironisch hatte ich ihn bis dato noch nie erlebt, das verlieh ihm noch mehr Sexappeal.

»Ach komm … Wir können ja einfach noch einen zweiten Versuch starten«, lächelte ich versöhnlich, mein Blick fiel wieder auf seine schön geschwungenen Lippen.

Er grinste: »Du willst das unbedingt, oder?« Ich kicherte, nahm sein Gesicht in meine Hände und taxierte seinen Blick.

»Baby, ich habe soooo lange darauf gewartet«, hauchte ich ihm entgegen, bevor ich meine Lippen wieder auf seine legte. Er zog mich an der Hüfte zu sich herüber. Ich setzte mich erneut auf seinen Schoß und genoss, wie unsere Zungen miteinander tanzten.

Nach dem Kuss grinste er mich an, legte seine Hand zwischen meine Beine und konnte das Pochen meiner Vagina spüren. Und auch ich spürte jetzt endlich, worauf ich so lange gewartet hatte: seinen Penis, der sich nun hart und fest durch seine Boxershorts drückte. *Danke, lieber Penis-Gott!*

Innerhalb von Sekunden streiften wir uns hastig Slip und Boxershorts von den Beinen, bevor ich mich in den Fußraum gleiten ließ. Ich wollte endlich an seinem Schwanz lecken, wie ich es zuvor nur mit meinem Lollie getan hatte. Sein Blick verklärte sich. Leon biss sich auf die Unterlippe, ihm entfuhr ein leises Stöhnen, während ich seinen harten Schwanz mit meinen Lippen umschloss und aufrichtig daran saugte.

Als er langsam wieder zur Besinnung kam, zog er mich sanft an den Haaren zu sich hoch. Mein Körper bedeckte sich mit einer Gänsehaut, als ich seinen erregten Blick auf mir ruhen sah. Dieser Moment war magisch, nie zuvor hatte mein Herz beim Sex so wild geklopft. Ich blickte ihm tief in die eisblauen Augen, in die ich mich schon vor Jahren verliebt hatte, sog die Luft scharf zwischen den Lippen ein und setzte mich auf seine Mitte: Nach sechs Jahren spürte ich endlich seinen harten Schwanz in mir und den Stolz und die Genugtuung unter meiner Brust brennen.

Der Sex war okay. Nein, eigentlich war er sogar sehr schön. Denn als ich seinen Herzschlag an meiner Brust und seinen Atem an meinem Hals spürte, als seine Hände endlich über meinen Körper fuhren und seine Lippen liebevolle Küsse auf meine Haut hauchten, spürte ich zum ersten Mal, wie es sich anfühlte, Sex mit jemandem zu haben, für den ich tatsächlich etwas empfand.

Nach unserer Nummer im Wald rauchten wir noch eine letzte Zigarette, dann fuhr ich ihn nach Hause.

»Schlaf gut«, zwinkerte ich ihm zu – mein Herz klopfte immer noch.

»Ciao, Bro!«, sagte Leon unpassender Weise, schnappte sich seine Sachen, stieg aus und flüchtete sich zur Haustür.

Ich blickte ihm verwirrt hinterher – hatte ich gerade wirklich endlich Sex mit ihm gehabt? War das wirklich passiert? Würde das noch einmal passieren? Ich kniff mir fest in den Arm, um zu testen, ob ich das mal wieder nur geträumt hatte. Aber als ich den Schmerz spürte und immer noch hinter dem Steuer meines Audis saß, kicherte ich aufgekratzt auf und fuhr zurück nach Hause.

Trotzdem sollte die Nummer im Wald die erste und letzte zwischen Leon und mir bleiben – und das war's dann mit uns. *Na ja,* zumindest fast. Etwa zwei Jahre ging das Leon-Chaos noch weiter. Wir sexteten uns immer mal wieder mitten in der Nacht, er schickte mir unzählige Dickpics und sagte mir eines Tages sogar, dass ich eigentlich seine Traumfrau war, für die nur noch nicht die richtige Zeit gekommen war. Deshalb schlug er mir eines Nachts einen Deal vor: >>*Wenn wir mit 25 noch Single sind, dann treffen wir uns mal auf ein echtes Date.*<<

Ich willigte hoffnungsvoll ein.

Kapitel 2:
Die Nummer ohne Gefühle

Lieber Tino,

weißt du eigentlich, dass ich nach dir nie wieder einen Typen hatte, mit dem der Sex so unkompliziert war? Danke für die unzähligen Ficks auf dem Vordersitz meines Autos und dass wir uns nie ineinander verliebt haben!

P.S.: Du hast immer noch mein Samy-Deluxe-Album – es wäre nett, wenn du es mir zuschicken könntest!

XOXO Julie Schmidt

*

Ich lehnte mit verschlungenen Armen an der Wand gegenüber vom Toiletten-Wagen und beobachtete die Partygäste, wie sie Wodka-O aus Plastikbechern tranken und zu David Guetta tanzten. Spaß hatte ich an diesem Abend nicht. Diese Vorstadtpartys waren viel mehr ein Sehen und Gesehen-werden. Ich trug eine schwarze Lederjacke über meinem knappen Kleid, mein Gesichtsausdruck erinnerte an ein Resting-Bitch-Face, während ich in Gedanken noch einer Situation nachhing, die sich nur wenige Minuten zuvor abgespielt hatte.

Leon war mit einer Traube Kumpels an mir vorbeigezogen, ohne mich zu begrüßen. Zwischen uns herrschte mal wieder eisige Kälte, die mir zwar einen Stich ins Herz versetzte, aber das ließ ich mir nicht anmerken. Um den Totalschaden in Sachen erste große Liebe irgendwie zu verkraften, hatte ich mir eine Überlebensstrategie zugelegt: Ich investierte in meine Fassade. Ich lackierte mir die Fingernägel rot, färbte mir die dunkelblonden Haare schwarz, polierte meine Lackhighheels auf, beulte mit großartiger Unterstützung meiner Freundinnen die Dellen in meinem Selbstbewusstsein aus und hoffte, dass niemand merken würde, dass sich hinter dieser glänzenden Karosse eigentlich nur ein aufgehübschter Unfallwagen mit Motorschaden versteckte.

Ich schnippte die Asche von meiner Zigarette provokativ auf den Boden und warf einen genervten Blick auf mein Handy, um Mia von der Situation mit Leon zu erzählen. Genau in diesem Moment blieb Tino vor mir stehen. Er sagte nicht Hallo, er grinste nur, lehnte sich an die Wand neben mich, steckte sich eine Zigarette an und verschlang ebenfalls seine Arme vor der Brust.

»Was wird das?«, fragte ich ihn irritiert.

»Ich wollte auch mal so cool sein wie du«, sagte er und zwinkerte mir zu.

Ich lachte nur. Tino war nicht irgendwer: Jeder in der Schule kannte ihn. Er war nicht nur Schulsprecher und spielte Trompete in der bekanntesten Vorstadtband, sondern war auch noch das hochgelobte Nachwuchstalent der Theater-AG. Ein paar Wochen zuvor hatte ich für unsere Lokalzeitung, für die ich jetzt schon seit einem Jahr nebenher arbeitete, eine Rezension über seine letzte Vorstellung geschrieben.

»Du bist so eine richtige Journalistin. In der einen Hand die Zeitung und den Kaffee, in der anderen die Kippe«, sagte er und stolzierte wichtigtuerisch vor mir herum. *Touché*, er hatte mich ja sowas von erwischt. Seitdem ich für die Zeitung arbeitete, fühlte ich mich meinen Mitschülern gegenüber noch erwachsener und überlegener. Auch wenn ich das nicht gerne zugab, aber dass niemand so richtig warm mit mir wurde, hing sicherlich auch damit zusammen, dass das Zitat »Sie trägt Absätze, die alle anderen herabsetzen« aus einem Song von Prinz Pi zu diesem Zeitpunkt mein inneres Mantra war.

Tino ließ sich von meiner abwehrenden Körperhaltung jedoch nicht beirren. Er fragte mich, warum ich so schlechte Laune hatte und munterte mich auf, indem er auch die anderen Partygäste imitierte. Was mir am besten gefiel? Abgesehen von seinen braunen Locken, den vollen Lippen und den dunkelblauen Augen? Sein bissiger Humor.

Sein Humor überzeugte mich auch davon, ihm etwa eine halbe Stunde später auf den Treppenabsatz vor dem angrenzenden Wohnhaus zu folgen. Der schreckliche Partyhit-Mix dröhnte hier nicht mehr so laut in unseren Ohren, weshalb wir uns ganz locker unterhalten konnten. Statt wie gewöhnlich Vorstadt-Gossip auszutauschen, quatschen wir nach einer halben Stunde bereits über die wirklich wichtigen Themen des Lebens.

»Wenn ich das Abi in der Tasche habe, bin ich sofort weg hier! Ich ziehe in die Großstadt: nach Köln, Hamburg oder Berlin und arbeite dann als erfolgreiche Journalistin, die nichts mehr mit diesen ganzen langweiligen Vorstadt-Kids zu tun haben will«, sagte ich selbstbewusst und stellte mir vor meinem inneren Auge vor, wie ich mir in Zukunft wie Carrie Bradshaw ein Taxi an den Straßenrand rief, um zum nächsten Termin auf der Berliner Fashionweek zu eilen.

»Ich will auf die Bühne. Für mich gibt es einfach nichts, was mich mehr erfüllt«, erklärte Tino.

»Auf die Bühne oder willst du Filme machen?«, wollte ich wissen.

»Nein, ich will ins Theater! Beim Film da gibt es immer die Chance, etwas noch ein zweites Mal zu machen, auf der Bühne muss es einfach sitzen. Da musst du ganz anders schauspielern, weil die Zuschauer eben nicht das Close-up von deinen bebenden Lippen sehen können«, erklärte er und sprang auf.

»Stell dir mal vor, du sollst jemanden spielen, der etwas verloren hat«, sagte er und klopfte wild seine Hosentaschen ab, auf der Suche nach einem imaginären Schlüssel.

»Also die Geste habe ich direkt verstanden«, bestätigte ich und lächelte.

»Ja, aber das war trotzdem schlecht geschauspielert. Niemand fängt so mit der Suche nach etwas an«, sagte er und zuckte dabei mit den Schultern. Ehe er sich ein Stück von mir entfernte und im schummrigen Licht der Hofbeleuchtung seine Hand kurz in die Hosentasche gleiten ließ. Diesmal blieben seine Bewegungen entspannter, er griff erst in die eine Tasche, dann die andere. Als er den imaginären Schlüssel nicht finden konnte, blieb er irritiert stehen, warf einen Blick nach rechts und links, drehte sich auf der Stelle, ließ die Hände in die Taschen gleiten, zog sie wieder heraus, kratzte sich hektisch am Kopf und klopfte erst jetzt aufgeregt seinen Körper ab.

Shit, der Typ konnte das wirklich gut. Mit seiner Interpretation des Suchenden zeigte Tino mir, dass ich in ihm vielleicht etwas gefunden hatte, was mir lange in meinem Leben fehlte. Denn als er sich zum Abschluss seiner kleinen Privatvorstellung verbeugt und einen begeisterten Applaus von mir abgeholt hatte, ließ er sich wieder neben mich fallen, legte seine Hand auf meinen Oberschenkel und zog mich selbstbewusst zu sich. Ich grinste, bevor seine Lippen auf meine trafen und ließ es geschehen, ohne auch nur einen Gedanken daran zu verschwenden, dass ich kurz zuvor noch schlechte Laune wegen Leon geschoben hatte.

*

Obwohl ich vermutlich schon am Abend der Party gerne Bekanntschaft mit Tinos Penis gemacht hätte, sollte das erst am nächsten Tag der Fall sein. Wir hatten uns auf einen Kaffee auf einem Parkplatz in der Nähe eines kleinen Sees verabredet. Draußen waren es noch laue 23 Grad. Die Sonne hatte den ganzen Tag auf meiner Haut gebrannt, während ich im Liegestuhl auf der Terrasse meiner Eltern ausnüchterte und ein Buch über Psychologie verschlungen hatte.

Bis ich irgendwann auf die Uhr blickte und feststellte, dass ich mich mit meinem Zeitmanagement mal wieder verkalkuliert hatte. Deshalb sprang ich erst eine halbe Stunde vor unserer Verabredung unter die Dusche, legte mir hektisch etwas Puder und Wimperntusche auf, schlüpfte in ein buntes Sommerkleidchen und warf mir einen Hoodie über den Arm, ehe ich ins Auto sprang. *Ja,* richtig: keine Highheels, keine roten Lippen, kein kleines Schwarzes. Warum ich mich gegen mein klassisches Aufreißer-Outfit entschied, wusste ich selbst nicht so recht, aber irgendwie war mir einfach nicht danach, die unnahbare Verführerin zu spielen.

Als ich keine halbe Stunde später auf dem Parkplatz stand, war Tino noch nicht da. Ich rauchte eine Zigarette und checkte nervös mein Handy. Bis ein rotes Auto um die Ecke bog. Tino stieg mit einem Grinsen aus und zog mich geradewegs in seine Arme. Dann wanderten wir zusammen zum See – in meiner Handtasche klirrten die Autoschlüssel immer wieder mit der Thermoskanne zusammen, die ich mit Kaffee gefüllt hatte, schließlich hatten wir uns ja eigentlich nur deswegen verabredet.

Statt des üblichen Dating-Smalltalks und dämlichen Komplimenten führten wir unser Gespräch vom Vortag weiter. Wir redeten über Musik, über Kunst, über Zukunftspläne und das abgefuckt langweilige Leben in der Vorstadt. Die Sonne war inzwischen untergegangen, die Straßenlaternen spiegelten sich auf der glatten Wasseroberfläche – das war wirklich romantisch. Was lustig war, weil zwischen uns nicht so wirklich Romantik aufkommen wollte. Zwar knutschten wir zwischendurch immer wieder rum, doch sobald wir voneinander abließen, fühlte es sich an, als würden zwei alte Freunde nebeneinandersitzen. Zwischen Tino und mir hing eine Leichtigkeit, die ich, als die Frau mit dem immer schweren Beton-Herzen, gar nicht kannte. Dennoch war mir intuitiv klar, dass das hier nicht der unschuldige Anfang einer Liebesbeziehung sein würde.

»Warum bist du eigentlich Single?«, fragte Tino irgendwann aufrichtig. Ich seufzte und ließ meinen Blick gedankenverloren in die Ferne schweifen.

»Weißt du, mir wurde vor einiger Zeit mein Herz gebrochen. Es gibt nur einen Typen, den ich wirklich will, aber der will mich nicht. Also bleibe ich lieber alleine«, sagte ich ehrlich.

Er zog eine Augenbraue hoch, guckte kurz aufs Wasser und sagte: »Ach krass … Das hätte ich jetzt gar nicht gedacht bei dir. Ich dachte eher, dass du einfach deine Freiheit genießt und alles mitnimmst, was geht.«

Ich lachte bitter auf. Nicht, weil ich es ihm übelnahm, dass er meine Verletzlichkeit nicht sehen konnte, mir wurde in diesem Moment einfach nur bewusst, wie sehr ich meine unnahbare Fassade inzwischen perfektioniert hatte, wenn sie selbst so vermeintlich tiefgründige Typen wie Tino nicht durchschauen konnten.

Er ließ mir ein paar Sekunden Zeit, um meine schonungslos ehrliche Aussage zu revidieren, als er merkte, dass ich dem nichts mehr hinzuzufügen hatte, nickte er kurz und sagte: »Ich habe mich erst vor drei Tagen von meiner Freundin getrennt. Wir waren sechs Jahre zusammen. Sie war immer an meiner Seite, wir haben echt viel miteinander durchgemacht, aber irgendwie geht das mit uns nicht mehr weiter.«

Ich sah ihn von der Seite an, mein Blick fiel auf seine Lippen.

»Findest du das schlimm?«, fragte er mich mit einem unsicheren Lächeln.

Tja, das war eine gute Frage … Vermutlich wäre in jedem Hollywood-Liebesfilm jetzt der Zeitpunkt gewesen, ihm eine Szene zu machen. Welche Frau wollte schon der Lückenbüßer nach einer ewig langen Beziehung sein? Wer wollte schon einen Typen in sein Leben lassen, der die

Worte »*emotional unavailable*« quasi auf die Stirn tätowiert hatte? Eine SECHS-jährige Beziehung! Der würde sich garantiert NIEMALS auf mich einlassen – aber vielleicht war es gerade das, was ich gut gebrauchen konnte?

Schließlich war ich wirklich weit entfernt davon, die Frau zu sein, die einen Kerl von der Bettkante schubste, nur weil er nicht bereit war, ihr die Welt zu Füßen zu legen. Solange ich selbst immer noch Leon hinterhertrauerte, durfte ich vermutlich nicht allzu große Ansprüche stellen, wenn ich endlich mal wieder richtig durchgevögelt werden wollte. Nach dem kleinen Zwiegespräch in meinem Kopf, kam ich zu einer klaren Antwort auf seine Frage: »Nein, das ist nicht schlimm!«

Tino nickte erleichtert. Unsere Blicke verhakten sich ineinander, kurz taxierten wir uns wie zwei Raubtiere, die gleich zu einem Kampf antreten würden, dann explodierte die Luft zwischen uns und wir fielen hektisch übereinander her.

Seine Finger fuhren unter mein Kleid und hinterließen eine Gänsehaut an den Stellen, über die sie glitten. Sein Ziel war schnell ausgemacht: er fummelte sich gekonnt unter meinen Slip. Ich hob und sank mein Becken leicht im Takt seiner Bewegungen, während ich ganz vergaß, dass wir immer noch am See saßen und vom schummrigen Licht der Straßenlaterne angestrahlt wurden.

Sein Penis drückte sich deutlich durch seine Jeans, was die Glühwürmchen in meiner Vagina herumsurren ließ. Ich wollte mehr, seine Finger reichten mir nicht mehr aus. Meine Hand wanderte zu seiner Gürtelschnalle. Spätestens jetzt entglitt uns wirklich jede Hemmung. Wir wechselten die Position, strampelten uns Slip und Boxershorts etwas unbeholfen vom Körper. Zwischen Küssen und Keuchen, riss er eine Kondompackung auf, bevor ich mich wieder auf seinen Schoß setzte und meine pochende Vagina seinen harten Ständer herzlich willkommen hieß.

Unser erster Fick dauerte nicht lange. Trotzdem ließ er uns breitgrinsend, durchaus zufrieden und mit einem ordentlichen Adrenalinüberschuss zurück.

»Das könnte funktionieren«, grinste ich, als ich uns später zwei Zigaretten anzündete.

Tino griff nach einer der Kippen, strich dabei kurz meine Hand und sah mich dann ernst an: »Aber nur Sex ...«

»... ohne Gefühle!«, vervollständigte ich seinen Satz und hielt ihm meine Hand hin, damit er sie geschäftsmäßig schütteln konnte.

*

Nachdem Tino und ich diesen Pakt am See geschlossen hatten, trafen wir uns in den nächsten Wochen fast täglich, um eine Nummer in meinem Auto zu schieben. Und obwohl wir uns fast jeden Abend sahen, wuchs die Länge unseres SMS-Verlaufs wöchentlich nur um wenige Zentimeter. In den ersten Tagen beruhte unsere Kommunikation noch auf ganzen Sätzen, später waren wir so eingespielt, dass Satzzeichen ausreichten. Er schrieb >>?<<. Ich antwortete mit >>!<<. Wenn ich um 23 Uhr an unserem Treffpunkt erschien, folgte noch ein wortkarges >>*Bin da*<<.

Es war aber nicht so, als hätten wir keine Gesprächsthemen gehabt: Tino und ich diskutierten sogar sehr viel. Wir sprachen über Träume, über seine neuste Rolle in einem Theaterstück, über Politik und Texte, die ich schrieb. Ein Thema hatte es uns besonders angetan: Musik. Wir bastelten uns Mixtapes, brachten uns gegenseitig CDs mit, liehen sie uns aus ... *da fällt mir gerade ein, dass ich mein Samy-Deluxe-Album immer noch nicht wiederbekommen habe.* Wir spielten uns die Lieder vor, die uns in den letzten Tagen begleitet hatten und diskutierten darüber, warum sie uns berührten. Manchmal sang er mir etwas vor, manchmal tanzten wir nackt im Mondschein Walzer, und dann vögelten wir uns die Seele und den Schmerz, den die Liedtexte wiederspiegelten, aus dem Leib.

Ob er die Musik auch mit seinen Freunden hörte; ob er mit seiner Familie zum Kino verabredet war, wenn er keine Zeit für mich hatte; oder ob er auch mit einer anderen Frau ein Date hatte? Das wollte ich gar nicht wissen. Was zwischen uns zählte, war der Moment und nicht, was davor oder danach geschah. Unsere erste Regel war: Kommunikation vor und nach den Treffen auf ein Minimum beschränken! Auch wenn das für mich eher eine intuitive Entscheidung war, weil ich bis dato noch gar nicht von der Existenz der goldenen Regeln für Sex ohne Gefühle wusste.

*

An einem Abend schrieb Tino mir aus heiterem Himmel, dass ich zu ihm nach Hause kommen sollte. Ich setzte mich unaufgeregt ins Auto, wunderte mich dann aber doch, als ich kurze Zeit später vor seiner Haustür stand und mein Herz heftig pochte. Ich hatte mir lange nichts dabei gedacht, dass wir uns immer nur im Auto trafen, aber als die Nächte immer kühler und dunkler wurden, grübelte ich dann doch, wieso wir nicht einfach zu ihm nach Hause fuhren und es uns in seinem Bett gemütlich machten. Tino schien ein Treffen bei ihm so lange wie möglich hinauszögern zu wollen: Lag es an mir oder einfach nur daran, dass er ein anderes Kälteempfinden hatte?

Glücklicherweise öffnete Tino die Tür nur wenige Sekunden, nachdem ich geklingelt hatte, mein Herzschlag normalisierte sich wieder. Mein Blick wanderte über seinen Körper: Er trug eine Jogging-, *nein*, um genau zu sein, eine Schnellficker-Hose, die Karl Lagerfeld vermutlich in den Suizid getrieben hätte!

»Komm rein«, sagte er freundlich und gab mir im Vorbeigehen einen Klaps auf den Po. Mein nächster Blick fiel auf die meterlangen Regale mit CDs und Schallplatten, die sich durchs ganze Haus zogen. Das hier war das Paradies für jeden Musikfan.

»Mein Vater ist ein absoluter Fanatiker«, erklärte Tino, als er sich zu mir umdrehte und meinen staunenden Blick auffing.

Ich nickte und stand nun etwas hilflos und angespannt im Raum. Sollte ich jetzt weiter nachfragen? Sollte ich mich auf die Couch setzen? Sollte ich wie gewöhnlich einfach seinen Reißverschluss öffnen und ihm gleich auf der Stelle einen Blowjob verpassen? Die Tatsache, dass wir nicht wie gewohnt in meinem Auto saßen, machte mich unsicher.

»Komm«, sagte Tino nach einigen Sekunden, die sich wie eine halbe Ewigkeit angefühlt hatten und streckte mir seine Hand entgegen.

Ich folgte ihm in den nächsten Raum. Das Zimmer erinnerte mich an eine Autobahn-Pension: Da stand ein Bett mit bunter Bettwäsche, ein Kleiderschrank, eine spartanische Kommode, ein Schreibtisch, ein Stuhl – nur ein Poster von Bob Dylan gab dem Raum eine persönliche Note.

Diesmal kommentierte Tino meinen schweifenden Blick nicht, er streifte sich dieses Stilverbrechen von Hose von den Beinen, schritt selbstbewusst auf mich zu, legte beide Hände an meine Wangen, schubste mich rücklings aufs Bett.

Die Anspannung fiel unter seinen Küssen von mir ab. Ich zog mir mein Oberteil über den Kopf, präsentierte ihm meine nackten Brüste, räkelte mich absichtlich für ein, zwei Wimpernschläge unter ihm, um ihm einen Blick auf meine Nippel zu gewähren. Hemmungen gab es zwischen uns nie, und das war auch gut so. Fand er meinen Bauch flach, meine Brüste straff und meine Schamlippen rosig genug? Diese Frage musste ich mir bei Tino nie stellen. Äußerlichkeiten waren niemals ein Thema zwischen uns – abgesehen von dieser schrecklichen Jogginghose!

Er musste keine Worte darüber verlieren, ob er mich attraktiv fand oder nicht, weil mir sein harter Ständer jedes Mal mehr Komplimente machte, als er sie jemals hätte aussprechen können. Dafür war ich Tino oder besser gesagt seinem Schwanz aus tiefstem Herzen dankbar: negative Gedanken bezüglich meines Körpers gab es einfach nicht, wenn er in meiner Nähe war. Damit schenkte Tino mir nicht nur einen riesigen Boost für mein Selbstbewusstsein, sondern vor allem den Spaß an meiner eigenen Sexualität, weil ich mich nie unwohl bei ihm fühlte und mich deshalb auf die wirklich wichtigen Dinge konzentrieren konnte.

Zum Beispiel Blowjobs! Ich genoss es vor jeder Nummer, erstmal vor ihm auf die Knie zu gehen, bevor er entweder mit dem Kopf oder gleich mit dem Schwanz zwischen meine Beine abtauchte. Deshalb ließ ich es mir auch an diesem Abend nicht nehmen, mich besonders ausgiebig seinem Penis zu widmen. Man musste die luxuriöse Situation, dass wir endlich mal in einem Bett vögelten, schließlich ausnutzen. Zwar waren wir inzwischen Meister im Autosex und hatten ein Stellungsrepertoire von dem andere nur träumen konnten, dass wir diesmal aber ausnahmsweise mal etwas mehr Platz hatten, machte die Nummer, die er irgendwann mit einem lauten »Ooohaaar!« beendete, zu einer aufregenden Angelegenheit.

»Das war … gut«, grinste ich, während ich bereits wenige Sekunden nach der Nummer mein Shirt anzog.

Tino machte hingegen keine Anstalten, sich seine unmögliche Hose wieder überzuziehen. Er lag mit gespreizten Beinen auf dem Bett und spielte mit meinen Haaren herum.

Ich genoss es, wie seine Finger durch die Strähnen strichen, mein Herz schlug gleichmäßig und ruhig, in meinem Kopf ging aber plötzlich der Alarm an: Wieso fühlte sich das so gut an und wieso wünschte ich mir gerade, dass wir das nach jeder Nummer machten? Woher kam auf einmal dieses Bedürfnis danach, mit ihm zu kuscheln?

»Ach übrigens … Nächste Woche bin ich nicht hier, dann müssen wir aussetzen«, erklärte er beiläufig.

»Alles klar, dann einfach die Woche darauf«, nickte ich und ließ meinen Blick noch mal durch das Zimmer schweifen. Dabei blieb ich erneut an dem Poster hängen: Obwohl wir bereits so viel über Musik gesprochen hatten, war der Name Bob Dylan nie gefallen ...

»Irgendwie habe ich mir dein Zimmer anders vorgestellt«, rutschte es mir raus.

»Oh«, er lachte, stützte sich lässig auf seinen Unterarmen ab und richtete seinen Oberkörper auf: »Das ist nicht mein Zimmer, das ist das von meinem großen Bruder.«

»Wow!« Mehr fiel mir dazu nicht ein, weil ich es gleichermaßen witzig und absurd fand. Hatten wir gerade wirklich in dem Bett seines Bruders gevögelt? Er war ein Spinner!

»Was denn? Meins war nicht aufgeräumt«, lachte Tino entschuldigend, worauf ich ihm kichernd ein Kissen gegen den Kopf warf und mich anzog.

Tatsächlich war das der einzige Hausbesuch, den ich Tino abstattete. Nach der Nummer im Bett seines Bruders hatten wir uns stilschweigend darauf geeinigt, dass der Beifahrersitz meines Autos doch der angemessenere Ort zum Vögeln war. Und das war auch gut so, denn schon während des Treffens merkte ich, dass sich ganz plötzlich nicht nur etwas zwischen meinen Beinen, sondern auch unter meiner Brust regte – und das wollten wir ja unter allen Umständen vermeiden.

*

Von der Existenz der goldenen Regeln für Sex ohne Gefühle erfuhr ich erst ein paar Wochen später. Wir hatten gerade mal wieder eine Nummer im Auto auf dem Feldweg beendet. Er hatte mir den ersten vaginalen Orgasmus durch den Körper gejagt, weshalb ich auch nach dem Sex noch völlig verklärt von den ganzen Glückshormonen war, die durch meine Blutbahn geschossen waren wie sein Sperma auf meine Brüste. Deshalb konnte ich es nicht lassen, mich beim Rauchen gegen ihn zu lehnen und ihm sanfte Küsse auf die Lippen zu drücken.

Tino stoppte mich während des Kusses und hielt meine Handgelenke fest, bevor er mir sanft entgegenflüsterte: »Keine Küsse nach dem Sex.«

Seine Worte zogen sich wie ein Schlag einmal quer durch meinen Bauch. Seine Zurückweisung ließ Scham in mir aufsteigen: Es fühlte sich an, als wäre ich gerade auf frischer Tat beim Abschreiben erwischt worden.

»Warum?«, fragte ich ihn, mit nicht zu überhörendem, enttäuschtem Ton in der Stimme.

Tino pustete den Zigarettenrauch hörbar aus der Mundhöhle: »Das hat nichts mit dir zu tun.« Diese Worte machten die Situation und das Gefühl, von ihm zurückgewiesen worden zu sein, nicht gerade besser.

»Das zwischen uns läuft doch mega, oder?«, fragte er und fing liebevoll meinen Blick ein, während er seine Stirn gegen meine fallen ließ.

»Ja, voll! Oder findest du nicht?«, antwortete ich verunsichert.

»Doch! Genau deshalb müssen wir uns an ein paar Regeln halten«, erklärte er.

Ich warf ihm einen skeptischen Blick zu: »Die da wären?«

»Keine Küsse nach dem Sex, nicht beieinander Schlafen, keine unnötigen Nachrichten, nicht zu viel voneinander wissen. Ich habe keinen Bock darauf, dass einer von uns plötzlich Gefühle entwickelt«, sagte er ehrlich und senkte seinen Blick auf den steinigen Boden unter uns: »Dafür vögele ich viel zu gerne mit dir«, schob er mit einem Grinsen hinterher, als er wieder aufblickte.

Ich musste lachen. Ja, das klang alles schlüssig und logisch. Obwohl es mich paradoxerweise doch ein bisschen traf, dass er so rigoros ausschließen wollte, dass sich einer von uns verliebte, war es eigentlich genau das, was ich auch wollte.

»Deal!«, nickte ich und gab ihm ein High five.

*

Bis wir die Konditionen unserer Affäre endgültig ausklamüsert hatten, verging etwa ein halbes Jahr. Es wäre gelogen, wenn mir in dieser Zeit nicht an dem einen oder anderen Abend der Gedanke gekommen wäre, ob das mit Tino nicht vielleicht doch irgendwie Potenzial für mehr hatte. Glücklicherweise hatten diese Gedanken so eine kurze Halbwertszeit, dass ich nie ernsthaft in die Bredouille kam, Gefühle für ihn zu entwickeln.

Was wirklich ein Segen Gottes war, denn ab dem Zeitpunkt, als alles endgültig zwischen uns geklärt war, plätscherte unsere Affäre ohne größere Dramen vor sich hin. Die Dramen spielten sich abseits unserer Beziehung ab. Deshalb wartete ich eines Abends auch wütend am Kreisverkehr und ließ mich von Caspers bitterem Song *230409* beschallen, bis Tino irgendwann die Tür aufriss und sich wie gewohnt auf den Beifahrersitz setzte. Ich sagte nichts, drückte ihm nur einen flüchtigen Kuss auf die Lippen und fuhr los.

Ich war sauer. Die Wut, die mir einst von Leon ins Herz gepflanzt worden war, brodelte unter meiner Brust. Denn Leon hatte mir eine Stunde zuvor eine seiner typischen Nachrichten geschrieben. Ich war schon dabei gewesen, Tino abzusagen, weil ich mir Chancen ausrechnete, doch ein zweites Mal mit Leon im Bett zu landen, als der kleine Pisser wie immer eine fadenscheinige Ausrede vorgeschoben hatte, weshalb er sich ganz plötzlich doch nicht mit mir treffen konnte. Leider sorgte seine Nachricht dafür, dass ich einen Hass auf die ganze verdammte Welt schob und das vor Tino nicht verbergen konnte.

Er beobachtete mich gelassen aus dem Augenwinkel, legte seine Hand beruhigend auf meinen Oberschenkel und guckte aus dem Fenster. Insgeheim freute Tino sich wahrscheinlich sogar über meine schlechte Laune, weil er wusste, dass ich an solchen Abenden auf besonders harten Sex stand. Erst als ich die Handbremse anzog und das Auto mitten auf einer verlassenen Straße parkte, die nur vom Vollmond beleuchtet wurde, stellte ich die Musik kurz leiser.

»Mieser Tag?«, fragte Tino mit sanftem Blick.

»Frag nicht!«, seufzte ich und rollte mit den Augen. Er nickte, drehte die Musik kommentarlos wieder auf und fiel über mich her.

Obwohl wir keine Gefühle für einander hatten, waren wir sehr gut darin, Gefühle ineinander zu projizieren. Unsere Küsse waren an diesem Tag grober, schonungsloser und leidenschaftlicher als sonst. Ich biss ihm zwischendurch etwas zu fest auf die Lippe, kratzte mit meinen Fingernägeln über seine Brust und wollte seinen Schwanz so tief in mir spüren, dass ich ihn mit jedem Stoß noch näher an mich heranzog.

Für diesen Hate-Fuck ohne Hass wurde es im Innenraum meines Autos schnell zu eng. Also öffnete Tino die Tür und zog mich wortlos, dafür aber splitterfasernackt aus dem Wagen. Er platzierte mich mit dem Rücken zu ihm, drückte mich gegen die Karosse, ich stützte mich mit den Händen ab und genoss es, dass er meinen Kopf an den Haaren nach unten zog, um mich von hinten, mitten auf dieser verlassenen Straße so richtig durchzuvögeln.

Wenn seine nackte Haut auf meine traf, wurde die Stille von einem lauten rhythmischen Klatschen erfüllt, meine Knie zitterten, mein Kopf war leer, ich ließ mich in dem Gefühl von brodelnder Wut und kribbelnder Geilheit fallen. Dann stöhnte ich lusterfüllt auf, drehte mich mitten in der Nummer um und ging vor ihm auf die Knie. Meine Fingernägel krallten sich in seine Oberschenkel. Als er mich bat nicht zu fest zuzudrücken, intensivierte ich meinen Griff absichtlich. Was zu einem Handgemenge und letztendlich dann doch wieder dazu führte, dass ich über der Motorhaube lehnte und er mir von hinten den Rest gab.

Meine Knie zitterten auch noch Minuten, nachdem er seinen Schwanz aus mir rausgezogen und das Kondom achtlos ins Gras geschmissen hatte. Ich hatte mir meinen Mantel über die nackten Schultern geworfen und mich neben ihm ans Auto gelehnt, um eine Kippe auf diesen atemraubenden Fick zu rauchen.

Tino steckte sich die Zigarette lässig in seinen Mundwinkel und begutachtete seinen Körper. »Alter, was war denn mit dir los? Ich habe überall Kratzer«, stellte er fest, konnte sich ein befriedigtes Grinsen aber nicht verkneifen.

»Sorry, ist das sehr schlimm?«

»Hmm … ist halt scheiße, dass das jeder sehen kann«, brummte er nur, nahm noch einen tiefen Zug Nikotin und guckte dabei in den Sternenhimmel. Wenn ich nur eine Sache an der verdammten Vorstadt liebte, dann die Tatsache, dass man dort fast immer Sterne sehen konnte. Als er den Rauch ausgeatmet hatte, sah Tino mich an: »Ich glaube, ich habe mich wieder in meine Ex verliebt!«

Seine Worte trafen mich entgegen aller Erwartungen nicht in die Magengrube, sondern mitten ins Herz. Wenn ich eins nachvollziehen konnte, dann ja wohl, dass man nicht so leicht von einem anderen Menschen loskam.

»Ich habe vorhin mit Leon geschrieben, wir wollten uns erst treffen, aber dann hat er wieder den Schwanz eingezogen … *das kann er ja besonders gut*«, sagte ich und versuchte mit bitterem Humor, den enttäuschten Ton in meiner Stimme zu überspielen. Ich hatte ihm in der Vergangenheit schon öfter von Leon und mir erzählt, er hatte immer aufmerksam zugehört.

»Julie, du weißt, ich sage dazu sonst nichts, aber … dieser Typ ist ein ziemlicher Idiot und hat dich echt nicht verdient«, sagte Tino fast wütend und zog mich in seine Arme.

»Ich weiß«, mir schossen die Tränen in die Augen, während ich meinen Kopf an seine Brust drückte, die ich wenige Minuten zuvor mit tiefen Kratzern versehrt hatte.

»Ändert das mit deiner Ex-Freundin etwas zwischen uns?«, fragte ich, als ich mich nach wenigen Sekunden wieder beruhigt hatte.

»Nein, alles gut. Das funktioniert eh nicht. Als wir damals gemeinsam beschlossen haben, miteinander Schluss zu machen, haben wir uns geschworen, es dabei zu belassen«, sagte Tino und platzierte einen Kuss auf meinem Haar.

Dann wurde es still zwischen uns. Wir standen im Mondschein mit unseren gebrochenen Herzen, rauchten und sagten nichts. Dass wir diesen Moment miteinander teilten, dass wir so ehrlich zu einander, aber auch zu uns selbst sein konnten, erfüllte mich mit Wärme. In einer Welt voller Fuckboys war es ein Privileg, einen so aufrichtigen Typen wie Tino in meinem Leben zu haben – für den ich zwar keine romantischen Gefühle empfand, mit dem ich aber trotzdem den unkompliziertesten Sex meines Lebens haben konnte.

Kapitel 3:
Die Nummer mit den
One-Night-Stands

Lieber … ähm … wie war noch mal dein Name?

Spielt auch keine Rolle, wenn du irgendeine Bedeutung gehabt hättest, wüsste ich ihn vermutlich noch. Danke für den Sex — auch wenn er wahrscheinlich nicht besonders gut gewesen ist.

XOXO Julie Schmidt

P.S.: Wie kann es verdammt nochmal sein, dass Männer nie Kondome dabeihaben?

*

Ich schminkte mir meine vollen Lippen mit dem perfekten Amorbogen dunkelrot, meine eisblauen Augen zierte ein Eyeliner – ich erinnerte mich selbst an die verführerische Version von Schneewittchen. Mein zufriedener Blick ging gen Spiegel, ich streckte kurz die Zunge raus: Ich war jung, wild und frei, stand in meinem Hotelzimmer in Berlin und wusste in diesem Moment, dass dieser Abend verdammt noch mal legendär werden würde.

Die Hauptstadt übte schon während meiner Schulzeit eine Faszination auf mich aus, weil ich mich in der Menschenmasse treiben lassen und frei fühlen konnte, mich niemand für meine kurzen Röcke und hohen Absätze verurteilte und Tausende fremde Penisse auf mich warteten. Deshalb setzte ich mich mit meinen Freundinnen Trixi und Pia so oft es ging in den Zug, um für ein Wochenende das Berliner Nachtleben unsicher zu machen.

»Los geht's, Mädels!«, rief ich, als ich mit einer Flasche Sekt in der Hand in den Flur gestolpert kam. Wie immer warteten Pia und Trixi schon auf mich: Ich war zehn Minuten zu spät.

Als Entschuldigung ließ ich den Sektkorken gegen die Decke knallen, der Schaum sprudelte auf den Boden. Ich lachte laut auf und versuchte, mit meinem Mund den Sekt aufzufangen, um keine allzu große Schweinerei auf dem blauen Teppichboden zu hinterlassen.

»Typisch Julie, bei dir spritzt's immer«, kommentierte Pia mit einem Augenzwinkern. Mit ihren dunkelblonden Locken, dem sportlichen Körperbau und den beneidenswerten Bauchmuskeln, ihrer Tollpatschigkeit und ihrer naseweisen Art war sie ein ganz anderer Typ als ich, trotzdem zählte sie zu meinen ältesten Freundinnen.

»Ihr kennt mich, *Schluckspecht forever*«, kicherte ich, nahm noch einen großen Schluck aus der Flasche und reichte sie dann an Trixi weiter.

»Na, Julie, reißt du dir heute wieder einen auf?«, fragte Trixi und zwinkerte mir zu. Sie hatte ewig lange Wimpern, die ihre mandelförmigen Augen einrahmten und mittellanges hellbraunes Haar. Am meisten fielen an ihr allerdings ihre Brüste auf: Sie hatte große, wirklich große Brüste! Gegen ihre Oberweite sah mein D-Körbchen wie ein Mini-Format aus. Auch Trixi kannte ich bereits seit der sechsten Klasse: In der Vergangenheit hatten wir uns öfter mal wegen Kleinigkeiten angezickt, weil wir beide unfassbar stur waren, trotzdem hatte sie einen festen Platz in meinem Herzen, weil sie einer der tolerantesten Menschen war, die ich kannte.

»Vielleicht«, sagte ich verschwörerisch grinsend und hopste vorfreudig den Hotelflur Richtung Nachtleben entlang.

Ich war aufgedreht und glücklich, witzelte auf dem Weg zum Club herum, tanzte an der Haltestelle sorglos vor mich hin und brachte meine Freundinnen mit meiner Albernheit zum Lachen. An meinem schweren Betonherz hatte ich ein paar Heliumballons befestigt, die dafür sorgten, dass ich das Leon-Chaos und die unnahbare Julie mal für ein paar Stunden vergessen konnte.

Am Späti besorgten wir uns eine zweite Flasche Sekt und ließen uns von zwei Briten auf ein paar Shots Jägermeister einladen. Dass wir vor dem Club anstehen mussten, störte uns nicht. Selbst die Warterei wurde für mich zu einem aufregenden Abenteuer, weil ich all die unterschiedlichen Menschen in der Schlange und die blinkenden Lichter der Stadt beobachten konnte.

Der Club begrüßte uns mit wummernden Elektro-Sounds. »Die erste Runde geht auf miiiich«, brüllte ich meinen Freundinnen entgegen und stiefelte euphorisiert zur Bar.

Eine Runde Wodka-Lemon später hatten wir bereits die Tanzfläche gestürmt. Ich schloss meine Augen, ließ meinen Kopf im Takt der Musik wippen, wurde zum Teil der tanzenden Masse und lachte mit meinen Mädels darüber, dass ausgerechnet wir Vorstadtkinder jetzt gerade wirklich hier in einem Club in Berlin das Leben feiern durften.

Und dann entdeckte ich zwischen all den tanzenden Menschen diesen Mann, der lässig an der Bar stand und mich beobachtete. Mit seinen dunklen Haaren und den blauen Augen sah er aus wie eine ältere Version von Leon. Ich lächelte ihm neugierig entgegen, er nickte, bevor er sich seinen Weg durch die Masse bahnte. Als er vor mir stand, beugte er sich nach vorne, um möglichst nah an mein Ohr zu kommen, damit ich ihn trotz der lauten Musik verstand: »Hey, darf ich ein Foto von dir machen?«

Erst jetzt fiel mir die Kamera in seiner Hand auf. Ich nickte bereitwillig. Er knipste mich in zwei, drei Posen, forderte mich dazu auf, meine Haare noch einmal durch die Luft zu schleudern. Dann zeigte er mir die Bilder auf dem kleinen Kamera-Display: Ich sah wirklich gut aus. Was nicht nur daran lag, dass meine hellblauen Augen strahlten und meine dunklen Haare im Licht glänzten. Meine Lippen zierte ein fröhliches Lächeln. An sich hatte mich dieser Fotograf wirklich gut getroffen: Da war kein Doppelkinn zu sehen, das manchmal auftauchte, wenn ich die Frontkamera meines Handys im falschen Winkel auf mich richtete. Ich sah schlank aus, obwohl man meine Kurven erkennen konnte. Während der Pubertät hatte ich öfter mal damit zu kämpfen gehabt, dass meiner Silhouette an eine Sanduhr erinnerte. Inzwischen gefiel ich mir aber so, wie ich war, eben weil mir langsam bewusst wurde, dass Männer es durchaus anziehend fanden, dass ich meine Kleider nicht in Größe 34, sondern eher in 38 oder 40 kaufte.

»Die sind gut geworden«, kommentierte ich und zwinkerte ihm lachend zu. Er nickte und lud mich auf einen Drink ein. Nach einem Longdrink hatte ich bereits erfahren, dass er Fotograf und knapp zehn Jahre älter als ich war. Dass er meine Freundinnen sofort als Vorstadtkids enttarnt hatte und mich fragte, wie ich mit solchen Mädels befreundet sein könnte, hätte mich heute wahrscheinlich auf der Stelle kehrt machen lassen. Damals schmeichelte es mir aber eher. Da stand die kleine Vorstadtprinzessin Julie irgendwo in Berlin und wurde einfach von einem zehn Jahre älteren Typen angequatscht – was für ein Egobooster!

»Willst du mit nach draußen, etwas frische Luft schnappen?«, fragte er mich, nachdem wir kläglich daran gescheitert waren, gegen die laute Musik anzuschreien, um unsere Unterhaltung weiterzuführen.

Sollte ich mitgehen? Ich war in einer fremden Stadt und konnte doch nicht einfach mit einem fremden Typen verschwinden? Andererseits wollte er nur Luft schnappen und … Die Neugier und mein Hunger auf ein Abenteuer dominierten meinen Verstand. Ich nickte, er griff nach meiner Hand.

Draußen war es kalt und feucht, die Musik hörte man kaum, dafür aber das laute Rattern der S-Bahn. Noch bevor ich mir eine Zigarette anzünden konnte, hatte er mich schon gegriffen und mir seine Lippen auf meine gedrückt.

Urgh, das fühlte sich alles andere als gekonnt an. Sein Kuss war etwas zu feucht, seine Zunge bewegte sich etwas zu schnell und etwas zu tief in meinem Mund. Große Begeisterung oder gar ein aufgeregtes Kribbeln in meiner Vagina löste der Kuss nicht in mir aus. Das war aber auch nicht nötig: Die Situation allein sorgte dafür, dass mir das Adrenalin trotzdem durch die Adern schoss.

Deshalb fragte ich ihn kurz darauf ziemlich aufgekratzt: »Wo ist dein Auto?«

Er deutete auf eine silberne Mercedes A-Klasse, die nur wenige Meter von uns entfernt stand. In Autosex war ich geübt, aber in so einer kleinen Karre hatte ich es bis dato noch nicht getrieben. Scheiß drauf! Dass mir das hier gerade wirklich passierte, war besser als jede Geschichte, die ich jemals in der Vorstadt erleben konnte, da sollte mich ein kleines Auto nicht davon abhalten, dass ich vielleicht eine der aufregendsten Erfahrungen meines Lebens sausen ließ.

Ich warf ihm einen herausfordernden Blick zu, griff selbstsicher in seinen Nacken und biss ihm zärtlich in die Unterlippe, ehe ich von ihm abließ und auf das Auto zusteuerte. Er blieb unschlüssig stehen, beobachtete mich und folgte mir erst, als ich schon an der Beifahrertür stand. Als er zur Fahrerseite ging, riss ich die Tür zur Rückbank auf.

»Wie? Hier?«, fragte er perplex. Wäre mein Ego ein Penis gewesen, hätte ich in diesem Moment einen fetten Ständer bekommen. Jetzt musste die Vorstadtgöre dem abgeklärten Berliner auch noch zeigen, wie man ein echtes Abenteuer erlebte? Diese Überlegenheit ihm gegenüber turnte mich mehr an, als es irgendein Kuss jemals konnte.

»Du glaubst doch nicht wirklich, dass ich mit einem fremden Typen ins Auto steige und in die Nacht davonfahre, oder?«, fragte ich ihn grinsend über das Autodach, wartete seine Reaktion nicht mal ab, sondern kletterte hastig auf die Rückbank. Er lachte auf, schritt um das Auto herum und folgte mir.

Mein Oberteil flog in den Fußraum, um den BH auszuziehen, blieb keine Zeit. Er riss sich sein schwarzes Shirt vom Hals, zog gleichzeitig Hose und Boxershorts runter. Sein Penis war beachtlich groß – hoffentlich konnte er damit besser umgehen als mit seiner Zunge. Der Kuss hatte mich eher ab- als angeturnt, trotzdem war ich bereit für seinen Schwanz. Ich war vielleicht nicht geil auf ihn, aber ich war verdammt geil auf diese Erfahrung und das reichte meiner Vagina aus.

Er platzierte ein paar weitere Küsse, die leicht nach Knoblauch schmeckten, auf meinem Mund und zwischen meinen Brüsten, dann drückte ich ihn kurz von mir runter, um aus meiner Handtasche ein Kondom zu ziehen, ehe er in mich fuhr.

Das ausfüllende Gefühl eines Schwanzes ließ mich leise aufseufzen. Als er sich seicht in mir bewegte, blieb das Kribbeln in meinem Unterleib jedoch aus. Seine Küsse blieben zu feucht, seine Berührungen zu vorsichtig, seine Stöße zu lasch – er war ein Waschlappen, der mich nicht richtig wegputzen konnte. Ich versuchte mit einem gezielten Biss in seine Lippe und einem Kratzen meiner Fingernägel über seine Brust, etwas Pep in die Nummer zu bringen, doch er verstand meine Körpersprache nicht. Auch als ich mich in seine Hüfte krallte und ihn an mich zog, um ihm einen besseren Rhythmus vorzugeben, vögelte er einfach taktlos vor sich hin. *Okay,* von dieser Nummer konnte ich mir definitiv keine Gefühlsexplosion erwarten.

Abbrechen wollte ich den Sex trotzdem nicht. Hier ging es gar nicht um Sex, hier ging es auch nicht um ihn, hier ging es nicht darum, dass ich einen Orgasmus gebrauchen konnte. Hier ging es um etwas ganz anderes: um mich, um mein Ego, um eine Erfahrung, die ich niemals vergessen würde. Deshalb machte es mir nichts aus, dass er zwar kein besonders guter, dafür aber ein besonders ausdauernder Stecher zu sein schien.

Während er seinen Schwanz in mich schob, zählte ich die vielen kleinen Flecken an seiner Autodecke. Während seine Hände über meinen Körper huschten und er mir mit verschleiertem Blick sein Gesicht zwischen die Brüste drückte, malte ich mir in Gedanken schon aus, wie ich auf der nächsten Vorstadtparty mit ausladenden Gesten und breitem Grinsen von dieser Nummer erzählen würde. Deshalb ließ ich dem Fotografen auch seinen Spaß. Seine Unbeholfenheit machte die Geschichte für mich nur noch besser, weil sie ihr eine kuriose Fallhöhe verlieh. Als ich allerdings beim vierunddreißigsten Fleck angekommen und meine Vagina leicht wundgevögelt war, wurde mir das Rein und Raus doch zu langweilig.

»Sag mal, brauchst du noch lange?«, fragte ich ihn emotionslos.

Er stockte mitten in der Bewegung, riss seine Augen auf und seufzte: »Sorry, irgendwie ist heute der Wurm drin.«

»Von mir aus kannst du es noch weiter versuchen, aber für mich reicht es jetzt langsam mal«, sagte ich stumpf und ließ meinen Kopf genervt in den Nacken fallen.

»Ne, schon gut«, sagte er, zog sich aus mir raus und seufzte resignierend.

Ich zwinkerte ihm gleichgültig zu, robbte von der Rückbank, zog mir Top und Rock wieder zurecht, wuschelte einmal durch meine Haare und hob zum Abschied die Hand.

»War *nett*«, presste ich mir gleichgültig über die Lippen. Ich hätte ihm auch sagen können, dass er dringend mal etwas Nachhilfe in Sachen weibliche Anatomie gebrauchen konnte. Aber ich wollte kein vernichtendes Urteil sprechen: Erstens war ich auch nicht mit allergrößter Leidenschaft dabei gewesen, zweitens würden wir uns niemals wiedersehen und drittens mochte ich es einfach nicht, auf dem Ego von jemandem herumzutrampeln.

»Mach's gut«, sagte er irritiert von meiner Abgeklärtheit und hob die Hand.

Ich nickte, drehte mich um und verschwand zurück in den Club, um mir an den Bar erstmal selbst einen Schnaps auszugeben: *Cheers, auf mich und meinen ersten echten One-Night-Stand! So war das also, interessant!*

*

Obwohl es eine eher miese Nummer war, hatte ich an diesem Abend Blut geleckt ... *okay, ich muss zugeben* ... es war wohl eher Sperma, das nach Freiheit, Unabhängigkeit und Abenteuer schmeckte, aber meine Begeisterung für One-Night-Stands war durch den Fotografen geweckt. Er kassierte für die Qualität der Nummer gerade mal eine gutgemeinte Vier, dabei punktete er bei der Schwanzlänge mit einer Zwei, aber das war nicht der ausschlaggebende Grund für meine neue Lieblingsdisziplin im Bett: Es war der Thrill-Faktor, der mit einer glatten Eins abschnitt und von dem ich gar nicht genug bekommen konnte! Schon bei Tino hatte ich festgestellt, dass mir Sex ohne Gefühl einen unvergleichlichen Kick gab, der mich glücklich machte und mich mein schweres Betonherz zumindest für ein paar Stunden vergessen ließ.

One-Night-Stands berauschten mich noch mehr, weil man nie wusste, wann und mit wem sie passierten. Außerdem gaben sie mir genau das, was jede Frau nun mal gut gebrauchen konnte: Glücksgefühle, Aufmerksamkeit, Aufregung, Bestätigung, Selbstbewusstsein und einen harten Schwanz. Diese Erkenntnis kam mir, als ich ein paar Tage nach dem Berlin-Trip mit meiner besten Freundin Mia in unserer Lieblingsbar bei einem Long Island Ice Tea saß und ihr breitgrinsend von dem Sex mit dem Fotografen erzählte: »An sich war der Sex nicht gut, aber ich feiere die Nummer trotzdem. Dieser Typ konnte gar nichts, aber das war mir egal. Eigentlich hat es mich sogar noch geiler gemacht.«

»Da fährst du nach Berlin und vögelst einfach mal einen wildfremden Typen im Club«, sagte Mia verblüfft und prostete mir zu.

»Ganz ehrlich? Ich will einfach nur meinen Spaß haben! Das hab ich mir nach dem ganzen Scheiß mit Leon verdammt nochmal verdient. Gott, ich bin so froh, dass ich wenigstens vögeln kann, ohne ständig an ihn zu denken«, erklärte ich ihr, bevor ich an meinem Strohhalm saugte.

»Das ist ja auch vollkommen okay. Wenn du deine Gefühle und deinen Körper tatsächlich so voneinander abspalten kannst, dann ist das doch in Ordnung«, lächelte sie und rührte dabei gelassen in ihrem Cocktail herum.

»Du findest das also nicht schlampig?«, fragte ich und guckte leicht verunsichert zur Seite.

Mein Verhalten war ja doch irgendwie ziemlich paradox. Obwohl ich all meinen Freundinnen seit Jahren versicherte, dass ich nur Leon wollte, vögelte ich inzwischen ziemlich oft, ohne mit der Wimper zu zucken, in der Gegend herum. Trotzdem stimmte es: Ich wollte Leon immer noch um jeden Preis, aber er wollte mich nicht. Oder irgendwie wollte er ja schon, aber eben nicht so richtig und lieber nur übers Handy. Also konnte ich jetzt für immer darauf warten, dass er sich endlich für mich entschied und mein Leben solange an mir vorbeiziehen lassen; oder ich vögelte einfach ab und zu mit anderen Typen, um mir die Wartezeit zu versüßen.

»Nein, wieso?«, sagte Mia und zuckte mit den Schultern.

»Weißt du …«, setzte ich nach einigen Sekunden Stille an. »Ich glaube, es ist einfach der beste Kompromiss für mich. Mein Herz öffne ich weiter nur für Leon, meine Beine eben auch für andere Typen. Das ist doch okay, oder?«, fragte ich, während ich nervös mit dem Feuerzeug herumspielte.

»Solange es dich glücklich macht. Feel free«, nickte Mia und lachte. Ich lächelte sie dankbar an: Meine Mia war einfach ein Engel, weil sie mich für meine teuflischen Ideen nie verurteilte. Ihre lockere Reaktion, gab mir die Sicherheit, um darauf scheißen zu können, was andere Menschen wohl über mich und mein skurriles Sexleben dachten.

»Gott, was würde ich bloß ohne dich machen, Mia?«, seufzte ich gerührt auf und hob mein Glas: »Auf dich, die allerbeste Freundin dieser Welt.«

Sie schüttelte schmunzelnd den Kopf: »Und dich, die allersexhungrigste Freundin dieser Welt«, zwinkerte sie mir zu.

*

Mein persönlicher Freifahrtschein gab mir etwas Freiheit zurück, die ich mir durch meine merkwürdige Obsession für Leon selbst genommen hatte. Jetzt war ich an der Reihe, meine Bedürfnisse hatte ich lang genug hintenangestellt! Dabei gab es nur eine einzige Regel, die ich mir selbst auferlegt hatte: Ich konnte Sex haben, mit wem, wann und wie oft ich wollte, aber niemals – und das schwor ich mir – in der verkackten Vorstadt, in der ich aufgewachsen war.

Das Angenehmste an One-Night-Stands war doch, dass sie für immer die Aufnahme eines Moments blieben, den man mit jemandem teilte und in guter Erinnerung behielt, eben weil man sich danach nie wiedersehen musste. Das war in dieser verdammten Vorstadt leider unmöglich. Auf irgendeiner Party, bei irgendeiner Veranstaltung lief man sich immer ein zweites Mal über den Weg. Dass ich mich lieber an diese Regel hätte halten sollen, wurde mir allerdings leider erst Monate, nachdem ich sie zum ersten und einzigen Mal gebrochen hatte, bewusst.

Ich stand alleine im Raucherbereich auf einer Party und genoss, wie das Nikotin sich nach den ersten zwei Zügen mit dem Alkohol in meinem Blut vermischte und ein vernebeltes Gefühl in mir aufsteigen ließ, als mir jemand auf die Schulter tippte.

Ich drehte mich um und blickte in matschgrüne Augen, die mir bekannt vorkamen: Mario. Ich wusste ganz genau, wer er war – nicht, weil er mir mit seinem jungenhaften, asymmetrischen Gesicht oder seinem schlaksigen Körperbau als besonders attraktiver Typ aufgefallen wäre, sondern weil er ein guter Freund von Leon war und nebenbei mit mir im Deutsch-LK gesessen hatte.

»Hey Julie, was machst du denn hier?«, fragte Mario. Seine Hände steckten inzwischen in den Hosentaschen, was nicht lässig, sondern eher kindlich wirkte, seine Lippen zierte ein freundliches Lächeln.

»Ich ... rauche?«, antwortete ich verunsichert, verschränkte augenblicklich den einen Arm vor meiner Brust, um den Ellenbogen des anderen darauf abzustützen und ihm die Zigarette in meiner Hand zu präsentieren.

»Oh, echt? Hätte ich jetzt gar nicht gedacht«, versuchte er sinnvoll, auf meine bereits unsinnige Antwort zu kontern. Er wirkte dabei aber nicht unfreundlich und schob noch ein »dich findet man immer im Raucherbreich« nach. Wow, der hatte ja eine beeindruckende Beobachtungsgabe, sein zweiter Name war sicherlich Sherlock.

»Na ja, woanders hält man es ja kaum aus. Der DJ hat wieder seine 2010er-Gedächtnis-Playlist rausgekramt. Und übers Publikum müssen wir gar nicht erst reden«, seufzte ich und presste abschätzig meine Lippen aufeinander. *Ja*, ich war damals eine ziemlich überhebliche Ziege.

Mario nickte, sagte nichts, blieb aber weiter vor mir stehen und schob mit dem Fuß eine Glasscherbe hin und her. *Hä?* Was wollte der? Wieso hatte er mich überhaupt angesprochen?

»Und sonst so?«, hakte er nach und riss mich aus meinen Gedanken.

»Sonst so?«, erwiderte ich verunsichert. Statt Klarheit in die Situation zu bringen, verdoppelten sich die Fragezeichen in meinem Kopf.

»Na ja, wie geht's dir? Was machst du? Wie läuft das Studium?«, fragte er interessiert, was mich so sehr überforderte, dass ich mich von ihm verarscht fühlte.

»Mario, was willst du von mir? Willst du 'ne Kippe schnorren oder warum bist du so nett?«, schoss es leicht angepisst aus meinem Mund, worauf er anfing zu lachen und entwaffnend seine Hände hob: »*Wow, wow, wow*! Sorry, dass ich mich für dein Leben interessiere. Ich hab dich hier gerade einfach nur stehen sehen und mich gefreut, dass du da bist.«

Jetzt biss ich mir ertappt auf die Lippe. Fuck, der Typ hatte mir nichts Böses gewollt und trotzdem unterstellte ich ihm niedere Absichten. »Na gut, dann will ich dir das mal glauben«, sagte ich, legte meinen Kopf kurz schief und lächelte: »Mir geht's echt gut! Ich studiere jetzt Journalistik in Köln, hab' da meine eigene Wohnung und bin nur ab und zu mal hier.«

»Echt? Klingt richtig gut! Wusste schon immer, dass du mal richtig Karriere machen wirst«, sagte er begeistert und zog eine Kippenschachtel aus seiner Jackentasche.

»Und du?«

»Ich mach eine Ausbildung. Ist ganz okay und hier in der Nähe, also alles entspannt.« Während er mir antwortete, klopfte er seine Hosentaschen ab. »Ähm, hast du Feuer?«, schob er nach, bevor er sich die Zigarette zwischen die Lippen klemmte.

Ich nickte, drehte das Metallrädchen gekonnt mit dem Daumen und hielt ihm die Flamme entgegen. Er balancierte seine Zigarette unbedarft hinein und ließ sie aufglühen. Ich beobachtete ihn und grinste selbstgefällig, als er seinen ersten Zug nahm: »Nur Nutten lassen sich Feuer geben.«

Mario lachte: »Ach, ist das so? Na, wenn du mein Zuhälter wärst, dann … wäre das vermutlich gar nicht so schlimm.«

Flirtete der gerade auf eine sehr skurrile Weise mit mir oder wie durfte ich seinen Spruch verstehen? Eigentlich konnte es nicht sein, dass ausgerechnet er einen Flirtversuch hinlegte! Die ganze verdammte Stadt wusste, dass niemand außer Leon eine Chance bei mir bekam. Und selbst wenn es nicht die ganze Stadt wusste, dann musste es doch zumindest einer seiner besten Kumpels wissen, dass da zwischen mir und Leon seit

Jahren immer mal wieder irgendwas lief. Ein Flirtversuch wäre für Mario doch die selbstgewählte Bankrotterklärung gewesen – einen Versuch bei mir zu starten? So dämlich war doch kein Mensch!

»Wenn du meinst«, antwortete ich wortkarg und hoffte, dass er meine Worte als Gleichgültigkeit und nicht als Unsicherheit interpretierte.

»Wobei, Zuhälter landen mit ihren Nutten ja nicht im Bett. Da müsstest du dann mal eine Ausnahme machen«, zwinkerte er mir zu.

DER FLIRTETE TATSÄCHLICH MIT MIR! Und ja, ER hatte sich gerade selbst die Rolle der Nutte zugeschrieben! Das konnte der doch niemals ernst meinen! Trotzdem amüsierte mich diese absolut politisch unkorrekte Unterhaltung. Dieser kleine verflixte Mario, so viel Mut hätte ich ihm gar nicht zugetraut.

»Meinst du, das würde sich lohnen?«, ging ich auf seine Anspielung ein, weil ich wissen wollte, wie weit er gehen würde.

»Musst du wohl ausprobieren«, antwortete er keck und atmete den Rauch durch die Nase aus. Er war kein Typ, der beim Rauchen besonders sexy aussah, aber dass er hier so schamlos rumflirtete, ohne Angst vor einem Korb zu haben, machte ihn in diesem Moment schon irgendwie sexy.

»*Hmm*, dann muss du wohl die Tage mal vorbeikommen, wenn du dich traust«, konterte ich.

»Klar, wann?«, fragte Mario nun, was mich stutzig machte. Von Leon war ich es gewohnt, dass er in solchen Momenten sofort eine ausweichende Ausrede fand, die diese Treffen so weit in die Zukunft schoben, dass ich bis heute noch darauf warten muss.

»Komm morgen. 22 Uhr. Auf dem Parkplatz. Du weißt vermutlich wo, das dürfte Leon dir ja erzählt haben«, sagte ich gelassen. Den zynischen Kommentar zu Leon konnte ich mir nicht verkneifen – ich war mir ziemlich sicher, dass Mario von der Nummer mit ihm wusste. Er grinste und nickte. Ich warf meine Zigarette auf den Boden, trat provokativ drauf, zwinkerte ihm zu und ging.

In dem Moment hätte ich meinen jungfräulichen Arsch darauf verwettet, dass Mario am nächsten Tag niemals um 22 Uhr auf diesem Parkplatz stehen würde. Wahrscheinlich ließ ich mich nur deshalb auf seinen Flirtversuch ein – oder was auch immer diese etwas unglückliche Konversation gewesen sein sollte. Denn eigentlich fand ich Mario a) nicht attraktiv, b) wollte ich ja immer noch Leon, allerdings dachte ich c), dass es Leon vielleicht mal ganz gut tun würde, wenn er die Gedanken an unseren Sex etwas aufgefrischt bekam, indem ihm ein Freund davon berichtete, dass er mit mir in der Kiste gelandet war, was d) dazu führen würde, dass Leon vor Eifersucht platzte und endlich einsah, dass ich in Wirklichkeit doch seine große Liebe war.

Dass es so einen Plottwist höchstens in einem sehr schlechten Liebesfilm geben könnte, war mir damals nicht bewusst, aber da ich auch nicht davon ausging, dass Mario wirklich vorbeikommen würde, entschied ich mich dazu, nicht weiter über die Konsequenzen meines – *sagen wir* – ziemlich kindischen Plans nachzudenken.

Am nächsten Abend hatte ich die Unterhaltung mit Mario wieder vergessen. Ich saß auf der Ledercouch meiner Eltern in einem roten Wildlederkleid und scrollte durch Instagram, als mein Handy plötzlich aufleuchtete und Marios Name auf dem Display erschien: >>*Ok, fahr jetzt los. Bis gleich.*<<

Ich lachte kurz auf, dann las ich die Nachricht noch mal. Mario war inzwischen offline und kam in den nächsten drei Minuten auch nicht mehr online. Das war der Moment, in dem ich hysterisch auflachte und dann den Hauch einer Vorahnung bekam, dass Mario wirklich ernst machen würde.

Bis ich etwa zwanzig Minuten später auf den Parkplatz trat und sein silbernes Auto sah, hatte ich trotzdem nicht daran geglaubt, dass er auftauchen würde. Aber als er dastand, mich einmal von oben bis unten musterte und »Gut siehst du wieder aus« sagte, konnte ich nicht anders, als kopfschüttelnd zu lächeln und ihm ein »Du bist ja wirklich gekommen. Damit hast du schon mal mehr Eier als dein Freund«, entgegenzuraunen.

»Klar, ich halte mein Wort«, zwinkerte er mir zu, was ich mit einem anerkennenden Nicken kommentierte.

Wir standen für ein paar Momente etwas unschlüssig zusammen auf dem Parkplatz. Dass es hier um Sex ging, war uns beiden klar – Mario kannte mich nur als Julie die Verführerin. Ihm musste schon einiges über mich zu Ohren gekommen sein, schließlich hatte ich mir jahrelang einen Spaß daraus gemacht, immer mal hier und da eine Andeutung fallen zu lassen und Gerüchte zu streuen, damit bloß alle mitbekamen, dass ich ein *fucking* beneidenswertes Sexleben führte, mit dem sicherlich keiner mithalten konnte.

»Und du bist dir sicher, dass du wirklich die ultimative Julie-Schmidt-Experience machen willst?«, fragte ich abgebrüht, als ich mich an sein Auto gelehnt hatte. Ich pries den Sex mit mir an, als wäre es die aufregendste Attraktion in einem Freizeitpark.

»Klar, hab ja schon viel darüber gehört«, grinste er selbstsicher, aber nicht abwertend.

»Gut, dann mach dich schon mal auf Kratzer gefasst«, gab ich ihm eine Sicherheitseinweisung und ließ meinen Autoschlüssel aufklappen: »mein oder dein Auto?«

»Deins«, sagte Mario. Ich nickte, dann stiegen wir ein.

Etwa einen Kilometer lang sprachen wir kein Wort miteinander. Mario grinste vor sich hin, und ich musste erstmal darauf klarkommen, dass das gerade wirklich passierte. Was zur Hölle tat ich hier? Ich saß mit dem Kumpel von dem Typen, dem ich vor gefühlt hundert Jahren mein Herz geschenkt hatte, im Auto, um gleich eine Nummer mit ihm zu schieben? Das war absurd, aber irgendwie auf eine sehr zynische Art und Weise auch ziemlich witzig: Ich würde gleich Sex mit einem Mann haben, den ich gar nicht wollte und den ich nur vögelte, weil ich mir so die Aufmerksamkeit von seinem Kumpel erhoffte.

»Warum grinst du so?«, wollte Mario wissen, als wir an einer roten Ampel hielten.

»Ich finde das schon ein bisschen … verrückt, dass wir das hier gerade wirklich machen«, sagte ich.

»Wieso?«, fragte er, anscheinend konnte er mir nicht richtig folgen. Aber das kannte ich schon von ihm, er war nicht gerade die hellste Kerze auf der Torte.

»Weil du jetzt eigentlich nicht der Typ gewesen wärst, mit dem ich sonst in der Kiste gelandet wäre«, sagte ich ehrlich. Er zuckte mit den Schultern. »Außerdem hätte ich auch nicht gedacht, dass du mit mir ins Bett steigen würdest«, schob ich nach, um die eh schon merkwürdige Stimmung nicht noch merkwürdiger werden zu lassen.

»Doch, doch, du hast so was in deinem Gesicht …«, erklärte er. Äh, ok? Ja, ich hatte wie jeder andere Mensch auch zwei Augen, volle Lippen und eine Nase in meinem Gesicht … und an guten Tagen sogar Augenbrauen, zumindest wenn ich mir die blonden Haare mit einem dunklen Puder nachzog.

»Wie meinst du das?«, fragte ich, während ich mein Auto in eine abgelegene Straße einbog und den Motor ausstellte.

»Du hast sowas … Geiles in deinem Gesicht! Man sieht dir einfach an, dass Sex mit dir richtig Bock machen muss«, sagte er. *Wow*, was für ein Kompliment! Anscheinend war mir bisher nicht aufgefallen, dass mir das Wort »Sex« in imaginären Lettern auf die Stirn geschrieben war.

Als er die Worte ausgesprochen hatte und meinen irritierten Blick einfing, musste Mario lachen. Dann nahm er selbstbewusst meine Wangen in seine Hände und drückte mir einen Kuss auf die Lippen.

Er wusste, was er tat. Das überraschte mich. Ein paar Minuten später präsentierte er mir einen beachtlichen Ständer, der einen leichten Knick in der Mitte hatte und mich deshalb ein bisschen an die Narbe auf der Stirn von Harry Potter erinnerte. Doch das war nicht weiter schlimm, denn während ich seinen Penis in Gedanken noch mit Harry Potter verglich, hatte er sich seinen Weg mit den Fingern schon in meinen Slip gezaubert. *Puh*, dieser Typ war ein kleiner Rohdiamant. Seine Fingerkünste waren wirklich nicht schlecht. Ich seufzte auf, ob die Situation komisch oder skurril war, das rückte mit jeder weiteren Bewegung seiner Finger immer mehr in den Hintergrund.

Mit seinen Händen griff er mich fest an den Handgelenken. Diese Dominanz machte mich an – eigentlich war ich davon ausgegangen, dass ich ihm zeigen würde, wie so eine Nummer ablief, doch da hatte ich mich wohl geirrt. Jetzt war ich diejenige, die seine harten Stöße und meine Bewegungsunfähigkeit genießen konnte. Ich schloss meine Augen und ließ mich ganz in den Moment und den Takt fallen, in dem er seinen Schwanz immer wieder in mich fahren ließ. Mario gab mir genau das, was ich mir eigentlich von Leon wünschte. Hoffentlich würde er ihm von diesem Fick berichten, würde ihm erzählen, wie ich mich stöhnend und schwer atmend unter ihm gewunden hatte. Hoffentlich würde Leon durch die Mundpropaganda vor Eifersucht platzen und sich endlich für mich entscheiden, weil er den Gedanken nicht ertragen konnte, dass ich etwas mit seinen Freunden anfing – *was für eine naive und brutale Idee ich damals von der Liebe hatte.*

Während Leon die ganze Zeit in meinem Kopf war, brachte Mario mich mit seinen Berührungen zum Stöhnen und meine Beine zum Zittern. Trotzdem ließ ich meinen Plan mit der Mundpropaganda nicht aus den Augen. Ich kletterte von ihm runter und tauchte zwischen seine Beine ab. Zur vollen Julie-Schmidt-Experience gehörte natürlich auch ein ordentlicher Blowjob, den er letztendlich schwer atmend und breit grinsend mit einem »Das wollte ich schon immer mal machen« beendete.

Ich lachte, suchte im Fußraum nach meinem BH, zündete mir eine Zigarette an und sagte ganz abgeklärt: »Mach Werbung für mich!«

Mario zuckte nur mit den Schultern. Ein nettes Wort für ihn oder seinen krummen Penis hatte ich nicht übrig. Ich ließ ihn gönnerhaft seine Kippe aufrauchen, dann legte ich den Rückwärtsgang ein und fuhr zurück zum Parkplatz, auf dem sein Auto stand.

In diesem Moment war mir egal, ob meine Eiseskälte sein Ego anknackste, mir war es egal, ob er geschnallt hatte, dass ich ihn nur wegen seines Freundes vögeln wollte, mir war es sogar egal, ob er mich für eine Schlampe hielt, weil ich einfach mit ihm in die Kiste gestiegen war. Mario war mir einfach egal, weil er für mich bloß ein bedeutungsloser One-Night-Stand gewesen war – dass ich ein paar Monate später wieder auf ihn treffen würde, wusste ich damals allerdings noch nicht.

*

Nach Mario musste ich meine erste und einzige One-Night-Stand-Regel nie wieder brechen. Was recht einfach war, weil ich dank meines Studiums jetzt in Köln wohnte, ein neues Leben angefangen hatte und das kleine Monster zwischen meinen Beinen lieber dort auf Männerjagd ging, um die Typen für ein kleines Abenteuer mit zu mir nach Hause zu nehmen. Wobei das eher selten vorkam. Der Reiz an One-Night-Stands war doch, dass sie überall und zu jeder Zeit, mit jeder Person passieren konnten.

Am besten standen die Chancen für ein Abenteuer, wenn ich mit meiner Pia unterwegs war. Mit keiner anderen Frau waren die Clubnächte so legendär wie mit ihr. Wir waren füreinander die Partner in Crime, die wir in Männern nicht fanden. *Gott*, in was für Situationen ich mit ihr schon geraten war: Einmal hatte ich in ihrer Küche geschlafen, während sie Sex mit einem Typen hatte, den wir am Abend zuvor im Club abgeschleppt hatten, ein anderes Mal hatte ich sie dazu überredet, irgendwelchen wildfremden Typen in eine Villa mit Pool zu folgen, nur weil ich einen der Kerle heiß fand, und ein anderes Mal musste sie mich nach einem One-Night-Stand zur Polizei begleiten, weil mir meine Handtasche samt Handy und Personalausweis in dieser Nacht geklaut worden waren.

Mein Handy wollte ich mir an diesem Abend nicht wieder klauen lassen, aber gegen ein kleines Abenteuer hatte ich nichts.

»Hui, siehst du heute wieder gut aus!«, grinste ich, als Pia auf Zehenspitzen aus dem Badezimmer kam und mir ihr weißes, enganliegendes Kleid präsentierte, das sie in Kombination mit ihren langen, blonden Locken in einen verruchten Engel verwandelte. Sie drehte sich einmal vor dem Spiegel, zeigte mir Vorder- und Rückansicht und wartete auf mein endgültiges Urteil.

»Ist das nicht zu knapp?«, hakte sie nach, während sie kritisch am Kleid herumzupfte.

»Zu knapp?«, ich lachte auf und hielt ihr das Sektglas entgegen. »Für uns beide ist gar nichts zu knapp, höchstens zu kurz«, kicherte ich.

Sie nickte, stieß mit mir an, dann warfen wir einen Blick auf die Uhr – *fuck*, wir mussten los. Über mein ebenfalls enges und tief ausgeschnittenes schwarzes Kleid, das meine Kurven betonte, schmiss ich mir meinen Fake-Fur-Leopardenmantel, der mich nicht nur vor der Kälte schützen sollte, sondern mich auch in eine hungrige Raubkatze verwandelte, die mal wieder auf Beutejagd ging.

Kurz nachdem wir den Club betreten und die Jacken an der Garderobe abgegeben hatten, dröhnte mit »S&M« eines meiner absoluten Lieblingslieder von Rihanna durch die Boxen.

»Oh mein Gott, komm!«, schrie ich Pia freudig entgegen und zog sie auf die Tanzfläche.

Der Bass, meine gute Laune und der Alkohol holten den Teil meiner Persönlichkeit in mir hervor, den ich liebevoll Stripper-Julie nannte. Sie war die selbstbewusste, lebensfrohe, aufgekratzte und vor allem liebeskummerfreie Version meiner selbst. Stripper-Julie tanzte in diesem Moment, als wäre sie frisch von der Poledance-Stange in diese Bar gestolpert. Als der nächste Song angespielt wurde, schlug mein Männerradar aus: dunkle Haare, dunkle Augen, braun gebrannt und ein niedliches Lächeln – wer war der sexy Typ, der nur ein paar Meter vor mir entfernt stand und perfekt in mein Beuteschema passte? Er erwiderte meinen neugierigen Blick, ich zwinkerte ihm zu. Dass ich ihm so ein offensives Zeichen gab, hatte ich Stripper-Julie zu verdanken: Die hatte keine Angst vor Zurückweisung, nahm sich einfach, was sie wollte, und war damit eigentlich immer sehr erfolgreich.

»Hey, was machst du hier?«, fragte ich unbeholfen, als er sich nur wenige Sekunden später zu mir durchgekämpft hatte.

»Feiern, sieht man doch!«, antwortete er und lachte dabei. Ein Grübchen bildete sich auf seiner Wange – das sah sexy aus. »Wie heißt du?«, schob er hinterher und streckte mir seine Hand entgegen.

»Julie«, sagte ich mit einem freundlichen Lächeln und griff zu. Statt mir seinen Namen zu verraten, nutzte er die Gelegenheit, um mich schwungvoll im Kreis zu drehen und mich ungeniert an sich zu ziehen. Sein Lächeln war schelmisch, seine Arme stark. Was Julie Schmidt vielleicht etwas zu schnell gegangen wäre, konnte Stripper-Julie, die von meiner Vagina gesteuert wurde, gar nicht schnell genug gehen. Seine Hände wanderten an meine Hüften, seine Augen zwischen meinem Dekolleté und meinen Lippen hin und her. Sein Selbstbewusstsein reizte mich, fast so sehr wie die Tatsache, dass wir bisher kaum ein Wort miteinander gewechselt hatten. Wer brauchte schon Worte, wenn unsere Körper die gleiche Sprache sprachen?

Auf meine Lippen hatte sich ein herausforderndes Lächeln gelegt. Er roch männlich und vertraut, obwohl ich ihn gar nicht kannte. Vielleicht war das einer der Gründe dafür, weshalb ich nicht mehr lange zögerte, um mir das zu holen, was meine Vagina wollte. Ich legte meine Hand an seine Wange und drückte ihm einen Kuss auf die Lippen. Es waren keine zehn Minuten vergangen, seit ich in den Laden gestolpert war. *Aber mein Gott*, die ganze Welt glaubte an die Liebe auf den ersten Blick, da konnte ich auch an den Fick auf den ersten Blick glauben – das erschien mir irgendwie erfolgsversprechender.

Spätestens als seine Hand von den Hüften zu meinem Po und von dort erst auf meine Oberschenkel und dann unter mein Kleid glitt, wussten wir beide, worauf dieser Abend hinauslaufen würde und schauten uns hektisch um, in welche stille Ecke wir uns verziehen konnten. Als wir uns auf die Suche nach der Toilette machten, entdeckten wir ein Treppenhaus. Ich blickte tief in seine braunen Augen, dann griff ich nach seiner Hand und zog ihn breitgrinsend an dem Pärchen vorbei, das auf dem untersten Treppenabsatz saß und seine Beziehungsprobleme diskutierte.

Für eine Diskussion hatten wir dagegen keine Zeit: Wir erklommen eine Etage, zwei Etagen. In der dritten machten wir Halt, unsere Blicke verhakten sich kurz ineinander, zwischen unseren Körpern hatte sich eine Spannung aufgebaut wie zwischen zwei Magneten, die sich beim nächsten Atemzug ruckartig anzogen. Wir fielen übereinander her. Er drückte mich an die Wand, platzierte ein paar Küsse an meinem Hals. Ich kicherte und kratzte mit meinen Fingernägeln sanft über seinen Nacken.

»Nicht so fest«, flüsterte er, bevor er mir seine Lippen auf meine drückte. Meine Finger huschten hungrig über seinen Körper: Er war ziemlich durchtrainiert. Bevor ich seine Hose auf den Boden gleiten ließ, hatte ich seinen Ständer schon in der Hand. Ein Glücksgriff: Er war hart, etwas länger als der Durchschnitt und hatte einen entsprechenden Durchmesser.

Meine Strumpfhose riss er mir von der Hüfte, irgendwo zwischen Küssen und Keuchen fragte ich ihn nach einem Kondom. Er schüttelte mit dem Kopf. Ich seufzte und kramte in meiner Handtasche. Ihm schien es unangenehm zu sein, dass er weniger gut auf die Situation vorbereitet war, weshalb er sich in der Zwischenzeit entschuldigend an meinen Beinen und an meinem Bauch entlang küsste, was mir die Suche versüßte.

Seine Küsse auf meinem Körper sorgten allerdings nicht gerade dafür, dass ich mich auf die Kondomsuche konzentrieren konnte. Mein ganzer Körper kribbelte: Das hier war besser als jede heiße Sexszene in einem Film. Ich griff ihm mit der einen Hand in seine weichen Haare, mit der anderen fand ich endlich das Gummi, das ich ihm hastig in die Hände drückte. Für einen Moment wanderte mein Blick gen Decke: Dass diese Typen aber auch nie Kondome dabeihatten, das war wirklich eine Tragödie! Gingen die alle nie davon aus, dass ihnen so etwas passieren könnte? War es wirklich so unrealistisch, dass eine Frau Lust auf eine spontane Nummer irgendwo in der Öffentlichkeit hatte?

Lange konnte ich darüber allerdings nicht nachdenken, weil er mich endlich alles andere als zimperlich zur Wand drehte, um mich von hinten zu nehmen. Seine Hände legte er an meine Hüften, seinen Atem hauchte er mir in den Nacken. Ich genoss es, dass mein Kopf völlig leer war, dass nur der Moment zählte, dass er meine Hände fest in seinen hielt, dass er immer wieder tief in mich stieß. Und das kostete ich so lange aus, bis wir schwer atmend voneinander abließen. Ich seufzte, lehnte ich mich kraftlos gegen die kalte Wand und rutschte an ihr herunter.

Für ein paar Minuten saßen wir nur still da und suhlten uns in den Endorphinen, die beim Sex ausgeschüttet worden waren. Das Selbstbewusstsein, dass ich durch diese Art von Sex bekam, konnte mir niemand mehr nehmen. Begehrt zu werden, war ein unfassbar gutes Gefühl, das ich spätestens an diesem Abend gerne zu einem Menschenrecht erklärt hätte.

Ich lächelte und gab ihm einen kurzen Kuss auf die Wange: »Das hat Spaß gemacht.« Dann rückte ich mir mein Kleid zurecht, wartete, bis er sich angezogen hatte und spazierte gemeinsam mit ihm die Treppe runter. Auf dem letzten Treppenabsatz ließ ich seine Hand los, schenkte ihm noch ein Lachen über die Schulter und verschwand in die Menschenmenge, um meine Freundin Pia zu suchen.

Als ich ihre langen blonden Locken in der Masse entdeckte, musste ich grinsen. »Ich hab den einfach gerade in 'nem Treppenhaus gevögelt«, schrie ich ihr ins Ohr.

Sie riss ihre Augen auf: »Und ich hab' mich schon gewundert, wo du wieder steckst. Und wo ist er jetzt?«

Ich warf ihr einen irritierten Blick zu und zuckte mit den Schultern: »Keine Ahnung, mir doch egal!« Das war doch gerade das Schöne an diesen Abenteuern: Sie bedurften keiner großartigen Erklärungen, keiner ewig langen Unterhaltungen, keiner Unsicherheit und Analysen, ob man das Gleiche füreinander fühlte.

Pia lachte laut auf, schüttelte ihren Kopf und deutete auf die Bar: »Darauf stoßen wir an!«

»Auf Stripper-Julie und meine Vagina«, sagte ich, als wir unsere Sambuca-Pinnchen aneinanderklirren ließen.

Kapitel 4:
Die besten Nummern
meines Lebens

Lieber Lieblingspenis,

danke für jeden scheiß Orgasmus, danke für jede Fontäne, die aus mir rausgespritzt ist und verdammt nochmal danke, dass ich Sex durch dich so richtig lieben gelernt habe!

XOXO Julie Schmidt

P.S.: Aber fick dich dafür, dass du ausgerechnet am Körper von diesem absoluten Vollidioten hängen musst!

*

Es war ein lauer Sommerabend, die Sonne hatte den ganzen Tag auf den Asphalt geknallt, inzwischen waren ein paar Wolken am Himmel aufgezogen, weshalb sich die Luft langsam abkühlte. Ich stand mal wieder lässig an mein Auto gelehnt auf einem Parkplatz, der sowohl an einen Ententeich als auch an einen Friedhof grenzte, wartete aber ausnahmsweise nicht auf irgendeinen Lover, sondern auf meine Freunde: Wir waren zum Flunkyball-Spielen verabredet. Ich hatte mir vorsorglich einen Sixer alkoholfreie Fassbrause von der Tanke besorgt. Meine Freunde ließen auf sich warten. Also zündete ich mir eine Zigarette an und beobachtete aus dem Augenwinkel wie ein schwarzes Auto auf den Parkplatz fuhr.

Als zwei Typen in Lederjacke und mit Sonnenbrille ausstiegen, dachte ich mir nicht viel dabei. Auch als die Typen auf mich zukamen, schenkte ich ihnen keine Aufmerksamkeit. Trotzdem veränderte ich meine Köperhaltung, ich verschränkte meine Arme vor der Brust, kreuzte meine Beine lässig und presste meine Lippen abschätzig aufeinander. Das war die Körperhaltung einer Frau, die mit ihrer Eiseskälte das ungute Gefühl überspielen wollte, das in ihr aufgestiegen war, weil zwei fremde Männer auf sie zuschritten.

Als aus den Silhouetten allerdings Personen wurden, änderte ich meine Haltung schlagartig: Einen der Typen kannte ich, ich kannte ihn sogar sehr gut, *na ja*, also zumindest so gut, dass ich seinen Penis schon mal in meinem Mund gehabt hatte: Mario!

»Was machst DU denn hier?«, fragte ich fassungslos und breitete meine Arme zur Begrüßung aus, lange bevor er überhaupt in Reichweite war. Diese Situation war so absurd, weil er mir ausgerechnet an diesem Tag, das erste Mal seit unserer Nummer, eine Nachricht geschrieben hatte, in der er mir steckte, dass er nicht aufhören konnte, an mich zu denken. Und jetzt sollte ich ihm ausgerechnet am gleichen Tag wieder auf einem Parkplatz über den Weg laufen? Mein Schicksal war wirklich ein professioneller Komiker.

Mario lächelte, legte seine Hände auf meinen Rücken und zog mich kurz in seine dünnen Arme. »Wir wollten eigentlich nur Zigaretten holen«, erklärte er und grinste dabei, ehe er verlegen auf den Boden guckte, seine Hände in die Hosentasche steckte, um noch ein »Wieso bist du nicht in Köln? Und warum stehst du hier *so ganz alleine auf einem Parkplatz*?« hinterherzuschieben. Ich verstand seine Anspielung sofort.

»Habe endlich Semesterferien und bin eigentlich seit zwanzig Minuten zum Flunkyball verabredet, aber die anderen müssen noch Bier holen«, erklärte ich freundlich.

»Und du hast das nicht nötig, weil sie dir was mitbringen?«, mischte sich der andere Typ ein, den ich bei all der Euphorie für diesen verrückten Zufall gar nicht richtig wahrgenommen hatte.

Er trug eine schwarze Lederjacke, die sich über seine breiten Schultern spannte, und eine Rayban-Sonnenbrille. Seine dunklen, leicht lockigen Haare waren akkurat gestylt, konnten aber nicht von seinen minimalen Segelohren ablenken. In der rechten Hand ließ er lässig den Autoschlüssel baumeln, in der linken hielt er eine Schachtel Zigaretten und ein Feuerzeug. Seine Lippen zierte ein breites Grinsen, das weiße Zähne entblößte. Ich kannte ihn nicht, er machte auch nicht den Anschein, dass er aus dieser beschissenen Vorstadt kam – sein Styling, seine Mimik, seine Gestik sprachen nicht dafür.

»Ich habe vorgesorgt …«, erklärte ich und öffnete stolz die Hintertür meines Wagens, um den beiden meinen Sixer Fassbrause zu präsentieren. »Hab das schnellste Auto. Ich war schon an der Tanke …«

»Hast du heute etwa noch was vor oder warum verzichtest du auf Alkohol?«, fragte Mario, grinste und warf seinem Freund mit der Lederjacke und den Segelohren einen bedeutungsschwangeren Blick über die Schulter zu.

Ich lächelte berechnend, seine Anspielung holte mich auf den Boden der Tatsachen zurück: Er sah in mir nur die Verführerin mit dem Sex-Gesicht, mit der er mal auf einem Autositz gevögelt hatte. Dass ich mich wirklich über unser zufälliges Aufeinandertreffen gefreut hatte, interessierte ihn nicht. Ich schob die echte Julie bei Seite und ließ die Maske der unnahbaren Verführerin über mein Gesicht klappen.

»Wer weiß, was der Abend noch so bringt …«, sagte ich mit einem vielversprechenden Lächeln, das Mario ein geierhaftes Grinsen auf die Lippen zauberte. »Und was für Angebote noch so reinkommen«, schob ich nach und nahm, um meine Abgebrühtheit auch optisch noch etwas zu untermalen, einen Zug von meiner Zigarette.

Mario konnte meinem Anblick nicht standhalten, also drehte er sich, immer noch breitgrinsend, über die Schulter zu seinem Freund um: »Ich habe dir nicht zu viel versprochen, oder? So ist sie, die Julie.«

Der andere Typ lachte, ließ seinen Blick einmal über meinen Körper wandern und grinste ebenfalls: »Ganz schön große Klappe. Aber das gefällt mir.«

Ich verzog keine Miene. Männer waren einfach nur Idioten. Es war so leicht, ihnen mit ein paar kecken Sprüchen und ein bisschen verführerischem Gehabe eine Fantasie in den Kopf zu pflanzen. Meine ehrliche Freude über das zufällige Treffen war verflogen. Jetzt war Mario nur noch ein dämlicher Idiot, der auf mich reingefallen war. Sein Freund mit den Segelohren schien auch nicht viel besser zu sein. Sein Spruch beeindruckte mich nicht, stattdessen zuckte ich einmal kurz mit den Schultern, presste meine Lippen wieder etwas abschätzig zusammen und fragte ihn: »Wer bist *du* eigentlich?«

Jetzt lächelte er, setzte kurz seine Sonnenbrille ab, kam einen Schritt auf mich zu, hielt mir die Hand hin und sagte: »Hi, ich bin Basti.«

Hätte ich damals gewusst, welche Rolle Basti mal in meinem Leben einnehmen sollte, hätte ich mir wahrscheinlich dreimal überlegt, ob ich seinen Handschlag wirklich annehmen sollte …

Ich hätte gesehen, wie ich mich in seinem Bett zum Orgasmus aufbäumte, wie er mich mit seiner Zunge um den Verstand brachte, ich hätte gesehen, wie ich mit tränenüberströmten Wangen Hunderte Kilometer nachts über die Autobahn raste und wie ich heulend auf einer Straße mitten in einer Menschenmenge zusammenbrechen würden, weil er mir mein Herz und meine Vagina in tausend Stück gerissen hatte.

Aber all das konnte ich an diesem lauen Sommerabend nicht sehen. Ich sah nur diesen Typen mit dem breiten Kreuz, der mich harmlos und leicht dümmlich angrinste und mir seine ausgestreckte Hand freundlich entgegenhielt. Ich griff unwissend, naiv und mit der Überheblichkeit, dass mich kein Mann jemals noch mal in seinen Bann ziehen konnte, nach ihr und sagte: »Ich bin Julie.«

*

Als meine Freunde endlich auf den Parkplatz gefahren kamen, verloren Mario und Basti meine ungeteilte Aufmerksamkeit, also verabschiedeten sie sich und waren nach den ersten zwei Runden Flunkyball fast vergessen. Bis mir Mario gegen 23 Uhr zum zweiten Mal an diesem Tag eine Nachricht schrieb, in der er mir verkündete, dass Basti meine Nummer haben wolle und er ihm die jetzt einfach mal geben würde.

Ich schüttelte mit einem Grinsen den Kopf: Dieser Abend wurde immer absurder. Da schrieb mir ausgerechnet der Typ, den ich ein paar Monate zuvor darum gebeten hatte, dass er Werbung für mich machen sollte, dass er mich an seinen Kumpel weiterreichen würde – *na ja, eins musste ich Mario lassen: Er stand zu seinem Wort.*

Obwohl ich die Nachricht von ihm schon damals sehr skurril fand, sorgte sie irgendwo in mir eben doch für ein triumphierendes Gefühl: Ich genoss es, dass ich diese Typen reihenweise vorführen und kinderleicht entlarven konnte, dass ihre Menschenkenntnis der eines Toastbrots glich. Gefangen in meiner eigenen Überheblichkeit glaubte ich nicht daran, dass irgendein Typ hinter den sexy Outfits und den frechen Sprüchen auch meine verletzliche Seite erspähen konnte. Und das machte mich einerseits zwar traurig, anderseits gab es mir auch das herrliche Gefühl von Überlegenheit.

Deshalb fand ich es einfach nur sehr witzig, als Basti mir am nächsten Morgen ein Kompliment zu meinem WhatsApp-Profilbild machte. Erst antwortete ich zögerlich, dann ließ ich es ein bisschen darauf ankommen und war neugierig, wohin sich unsere Unterhaltung entwickeln sollte. Unser erster Chat zog sich über eine Stunde, der zweite über einen ganzen Abend, der dritte über einen Tag und der vierte wurde ganz unbemerkt zu einer wochenlangen Dauerwerbesendung für Basti: Er schrieb mir morgens nach dem Aufwachen und hörte erst abends wieder auf, um mir süße Träume zu wünschen. Dazwischen texteten wir uns Belanglosigkeiten, schickten uns Fotos von unserem Essen und lustige Memes. Das Thema Sex kam immer wieder auf: Erst nur durch kleine zweideutige Andeutungen seinerseits, irgendwann dann als offensives Diskussionsthema, bei dem wir uns mit unseren Angebereien gegenseitig übertrafen. Dabei hatte ich gar nicht die Absicht, mit Basti in der Kiste zu landen.

Denn obwohl ich mich freute, wenn sein Name auf meinem Display aufpoppte, waren unsere Gespräche für mich nicht mehr als eine willkommene Abwechslung zu meinem ganzen Prüfungsstress im Studium. Abgesehen davon hing ich immer noch in dem nie enden wollenden Chaos mit Leon fest. Erst ein paar Wochen zuvor, hatte er sich klammheimlich mit regelmäßigen, nächtlichen Nachrichten und dem Versprechen, dass wir uns bald unbedingt wiedersehen müssten, zurück in mein Leben geschlichen. Dieser kleine Hoffnungsschimmer reichte mir schon aus, um mein Herz und sogar meine Beine in den nächsten Wochen mal wieder für alle anderen Männer zu verschließen.

Ganz zum Leidwesen von Basti: Denn der probierte wirklich alles, um mich wenigstens zu einem einzigen Date zu überreden. Er versuchte es mit Komplimenten, mit heißen Fantasien, er probierte es mit Aufmerksamkeit, mit Verständnis und mit süßen Kosenamen – doch das alles half nichts, denn ich hielt weiter an Leon und meinem imaginären Keuschheitsgürtel fest, den er mir mit jeder Nachricht immer fester zuschloss.

Obwohl ich weiterhin fleißig Körbe an Basti verteilte, merkte ich nach ein paar Wochen, dass unsere Unterhaltungen irgendwas mit mir anstellten. Deshalb schickte ich ihm jetzt nicht mehr nur Fotos von meinem Essen, sondern manchmal auch von mir. An einem Abend landete ein Bild von meinen nackten Beinen in unserem Chat, weil ich ihm ganz unbedacht ein belangloses Muttermal in Herzform präsentieren wollte. Deshalb wunderte ich mich umso mehr, als ich plötzlich Bastis Worte auf dem Display las: >>*Julie, hör auf mit deinen Spielchen!*<<

>>*Was meinst du?*<< Jetzt war ich irritiert. Ich spielte keine Spielchen, ich hatte ihm halt zufällig ein Foto von meinen Beinen geschickt, auf dem man auch meinen Spitzenslip sehen konnte. Wo war da jetzt das Problem?

>>*Du gibst mir seit Wochen nur Brotkrümel, aber ich will das ganze Brot. Ich hab keine Lust mehr, dir hinterherzurennen! Das mach ich eh schon viel zu lange. Also entweder du gibst mir jetzt mal eine Chance und triffst dich mit mir oder wir lassen das hier.*<<

Seine Worte trafen mich überraschend hart in die Magengrube: So hatte ich das noch gar nicht gesehen. Ich war bisher nicht davon ausgegangen, dass Basti das Treffen mit mir so wichtig war. Ich war der festen Überzeugung, dass er noch unzählige andere Mädels in seinem Adressbuch hatte, denen er mindestens genau so viel Aufmerksamkeit schenkte. Dass ihn meine ständigen Absagen und Ausreden wirklich trafen, damit hatte ich bis dato gar nicht gerechnet. Dafür schämte ich mich ein bisschen.

>>*Tut mir wirklich leid. Ich will nicht, dass du dich schlecht fühlst, weil du das Gefühl hast, dass du mir hinterherrennst. Warum machst du das überhaupt? Von mir aus können wir uns treffen, aber ich glaube nicht, dass wir Sex haben können.*<<, antwortete ich wahrheitsgemäß. Grundsätzlich sprach gegen ein Treffen mit Basti nichts, aber Sex konnte ich mir wegen Leon und meinem beschissenen imaginären Keuschheitsgürtel einfach nicht mit ihm vorstellen. Falsche Erwartungen an dieses Treffen wollte ich allerdings auch nicht mehr schüren, weil ich Basti gegenüber nicht unfair sein wollte.

Seine Antwort kam prompt, selbstbewusst und zufrieden: >>*Das werden wir sehen ;-)*<<

Ich schüttelte den Kopf und erwischte mich dabei, wie mir ein Schmunzeln über die Lippen huschte, ehe ich seufzte und sogar ein bisschen traurig wurde: Obwohl ich Basti inzwischen ganz okay fand und seine Aufmerksamkeit wirklich genoss, glaubte ich nicht daran, dass er einen Generalschlüssel parat hatte, der in mein Schlüsselloch passte und mich von dem Keuschheitsgürtel und meinem Leon-Drama erlösen konnte.

*

Dass Basti keinen Generalschlüssel brauchte, durfte ich ein paar Tage später feststellen, als ich mich endlich zu einem Treffen mit ihm hinreißen ließ. Dank der Semesterferien hatte ich mich mal wieder für ein paar Tage bei meinen Eltern einquartiert. Mittags war ich mit meiner besten Freundin Mia zum Shoppen in die Stadt gefahren, abends saß ich etwas gelangweilt auf der Couch und lackierte mir die Fingernägel pink, als Basti mich fragte, ob ich Lust hatte vorbeizukommen. Ich überlegte kurz: Nachdem er fast zwei Monate alles mögliche ausprobiert hatte, um mich zu einem Treffen zu überreden, war es letztendlich die Langeweile, die mich in seine Arme trieb.

Ich bat ihn, mich auf dem gleichen Parkplatz, auf den ich auch seinen Freund Mario und sogar Leon bestellt hatte, abzuholen. Ich stieg gedankenverloren in die Dusche, rasierte mich und zog mir pinke Hotpants und ein luftiges rosa Top an – der Verführerin gönnte ich eine kleine Auszeit. Ich wollte schließlich gar nicht mit Basti in die Kiste steigen, sondern nur einen netten Abend mit ihm verbringen. In den letzten Wochen hatte er sich als ganz anständiger Kerl herausgestellt, der mir versprochen hatte, mich nicht zu verletzen – vielleicht konnten wir ja Freunde werden?

»Hey, da bist du ja endlich«, grinste Basti mich durchs runtergelassene Fenster an, als er eine Vollbremsung auf dem Parkplatz hingelegt hatte – was wohl cool wirken sollte, mich aber eher weniger beeindruckte.

»*Ähm* ... ich warte hier schon seit zehn Minuten auf dich«, sagte ich und spielte die Genervte.

»Ähm ... ich warte schon seit *zwei Monaten* auf dich?!«, erwiderte er und lachte. Ich schüttelte schmunzelnd den Kopf und setzte mich neben ihn auf den Beifahrersitz. Die Situation machte mich nervös. Zwar waren wir in den letzten Wochen durch die ganzen Unterhaltungen irgendwie zu vertrauten Fremden geworden, dass er nun neben mir saß und dabei auch noch so lässig aussah, stresste mich trotzdem. Er hatte sich eine Sonnenbrille auf die Nase gesetzt, seine Arm- und Brustmuskeln zeichneten sich deutlich unter dem T-Shirt ab, seine Haut war braun gebrannt. Dass er dazu auch noch unglaublich gut roch, machte den Moment nicht weniger aufregend, was mich wohl dazu verleitete, dämliche, ironische Witze darüber zu machen, dass ich für ihn nicht mal geduscht hatte. *Ja*, auch eine Julie Schmidt machte die Anwesenheit eines lässigen Typens manchmal zu einer kleinen Vollidiotin.

»Echt nicht? Dafür riechst du aber noch ganz gut«, sagte er nur, sein schallendes Gelächter blieb aus. Hatte er den Witz nicht verstanden oder hatte er keinen Humor? Meine Antwort war ein dümmliches Kichern, für das ich mich so sehr schämte, dass ich verlegen aus dem Fenster guckte.

»Und was hast du heute so gemacht?«, fragte ich ihn angespannt, um das Gespräch am Laufen zu halten.

»Ach, war mit meinen Eltern und Mario in Düsseldorf, wir haben Papas goldene Kreditkarte mal etwas ausgereizt. Ich hab mir ein paar Shirts von Gucci gegönnt. Mario hat ein paar Louboutin-Sneaker spendiert bekommen. Voll scheiße, die gab es nicht in meiner Größe«, prahlte er. Innerlich verdrehte ich die Augen: Er war ein Angeber, wenn auch ein ziemlich großzügiger.

»Woher kennst du Mario eigentlich?«, hakte ich nach.

»Wir haben uns als Kiddies beim Tennis kennengelernt, mit acht Jahren oder so. Als ich das erste Mal gegen ihn verloren habe, war ich so sauer, dass ich mich mit ihm geprügelt habe. Aber danach haben wir uns die Hand gereicht, und dann war er mein bester Freund. Heute ist er wie ein kleiner Bruder für mich«, erklärte Basti und lachte. Ich musste schmunzeln, das war irgendwie süß.

Als wir anhielten, staunte ich nicht schlecht: Wir parkten vor einer weißen Villa mit riesiger Eingangstür.

»Boah fuck, Mario der Sack hat den scheiß Porsche einfach auf meinen Parkplatz gestellt«, seufzte Basti genervt und fuhr ein Stück zurück, um das Auto in eine andere Parklücke zu rangieren.

»Mensch, was für ein Idiot. Dass er den Porsche ausgerechnet auf *deinen* Parkplatz stellt«, betonte ich ironisch und verdrehte kichernd die Augen. Dieses ganze Gehabe machte Basti nicht gerade sympathisch.

Er guckte mich von der Seite an und lachte verunsichert: »Ja, ist doch so. Na komm, wir gehen rein.«

Ich drückte die Autotür auf, schwang meine nackten, langen Beine heraus und folgte Basti durch das weiße Tor direkt in den Garten. Der Rasen war frisch gemäht, in der Mitte befand sich ein Pool, auf dem die Sonne glitzerte.

»Joar, hier wohn' ich. Ich wollte meine Eltern eigentlich überreden, dass wir den Pool noch zehn Meter länger machen und im hinteren Bereich des Gartens einen Tennisplatz bauen, aber die Spießer wollten lieber einen normalen Rasen haben«, sagte Basti, seine Hände hatte er in die Hosentaschen gesteckt.

Ich sah ihn an und lachte: »Ja, ist gut! Ich hab' verstanden, dass deine Eltern Kohle haben. Kannst du jetzt bitte wieder der lustige Typ werden, der mir in den letzten Wochen immer alberne Witze erzählt hat?«

Basti warf mir einen irritierten Blick von der Seite zu, dann lachte auch er auf und fragte: »Hallo? Kannst du mal bitte mein Zweihundert-Euro-DSQUARED-Shirt ein bisschen mehr wertschätzen?«

Ich kicherte – das Eis zwischen uns war gebrochen. Ich entspannte mich, ließ mich sogar dazu durchringen, gemeinsam mit ihm den Grill anzuschmeißen. Vor einem Typen zu essen, war bis dato für mich undenkbar: rauchen, trinken, vögeln … alles kein Problem, aber essen? Das war mir eigentlich viel zu intim. Was vermutlich daran lag, dass mir in der Grundschule mal jemand gesagt hatte, dass ich wohl ziemlich gerne essen würde, was mein Verhältnis zum Essen für immer verändert hatte. Ich aß einfach nicht gerne vor anderen Menschen, weil ich immer Angst hatte, dass ich vielleicht zu viel essen könnte, dass wieder jemand dastehen und sich darüber lustig machen würde, dass ich einen gesunden Appetit hatte.

Als ich an diesem Abend mit Basti auf der Terrasse saß und er mir lächelnd dabei zuguckte, wie ich beherzt ein Stück Bauchfleisch durchschnitt, fühlte ich mich allerdings alles andere als unwohl. Er strahlte irgendetwas aus, das mir das Gefühl gab, bei ihm vielleicht doch einfach Julie sein zu können.

»Wollen wir einen Film gucken?«, fragte er mich, nachdem wir die Teller geleert und eine Zigarette auf der Terrasse geraucht hatten.

Ich verdrehte meine Augen: »Dein Filmgucken kenn ich: Passte einen Moment nicht auf, zack haste einen Penis im Gesicht.«

»Nein, niemals! Du hast doch gesagt, dass du nicht willst«, sagte er mit einem aufrichtigen, unschuldigen Lächeln und schob dann noch nach: »Ich will dein Filmwissen nur etwas aufbessern. Kennst du den Film *Bad Boys*?«

Ich kicherte und schüttelte den Kopf: »Nein, ich hab dir doch erzählt, dass ich ein absoluter Film-Noob bin und keine Zeit habe, mir irgendwelche Klassiker reinzuziehen. Ich kenn nur *Sex and the City* und alles von Nicholas Sparks.«

»Waaaas?«, seine Stimme schoss empört in die Höhe, dann griff er nach meinem Handgelenk und sprang auf. »Das müssen wir jetzt sofort ändern, das ist mein absoluter Lieblingsfilm. Eine Schande, dass du den noch nicht gesehen hast«, sagte er und schob mich vor sich her ins große Haus.

Er führte mich durch das Wohnzimmer, in dem ein großer gläserner Kamin, zwei schwarze Ledersofas und ein riesiger Esstisch standen. Jedes einzelne Einrichtungsstück, selbst die kleine Bonbonschale aus Kristallglas, war vermutlich teurer als die Miete meiner Einzimmerwohnung.

»Wo sind eigentlich deine Eltern?«, fragte ich Basti, als wir durch den Flur liefen.

»Mallorca, Paris, Las Vegas – wer weiß das schon. Die sind eigentlich immer irgendwo im Urlaub und verprassen ihr Geld«, sagte er und zuckte mit den Schultern. Ich überlegte kurz, weiter nachzufragen, allerdings bat Basti mich schon im nächsten Moment in sein Schlafzimmer, was ich dann doch etwas interessanter fand.

In Anbetracht des restlichen Hauses war das Zimmer kleiner, als ich gedacht hatte. Es bestand eigentlich nur aus einem einzigen riesengroßen Wasserbett und einem metergroßen Fernseher.

»Los, sei nicht so schüchtern. Ab ins Bett mit dir«, lachte Basti selbstsicher, weil ich ratlos vor dem Bett stehen geblieben war.

Sein Schlafzimmer war minimalistisch, aber stilvoll eingerichtet: Alles war in Schwarz gehalten, nur an der Wand hing ein riesiges, buntes, gerahmtes Graffiti, aus einer Sporttasche guckte ein Tennisschläger heraus, auf einem Anzughalter hing ein akkurat gebügeltes Hemd – er schien ordentlich zu sein. Nur hinter der geöffneten Tür zum Badezimmer, das in sein Schlafzimmer integriert war, konnte ich eine Jogginghose und ein benutztes Handtuch auf dem Boden entdecken.

»Schick hast du es hier«, lächelte ich, während ich mich aufs Bett setzte und penibel genau auf einen Sicherheitsabstand zwischen uns achtete, der mindestens eine ganze Armlänge Abstand betrug.

»Danke, hab' der Putzfrau extra gesagt, dass sie einen Tag früher kommen soll«, scherzte er.

»Du bist ein Spacko, Basti. Weißt du das?«, sagte ich und haute ihm mit der Handaußenfläche spielerisch gegen den Bauch.

»Ach, jetzt suchst du auf einmal doch Körperkontakt? Kannst du vergessen! Ich werde keinen Sex mit dir haben«, spielte er den Empörten und brachte mich damit nur noch mehr zum Lachen.

»Jaja, jetzt mach den Film an«, war das Einzige, was ich dazu sagte, ehe ich demonstrativ meine Arme vor der Brust verschränkte und gebannt auf den schwarzen TV-Screen starte. Basti warf mir einen amüsierten Blick von der Seite zu, ehe er sich auf die Suche nach dem Film in seiner Mediathek begab.

Das dauerte doch länger als gedacht. Ich ließ meinen Blick noch einmal durch den Raum schweifen. Auf seinem Nachttisch stand ein gerahmtes Foto: Darauf waren sechs Kindern zu sehen, die nebeneinander auf der Couch saßen und sich gegenseitig in den Armen hielten.

»Bist du das?«, fragte ich und deutete auf das Bild.

»Ja, der Weißeste, der mit den Segelohren«, erklärte er beiläufig, während er sich weiter auf den Fernseher konzentrierte.

»Wo war das?«, hakte ich interessiert nach.

»In Kolumbien mit meinen Cousinen und Cousins«, erklärte er, ohne mich anzusehen.

»Achso, cool«, sagte ich. Weiter nachfragen wollte ich nicht, da er nicht den Anschein machte, ein ernsthaftes Gespräch über seine Kindheit und seine familiären Wurzeln führen zu wollen. Ich seufzte, lehnte mich wieder zurück in die Kissen und ließ meinen Blick erneut durchs Zimmer schweifen, bis er an einer Glasscheibe hängen blieb.

»Das ist nicht dein Ernst«, platzte es lachend aus mir heraus. Soweit ich das erkennen konnte, befand sich hinter der Scheibe gleich die Dusche. Basti drehte sich zu mir um und legte seinen Kopf schräg.

»Du hast dir nicht ernsthaft eine Glasscheibe vor die Dusche bauen lassen, damit du den ganzen Mädels, die du abschleppst, aus dem Bett dabei zugucken kannst«, kombinierte ich schnell.

Basti grinste breit: »Klar, ist doch voll geil! Wollte das unbedingt so haben!« Ich lachte. Dass er so etwas in seinem Zimmer hatte, sagte viel über ihn aus. In dem Moment war ich mir ziemlich sicher, dass ich es hier mit einem echten Fuckboy zu tun hatte – was lustig war, weil ich ihn ja gar nicht vögeln wollte. Um mir meinen Standpunkt zum Thema Sex noch einmal zu verinnerlichen, schrieb ich meiner besten Freundin Mia eine Nachricht mit einem Update, wie das Treffen bisher verlaufen war: >>*Sitzen im Bett und gucken einen Film. Ist ganz nett, aber Sex gibt es nicht!*<<

Dann ertönte Musik aus den Boxen, die erste Szene flackerte über den Fernseher. Basti ließ sich zufrieden zurückfallen und verringerte den Sicherheitsabend zwischen uns deutlich, aber nicht so deutlich, dass ich ihn korrigierten musste. Ein bisschen näher durfte er mir schon kommen, also ließ ich ihn gewähren.

Ich ließ ihn auch gewähren, als er ein paar Minuten später seinen Arm auf die Rücklehne des Bettes legte und meine Haare um seine Finger wickelte. Ich ließ es auch zu, als er sich zur Seite drehte und mich dabei beobachtete, wie ich verbohrt auf den Fernseher starrte und versuchte, dem Film zu folgen. Das fühlte sich alles andere als schlecht an, meine Vagina rieb sich bereits die Hände und bereitete sich auf eine Nummer vor. *Fuck*, sie war eine miese Verräterin! Ich war mir so sicher gewesen, dass ich nicht mit ihm in der Kiste landen würde. Und obwohl mir mein Körper ein sehr deutliches Zeichen gab, dass ich seine Berührungen mehr als genoss, wollte ich nicht von meiner festen Entscheidung abrücken. Ich würde nicht mit ihm vögeln! Das würde mein ganzes Auftreten in seinen Augen doch absolut lächerlich dastehen lassen. Aber fuck man, seine Finger, die jetzt über meinen Oberschenkel strichen, hinterließen ein aufgeregtes Kribbeln zwischen meinen Beinen.

Ich stoppte ihn nicht. Ich stoppte ihn auch nicht, als er sich auf mich drehte, mein Gesicht liebevoll in seine Hände nahm und mir einen Kuss auf die Lippen drückte. Allerdings reagierte ich auch nicht. Ich musste standhaft bleiben! Ich konnte jetzt nicht so leicht einknicken, nur weil meine Vagina mal wieder Purzelbäume schlug. Ich küsste ihn nicht zurück, sondern saß starr da, während er immer wieder sanft seine Lippen auf meine drückte. Als er stoppte und mich mit verdutztem Blick ansah, konnte ich mir ein amüsiertes Kichern aber doch nicht verkneifen.

»Ich hab doch gesagt, keinen Sex!«, sagte ich und prustete los.

Basti wirkte nur den Bruchteil einer Sekunde verunsichert, dann küsste er sich an meinem Hals herunter und hinterließ eine Gänsehaut. Weil ich mich nicht wehrte, sondern ihn weitermachen ließ, wurde er jetzt sogar noch mutiger und fuhr mit der Hand nicht nur unter mein Shirt, sondern auch in meine Shorts. Als seine Finger ihren Weg in meinen Slip gefunden hatten, fing Basti an zu lachen: »Dafür, dass du keinen Sex willst, bist du aber ganz schön feucht.«

Touché. Seine Berührungen hatten mich so angemacht, dass meine Selbstdisziplin inzwischen der reinsten Selbstgeißelung glich. Als er seine Lippen erneut auf meine drückte, seufzte ich noch ein letztes, belustigtes »Fick dich«, dann stieg ich auf den Kuss ein und ließ nun auch meine Hände hastig unter sein Shirt gleiten, um es ihm nur wenige Sekunden später vom Oberkörper zu streifen.

Jeder von Bastis Handgriffen saß. Er drehte sich auf mich, küsste sich an meinem Bauch hinab und knöpfte mir mit gekonntem Griff die Shorts auf, um sie samt Slip von meinen Beinen zu ziehen. Seine Fingerspitzen wanderten über meinen Körper, er drückte bestimmt meine Beine auseinander, grinste mich noch einmal frech an und verschwand mit dem Kopf zwischen ihnen. *Ach du Scheiße*, das fühlte sich so unfassbar gut an! Ich drückte meinen Kopf ins Kissen, griff in seine Haare, ehe ich mich ganz seiner Zunge und diesem wohligen Kribbeln in meinem Unterleib hingab. Als ich es kaum noch aushalten konnte, wie seine Zunge immer wieder über meine Mitte fuhr, intensivierte ich den Griff in sein volles Haar und zog seinen Kopf ein Stück zurück. Ich keuchte.

Er warf mir einen herausfordernden Blick zu, der mich rasend machte und dafür sorgte, dass ich ihn mit meiner übrig gebliebenen Kraft von mir wegschubste, nur um danach zwischen seine Beine zu klettern und ihm einen Blowjob zu verpassen, den er mit einem sanften »Fuuuuck« kommentierte. Seinen Kopf ließ er in den Nacken fallen. Er genoss es, wie meine Lippen immer wieder auf und ab glitten, brach den Blowjob aber kurz darauf sehr bestimmt ab, indem er sich gegen mich stemmte und mich schwungvoll aufs Bett warf. Dieser Typ hatte keinen fucking Generalschlüssel für meinen Keuschheitsgürtel, der hatte einen verdammten Dynamitgürtel in seiner Hose, mit dem er mir kurzerhand jeglichen Gedanken an Leon und unsere ach so glorreiche Zukunft aus dem Gehirn pustete. Er hinterließ in meinem Kopf nur eine rauchende Wolke der Zufriedenheit.

Die Nummer raubte mir nicht nur den Atem, sondern auch mein Zeitgefühl. Hatte er mich gerade eine Stunde gevögelt, zwei, drei, oder doch nur zehn Minuten? Ich wusste es nicht mehr. Aber als ich mich nach dem Sex völlig außer Atem zurücklehnte und ihn mit zerzausten Haaren von der Seite anguckte, grinste ich zufrieden: »Danke!« Ich hob meine Hand zu einem High five – er lachte und schlug ein.

Als er mich nach der Nummer nach Hause fuhr, konnte ich mir mein Dauergrinsen nicht verkneifen. Basti kommentierte das mit einem einzigen Satz: »Ich hab doch gesagt, dass du nur ein Date mit mir brauchst.«

Vor meiner Haustür zog er mich noch einmal für einen Kuss an sich heran. Ich grinste und schüttelte den Kopf: »Bis dann.« Statt den Schlüssel ins Schloss zu stecken, setzte ich mich auf den Treppenabsatz und rauchte noch eine Zigarette, um auf diesen Abend und diesen Sex klarzukommen. Währenddessen guckte ich zum ersten Mal seit Stunden auf mein Handy.

Da stand eine Nachricht von Mia: >>*Na dann wünsche ich euch noch viel Spaß! Bin gespannt, was du morgen erzählst ...* <<

Ich lachte laut auf und antwortete ihr: >>*Meinst du, es reicht aus, wenn ich morgen die Pille Danach hole?*<< Dahinter fügte ich noch sehr viele Lachsmileys ein, dann drückte ich die Zigarette auf dem Boden aus und ging nach oben.

*

Als ich am nächsten Morgen aufwachte, fühlte sich jeder Schritt an, als würde ich auf Wolken gehen. Unter der Dusche summte ich klischeehafterweise »Pocketful of Sunshine« vor mich hin, meine Laune hätte besser nicht sein können. Während ich mir meine Haare shampoonierte, musste ich immer wieder kichern.

Dass Basti mich echt ins Bett gekriegt hatte, damit hatte ich wirklich nicht gerechnet. Und dass er auch noch so verdammt gut dabei war, damit hatte ich noch viel weniger gerechnet. Bis ich ihn getroffen hatte, war ich der festen Überzeugung gewesen, dass erste Male nie wirklich gut waren. Diese Erfahrung hatte ich auch bei meinen One-Night-Stands schon öfter machen müssen. Vielleicht war das auch einer der Gründe dafür, weshalb ich inzwischen den Spaß daran verloren hatte.

Gerade als ich angefangen hatte, meinen Körper einzuseifen, hörte ich schlagartig auf zu summen: Ich hatte mit Basti überhaupt nicht darüber gesprochen, wie es weitergehen sollte, wie wir zueinanderstanden, was das hier eigentlich werden sollte und ob wir diesen grandiosen Sex noch einmal wiederholen würden? Dass er nicht auf eine feste Beziehung aus war, wusste ich. Irgendwann während unserer Chats hatte er mir erzählt, dass er kein Typ war, dem man sein Herz schenken sollte, weil er sich zu schnell langweilen würde. Deshalb stand es gar nicht zur

Debatte, ob aus ihm und mir mehr werden könnte. Aber Sex konnten wir von mir aus gerne noch mal haben … *der war wirklich fantastisch gewesen.* Hoffentlich sah er das auch so und tat die Nummer nicht als einfachen One-Night-Stand ab. Das hätte meine Vagina depressiv gestimmt. Fuck, alleine der Gedanke daran … Was, wenn es sein einziges Ziel gewesen war, mich nur einmal in die Kiste zu kriegen? Nein, das konnte nicht sein – das durfte nicht sein! Dafür war der Sex viel zu gut gewesen.

Ich seufzte, stellte das Wasser ab und stieg mit einem flauen Gefühl im Magen aus der Dusche. Glücklicherweise meinte es das Universum an diesem Morgen gut mit mir. Denn als ich mich in mein Handtuch eingewickelt hatte und auf mein Handy guckte, stand Bastis Name auf dem Display. Ich öffnete aufgeregt die Nachricht, als ich ein Foto erblickte, auf dem er noch verschlafen und mit nacktem, durchtrainiertem Oberkörper in seinem Bett lag und vor seinem Gesicht eine Kette baumelte. Darunter hatte er >>*Du hast deine Kette hier vergessen!*<< geschrieben.

>>*Oh, dann muss ich mir die wohl mal abholen ;-)*<<, tippte ich hastig.

Basti antwortete sofort: >>*Ja, musst du wohl. Ich hab heute Abend Zeit.*<<

>>*Passt. Ich komme gegen 21 Uhr.*<<, antwortete ich, grinste und legte das Handy erleichtert zur Seite.

Abends setzte ich mich voller Vorfreude ins Auto und fuhr zu Basti, um mir meine Kette abzuholen. Als er mich an der Haustür begrüßte und mich angrinste, hatte ich den eigentlichen Grund für meinen Besuch bereits vergessen. Meine Vagina kribbelte alleine beim Anblick seiner braungebrannten Haut und den muskulösen Armen. In meinem Kopf spielten sich die Szenen vom Vorabend ab, was dafür sorgte, dass er mich nur zehn Minuten später wieder mit einem breiten Grinsen in sein Bett schubste und mir dann erneut die Seele aus dem Leib vögelte.

Als wir fertig waren, hatte sich ein breites Honigkuchenpferde-Grinsen auf meine Lippen gelegt: »Ich weiß nicht, was du da machst, aber du machst das wirklich verdammt gut!«

»Tja, du kannst mich ab jetzt Sexgott nennen«, sagte er cool und tippte auf seinem Handy herum.

Sexgott? Das war dann vielleicht doch eine Nummer zu viel. Ja, er wusste ganz genau, was er tun musste, er hatte meine Beine mit so einer Zielsicherheit zum Zittern gebracht, dass ich das fast gruslig fand. Dennoch war es genau dieser Satz, der mich wieder zurück auf den Boden der Tatsachen holte: *Sexgott* ... alleine schon dieses Wort, das war so ein ausgelutschter Porno-Begriff aus den 2000ern. Dieser Satz reichte, um mir wieder zu verdeutlichen, dass ich Basti zwar ganz okay fand, aber nicht mit ihm auf der gleichen Wellenlänge surfte.

»Schon klar«, antwortete ich, setzte mich auf, um mir meinen BH vom Boden zu fischen. Basti tippte immer noch auf seinem Handy rum. Er bemerkte nicht, dass ich gerade dabei war, mich wieder anzuziehen. Das machte ich immer, das war eine der goldenen Regeln für Sex ohne Gefühle. Nach dem Sex verschwand ich und legte mich glücklich durchgevögelt, aber vor allem allein in mein eigenes Bett.

Erst als ich mir schon mein Top übergeworfen hatte, guckte Basti verdutzt hoch: »Hä? Was machst du?«

Mir huschte ein verunsichertes Lächeln über die Lippen, ehe ich ihm das Offensichtliche erklärte: »Äh, ich zieh mich an.«

»Warum?«, fragte er irritiert, klopfte auf den Platz neben sich: »Komm zurück ins Bett und lass uns noch ein bisschen chillen«, sagte er.

Ich nahm mir nur den Bruchteil einer Sekunde, um eine Entscheidung zu fällen. In der ich natürlich keine Zeit fand abzuwägen, ob es wirklich eine gute Idee war, mich wieder zurück zu ihm ins Bett zu legen, ob ich damit nicht nur eine Regel, sondern mir irgendwann auch das Herz brechen würde. Ich vergaß, dass diese goldene Regel einen tieferen Sinn hatte und eigentlich dazu dienen sollte, emotionale und körperliche Grenzen abzustecken, die wichtig waren, um auf eine sehr unkomplizierte Art und Weise Sex mit jemandem haben zu können. Blöderweise reichte diese eine Sekunde nicht aus, um mir das noch einmal ganz deutlich vor Augen zu führen. Deshalb ließ ich meine Hose wieder auf den Boden fallen und krabbelte zurück zu ihm. Basti seufzte zufrieden, breitete seine Arme aus und lud mich dazu ein, mich an seine warme Brust zu lehnen, um mit ihm auf seinem Handy ein witziges Video von US-Comedian Kevin Hart zu gucken. In dieser Nacht fuhr ich nicht mehr nach Hause, ich schlief irgendwann einfach in seinen starken Armen ein.

*

Als ich am nächsten Morgen aufwachte, hatte ich schon drei Anrufe von meinem Chef: *Fuck,* ich hätte bereits eine halbe Stunde zuvor in der Redaktion erscheinen müssen. Ich zog mich hastig an, schnappte mir mein Handy und meine Handtasche und war schon auf dem Weg nach draußen, als ich meine Kette auf seinem Nachttisch liegen sah. Kurz überlegte ich, ob ich sie greifen sollte: Wenn ich sie mitnahm, hatte ich im Zweifelsfall keinen vorgeschobenen Grund mehr, noch einmal wiederzukommen. Dabei wollte ich unbedingt wiederkommen – aber das musste ich Basti ja nicht auf die Nase binden! Deshalb ließ ich sie liegen und stürmte hastig aus dem Haus seiner Eltern.

In der Redaktion wurde ich schon mit einem tadelnden Blick von meinem Chef erwartet. In den Semesterferien arbeitete ich immer noch bei der Lokalzeitung, leitete da sogar einen eigenen Bereich.

»Tut mir leid, ich war … abgelenkt«, entschuldigte ich mich flapsig, ein vielsagendes Grinsen huschte mir unbeabsichtigt über die Lippen – ich konnte es nicht abstellen.

»Ah ja, abgelenkt also … Na ja, Hauptsache du bist gleich bei der Sache! Du musst für Peter das Interview mit dem Bürgermeister übernehmen«, zwinkerte er mir versöhnlich zu und hielt mir drei ausgedruckte E-Mails hin, auf denen die Termine für den Tag vermerkt waren.

»Aye aye, Sir«, kicherte ich gut gelaunt, schnappte mir einen Schreibblock und hetzte aus dem Raum.

Abends fand ich das erste Mal Zeit, etwas runterzukommen. Ich ließ mich völlig geschafft und viel zu spät auf den Stuhl neben Mia fallen. Wir waren in unserer Lieblingsbar verabredet.

»Frag nicht, das war ein absoluter Horrortag«, seufzte ich und warf ihr einen entschuldigenden Blick zu.

»Okay, rauch erst mal eine«, lächelte sie verständnisvoll, worauf ich nickte und mir eine Zigarette anzündete. Es dauerte ein paar Minuten, bis die Daueranspannung von mir abgefallen war. Als uns der Kellner unsere Drinks auf den Tisch gestellt hatte, klebte mir mein breites, verklärtes Grinsen schon wieder auf den Lippen: »Boah, ich war heute Nacht einfach noch mal bei Basti, und wir haben wieder gevögelt!«

»Jetzt echt?«, fragte Mia, ihre langen, blonden Haare strich sie sich hinters Ohr. Mehr Rückfragen konnte sie nicht stellen, weil die nächsten Sätze schon aufgeregt aus mir herausprudelten: »Ja, Mann! Ich hätte das niemals gedacht, aber der ist so scheiße gut im Bett! Ich weiß gar nicht, wie ich das beschreiben soll, aber was der mit seiner Zunge anstellen kann, ist der absolute Wahnsinn! Ich glaube, ich habe noch nie so guten Sex gehabt. Ohne Scheiß, das ist einfach nur krank! Dagegen sind all die anderen Typen echte Lachnummern.«

»Klingt gut!«, lächelte Mia. Ich warf ihr einen erwartungsvollen Blick zu. Das war alles, was sie dazu zu sagen hatte? Ich erzählte ihr vom womöglich besten Sex aller Zeiten und ihr fiel nur ein einziger Kommentar dazu ein? Mia verstand meinen Blick und lachte: »Ja, das klingt doch wirklich sehr gut. Und es freut mich auch für dich, dass du endlich mal wieder Lust auf einen anderen Typen hast«, schob sie deshalb noch aufrichtig hinterher.

»Ja, oder? Hättest du das jemals gedacht? Wenn mir jemand vor ein paar Tagen erzählt hätte, dass ich mit Basti in der Kiste lande und er mich ohne weiteres in den Orgasmushimmel vögelt, hätte ich vermutlich jedem einen Vogel gezeigt! Ausgerechnet der Typ mit dem Glitzerohrring«, sagte ich und prustete los.

»Ja, stimmt. Vor ein paar Tagen haben wir uns noch über ihn und seinen Ohrring lustig gemacht, und jetzt ist er plötzlich zum perfekten Stecher mutiert. Überraschungen gibt es immer wieder! Versteht ihr euch denn auch sonst so gut oder ist das nur ein reines Sex-Ding?«, wollte Mia interessiert wissen.

Ich stockte kurz. Bei aller Euphorie für seinen Penis war die Frage gar nicht aufgekommen: »Ja, der ist schon ganz nett. Aber irgendwie … Ich weiß auch nicht … So richtig unterhalten haben wir uns bisher eigentlich noch nicht. Abgesehen davon haut er manchmal Sachen raus, da frage ich mich wirklich, ob er vielleicht ein paar Gehirnzellen zu wenig abbekommen hat. Er spricht von sich selber als Sexgott, das geht zum Beispiel gar nicht«, sagte ich und musste schmunzeln. »Trotzdem finde ich es krass, dass ich mich bei ihm so fallenlassen kann. Ich habe heute Nacht sogar bei ihm geschlafen – und du kennst mich: Ich hasse es, mit jemandem das Bett zu teilen, sobald kein Penis mehr in mir steckt«, erklärte ich. Unabhängig von den goldenen Regeln war beieinander zu schlafen für mich ein viel intimerer Akt als miteinander. Nebeneinander einzuschlafen, den Geist auszuschalten und sich dem anderen schutzlos auszuliefern – das war viel persönlicher, als ein Körperteil in irgendein Loch gesteckt zu bekommen.

»Na ja, aber das klingt doch eigentlich gut. Solange du damit okay bist, ist daran doch nichts auszusetzen«, sagte Mia und nahm einen Schluck von ihrer Weinschorle.

Ich nickte aufgekratzt: »Und außerdem ist es viel praktischer, so kann er mich morgens gleich noch ein zweites Mal vögeln.«

An diesem Abend fiel ich erschöpft, dafür aber umso ausgeglichener in mein eigenes Bett. Erst am nächsten Tag gegen 16 Uhr poppte wieder eine Nachricht von Basti auf, in der er mich fragte, ob ich abends vorbeikommen wollte – von meiner Kette war keine Rede. Ich bejahte.

Wieder landeten wir in der Kiste, wieder jagte er mir einen Orgasmus durch den Körper, wieder machte er keine Anstalten, mich nach dem Sex rauszuwerfen, wieder schlief ich in seinen Armen ein. Wieder wachte ich am nächsten Morgen zufrieden auf, verzog ich mich ins Bad, putzte meine Zähne, wieder packte ich meine Tasche und wieder fiel mein Blick auf die Kette, die immer noch auf Bastis Nachttisch lag.

»Sag mal …«, räusperte ich mich, worauf er zu mir hochblickte.

»Muss ich die Kette jetzt noch mal hier vergessen oder darf ich auch so noch mal wiederkommen?«, fragte ich.

Er lachte: »Also war das doch Absicht!«

»Vielleicht«, zwinkerte ich ihm zu.

»Nimm sie mit, wir können uns übermorgen wieder treffen«, erklärte er.

»Okay, dann bis die Tage«, nickte ich erfreut, griff nach meiner Kette und ging.

*

In den nächsten Wochen entwickelte sich zwischen uns eine Beziehung, deren Dynamik perfekt in mein Leben passte. Wir verabredeten uns fast jeden Abend, vögelten, unterhielten uns ein wenig, guckten gemeinsam Serien und schliefen dann in seinem Bett ein.

Am nächsten Morgen verschwand ich zurück in meinen vollgestopften Alltag: Ich musste Studium, meinen Nebenjob in der Redaktion, meine Freunde, meine Familie und meine sexuellen Bedürfnisse irgendwie unter einen Hut kriegen. Da war kein Platz für einen Typen, der mehr Zeit beanspruchen wollte, der von mir erwartete, dass ich meine Prioritäten verschob, der mir auf die Nerven ging, wenn ich ein Treffen mal verschieben musste, weil ich mir mal wieder viel zu viele Termine auf einen Tag gelegt hatte. Es war kein Platz für Romantik, für Dates, für eine Beziehung, wie sie meine Freundinnen führten. Das sahen wir beide so, was die Sache mit uns sehr unkompliziert machte.

>>*Kannst du morgen?*<<, textete ich ihm an einem Nachmittag

Basti: >>*Da kann ich nicht. Bin bei Freunden!*<<

Julie: >>*Maaaaann! Dabei hab ich mich schon so auf deinen Penis gefreut!*<<

Basti: >>*Am Mittwoch, Kleene ;-)*<<

Julie: >>*Ich will ihn aber morgen! Manno, das bricht mir das Herz … und vielleicht auch meine Vagina!*<<

Basti: >>*Noch zweimal schlafen, dann gehört er wieder ganz dir. Du kannst schon gar nicht mehr ohne ihn!*<<

Julie: >>*Nur ein kleines bisschen vielleicht. Ist das ein Problem? ;-)*<<

Basti: >>*Solange du dich nicht in mich verliebst, ist alles gut.*<<

Julie: >>*Keine Sorge! Bevor ich mich noch mal in jemanden verliebe, springe ich lieber von einer Brücke!*<<

Basti: >>*Alles klar, dann haben wir das ja auch geklärt.*<<

Und wie wir das geklärt hatten: Das hier war nur Sex und na ja, manchmal eben noch ein bisschen Kuscheln und Abhängen danach. So wie es war, war es perfekt.

*

An einem Abend lag ich in der Badewanne und versuchte, den Kopf vom Unistress freizukriegen, als Basti fragte, ob ich später vorbeikommen wollte. Mir huschte ein Grinsen über die Lippen. Natürlich wollte ich: Nichts half mir besser, mal einen Moment nicht an den Stress, die vielen Aufgaben und die zahlreichen Termine zu denken. Er war innerhalb kürzester Zeit zu einer festen Konstante in meinem Leben geworden:

Der steinharte Schwanz, der immer stehen blieb, selbst wenn alles andere zu wanken begann – etwa weil Leon mir mit einer seiner Nachrichten mal wieder den Boden unter den Füßen weggezogen, ich Streit mit einer Freundin oder Stress mit meinen Eltern hatte. Basti war einfach da, auf die Orgasmen, die er mir schenkte, war immer Verlass, und dafür wollte ich mich bei ihm bedanken.

Aber wie jemandem danken, der alles hatte? Ich seufzte. Ich konnte ihm ja schlecht einen Kuchen backen, auf den ich mit rosa Zuckerglasur *»Danke für deinen immer harten Schwanz«* schrieb. Im nächsten Moment fiel mein Blick auf meinen neuen schwarzen Trenchcoat, den ich mir erst wenige Tage zuvor gekauft hatte …

Auf einmal wusste ich, worüber Basti sich am allermeisten freuen würde, griff nach meinem Handy und tippte mit flinken Fingern: >>*Bist du alleine, wenn ich gleich komme?*<<

>>*Was hast du vor? :D*<<, kam prompt eine Antwort.

>>*Bist du alleine oder nicht?*<<, war das Einzige, was ich schrieb.

>>*Ja, bin ich.*<<, antwortete Basti.

>>*Ok, bin um 22 Uhr da.*<<, tippte ich und legte das Handy weg.

Ich war *sooo* gut. Mein Plan war sexy und versaut – also genau nach Bastis Geschmack. Während ich in meiner Wäscheschublade nach meinen heißesten Dessous suchte, wich mir das Grinsen nicht mehr von den Lippen. Ich entschied mich für einen BH mit gekreuzten Trägern und saphirblauen Glitzersteinen, dann schlüpfte ich in meinen Spitzenslip und föhnte mir gut gelaunt die Haare.

Etwa eine Stunde später kramte ich meine schwarzen Lackhighheels aus dem Schrank und warf mir meinen Mantel über. Noch ein letzter Blick in den Spiegel: Ich sah nicht nur fantastisch aus, ich fühlte mich auch fantastisch.

Als ich um kurz nach 22 Uhr vor seiner Haustür stand, kickte das Adrenalin durch meinen Körper. *Scheiße*, das war die beste Aktion, die ich jemals bringen konnte. Ich fühlte mich so unfassbar sexy – diesmal war ich nicht die *unnahbare* Verführerin, diesmal war ich die Verführerin, die gekommen war, um ihrem Lieblingspenis eine kleine Freude zu machen. Ich klingelte.

Als Basti mich in meinem Mantel erblickte, huschte ihm ein anerkennendes Grinsen über die Lippen: »Was hast du denn heute noch vor?« Ich schenkte ihm einen tiefen Blick in seine braunen Augen, die von langen, dunklen Wimpern umrandet waren und mich jedes Mal vor Neid fast platzen ließen, weil meine hellblond und ohne Wimperntusche kaum sichtbar waren.

»Ich dachte, ich bring dir mal eine kleine Überraschung vorbei«, flüsterte ich verschwörerisch, ehe ich ihm einen sanften Begrüßungskuss aufdrückte.

»Überraschung?«, er lächelte verwundert und sah sich suchend um, bis sein Blick erneut an meinem Outfit hängen blieb: »Was hast du denn da unter deinem Mantel?«

»Das darfst du dir drinnen genauer angucken«, zwinkerte ich und legte meine Hände an seine Brust, um ihn sanft Richtung Tür zu schubsen.

»Aber ich will meine Überraschung jetzt schon haben«, sagte er, schob unschuldig seine Unterlippe vor und knöpfte ihn langsam auf. Erst wollte ich ihm auf die Finger hauen, doch als ich sah, wie sein Grinsen mit jedem Knopf und jedem Zentimeter nackter Haut, die sich darunter entblößte, immer breiter wurde, gewährte ich ihm gerne einen faszinierten Blick auf meinen unverhüllten Körper.

»Du kleine Verrückte«, grinste Basti, drehte sich zur Tür und gewährte mir Eintritt ins Haus. Ganz Gentleman nahm er mir den schwarzen Mantel ab.

»Willst du Shisha rauchen? Ich habe gerade eine fertig gemacht«, fragte er mich, während er den Mantel sorgsam auf einen Bügel und anschließend in die weiße Garderobe hing.

Shisha? Konnte dieser Abend noch perfekter werden? Ich besaß selbst keine und rauchte nicht regelmäßig, aber ich freute mich jedes Mal, wenn sich eine Gelegenheit dazu bot. »Klar«, grinste ich und stolzierte nur mit Dessous bekleidet ins Wohnzimmer. Auf dem Tisch erblickte ich die Shisha, im gläsernen Kamin knisterte das Feuer. Als ich mich auf die Ledercouch fallen ließ, war Basti in die angrenzende offene Küche verschwunden. *Okay,* das hier war filmreif. Jedem Autor einer Liebeskomödie wäre beim Anblick dieser Szene das Herz vermutlich höhergeschlagen – alles fügte sich perfekt zusammen.

»Willst du Champagner?«, rief er freundlich rüber.

»Wenn du welchen da ha...«, antwortete ich, drehte mich zur Küche und stockte. Basti stand mit einer Flasche Schampus neben dem Esstisch und grinste. Das war allerdings nicht das, was mich irritierte: sondern vielmehr der andere Typ, der neben ihm stand und verlegen lächelte.

DIESER SCHEISSKERL! Basti war der größte Wichser des ganzen Planeten! Was fiel dem eigentlich ein? Ich wollte ihn überraschen, wollte mich dafür bedanken, dass er mich seit Wochen fast jede Nacht in den siebten Himmel vögelte – und was machte er? Er stand mit dieser beschissenen Flasche Champagner in der Hand da und krümmte sich vor Lachen, als er meinen überforderten Gesichtsausdruck sah. Ich kochte vor Wut.

Kurz überlegte ich, ob ich aufstehen, ihm eine Ohrfeige verpassen und für immer abrauschen sollte. Aber das tat ich nicht. Alleine bei dem Gedanken rebellierte meine Vagina, weil sie Angst hatte, ihren Lieblingsschwanz zu verlieren. Deshalb sorgte sie wohl dafür, dass mein Körper irgendwelche Hormone ausschüttete, die meine Wut verpuffen ließen und sie durch Gleichgültigkeit ersetzten. Die Verführerin war verschwunden, jetzt saß wieder Julie, die Unnahbare, der niemand, nicht mal Basti etwas anhaben konnte, auf der Couch, lächelte mit eiskaltem Blick und zischte: »Du bist so ein Arschloch.«

»Was denn? Du kannst dich doch so zeigen«, kommentierte Basti diabolisch lachend und schritt gönnerhaft auf mich zu. In seinem Blick glitzerte etwas Zerstörerisches.

Der andere Typ guckte mich immer noch an, als hätte er noch nie eine halbnackte Frau gesehen. Wer war das überhaupt und woher kam der? Wenn es wenigstens Mario gewesen wäre, dann hätte ich vielleicht auch irgendwie über die Situation lachen können, aber er war es nicht. Trotzdem wollte ich nicht die Zicke spielen und ja, irgendwie hatte Basti auch recht: Ich konnte mich in dem Aufriss verdammt nochmal zeigen! Ich war scheiße sexy und wenn Basti das gerne seinen Freunden präsentieren wollte, um sie neidisch zu machen … sollte er doch. Deshalb griff ich zu seiner Überraschung lässig nach dem Shisha-Schlauch und lehnte mich, nackt wie ich war, gespielt entspannt zurück.

»Hey, ich bin Chris«, stellte sich sein Freund vor und hielt mir die Hand hin.

»Hi, ich bin Julie. Ich rauche gerne halbnackt Shisha«, versuchte ich, mir irgendeinen kecken Spruch aus den Rippen zu leiern.

Während Chris sich auf die Couch gegenüber von mir setzte, ließ sich Basti breitbeinig und immer noch grinsend neben mich fallen, um lässig und besitzergreifend seinen Arm, um mich zu legen.

»Ich hasse dich«, zischte ich ihm entgegen und kniff ihm absichtlich in den Oberschenkel.

»Komm, das war schon ein bisschen witzig. Du hättest dein Gesicht sehen müssen«, lachte er, legte mir dabei aber liebevoll seine Hand auf den nackten Oberschenkel und fuhr beruhigend und zärtlich darüber.

Wie respektlos Bastis Verhalten eigentlich war und dass er mich offensichtlich verarscht hatte, fiel mir in diesem Moment, vernebelt vom Shisharauch und dem Kribbeln, das seine Hand auf meinem Oberschenkel auslöste, gar nicht auf. Deshalb ertrug ich die Situation, spielte sogar absichtlich die lässige Liebhaberin, die selbstironische Witze über ihren

Auftritt riss. Als sich Bastis Freund etwa eine halbe Stunde später verabschiedete und mir peinlich berührt versicherte, dass er ihn sogar darum gebeten hatte, mich nicht ins offene Messer rennen zu lassen, grinste Basti mich immer noch an.

»Aber du hast auf jeden Fall cool reagiert«, kommentierte er, während er seine Hände zwischen meine Beine wandern ließ.

»Mir blieb ja wohl auch nichts anderes übrig, oder?« Ich sah ihn ernst an und suchte in seinen Augen nach einer Entschuldigung. Ich fand sie nicht.

»Darf ich meine Überraschung jetzt weiter auspacken?«, säuselte er mir stattdessen ins Ohr, während seine Hand in meinen Slip wanderte. Ich gab ihm keine Antwort, weil er meinen Verstand mit seinen Fingern endgültig schachmatt setzte.

Jetzt übernahm meine Vagina das Kommando. Wir verfielen in einen versöhnlichen Kuss. Unsere Zungen spielten miteinander. Ich schloss die Augen und bewegte mich sanft auf seinem Schoß. Mein Herz pochte, als ich Bastis harten Schwanz zwischen meinen Beinen spürte. Ich krallte meine Fingernägel in seine Oberarme, ließ meine Stirn gegen seine fallen und blickte ihm tief in die Augen, die friedlich auf mir ruhten, während er seine Finger immer schneller in mir kreisen ließ. Ich keuchte auf und gab mich dem Kribbeln in meinem Unterleib hin.

»Das war erst der Anfang«, flüsterte er, drehte mich von sich runter und zog mich mit sich. Seine Hose landete auf dem Boden seines Schlafzimmers, mein Slip folgte. Dann beugte er sich über mich, stützte sich mit seinen Armen neben meinem Kopf ab und küsste mich. Erst bewegte er seine Zunge nur ganz langsam, dann wurde der Kuss hastiger. Ich riss ihm sein Shirt vom Oberkörper, er öffnete meinen BH mit einer einfachen Handbewegung und fuhr zärtlich über meine Brüste. Bevor er grob nach meinen Handgelenken griff und mich auf seinem Bett in die richtige Position rückte. Ich hielt dagegen. Ich wollte noch nicht in die richtige Position für seinen Schwanz gerückt werden, ich wollte ihm jetzt erstmal einen Blowjob verpassen und damit die Kontrolle, die er mir vorher geraubt hatte, zurückerobern. Dass ich mich gegen seine festen Griffe wehrte, brachte eine spannende Dynamik in die Situation: Das Spiel um Macht und Kontrolle, das ich nur allzu gerne spielte, hatte begonnen.

Ich stemmte mich gegen ihn, kämpfte mich nach oben. Die Vorfreude auf einen Blowjob glitzerte in meinen Augen. Ich wusste nicht, woher meine gottverdammte Vorliebe für Blowjobs kam, aber alleine der Gedanke daran, dass ich in diesem Moment die Macht über Basti hatte, machte mich unfassbar scharf.

Ich fuhr sanft mit meinen Fingernägeln über seine Oberschenkel. Noch bevor ich seinen aufrechten Ständer mit meinen Lippen umschloss, schenkte ich ihm einen Blick von unten in seine Augen. Er griff fest nach meinen Haaren. Dann öffnete ich meinen Mund, ließ ihn einmal über seinen Penis gleiten, mit der Zunge fuhr ich herausfordernd am Rand der Spitze entlang und wartete auf sein erstes Seufzen. Er schenkte es mir, wie jedes Mal, wenn ich meine vollen Lippen über seine Mitte gleiten ließ. Ich zog meinen Kopf sanft vor und zurück, achtete darauf, dass meine Zähne niemals gegen seinen Penis stießen und sie nur seicht darüber glitten, wenn ich ihm absichtlich einen leichten Schmerz zufügen wollte – den hatte er heute schließlich verdient.

»Spuck drauf«, gab Basti mir mit verschleierter Stimme den Befehl, der mich dazu brachte, ihm einen erregten Blick zuzuwerfen, ehe ich meine eigene Spucke auf seinen harten Schwanz laufen ließ, wie Honig, der aus einer Tube gequetscht wurde.

Bevor ich richtig loslegte, band ich mir meine Haare zu einem Zopf zurück. Jetzt konnte ich bestimmen, in welchem Rhythmus, in welchem Tempo, mit welcher Intensität ich an seinem Penis saugte. Basti machte es wahnsinnig, wenn ich meine Zunge an die Unterseite seines Schwanzes drückte, ihn an meinen Gaumen presste und dadurch einen Unterdruck in meinem Mund erzeugte.

»Fuuuuck, Julie«, keuchte er auf und ließ seinen Kopf in den Nacken fallen. Er griff fest in meine Haare und drückte mich für einen Moment noch näher an sich, nur um sich im nächsten Moment die Kontrolle über die Situation zurückzuholen. Dieser Moment gab mir jedes Mal den größten Kick, weil ich wusste, dass ich nun diejenige war, die garantiert gleich die Kontrolle verlieren würde.

Jetzt war es Basti, der meine Oberschenkel bestimmt auseinander drückte. Mit seiner Zunge fuhr er über meine Mitte. Ich japste innerhalb von Sekunden nach Luft. Das Kribbeln, das sich nun immer stärker auf eine Stelle konzentrierte, raubte mir den Verstand. Ich drückte meinen Kopf fest ins Kissen, strampelte mit den Beinen und konnte das Gefühl von Erlösung kaum erwarten, doch Basti erlöste mich nicht. Ich war seiner Zunge und dem qualvollen Kribbeln kurz vor einem Orgasmus gnadenlos ausgeliefert. Ich versuchte, ihn wegzudrücken, doch er griff noch fester in meine Oberschenkel und stellte sie ruhig. Ich konnte die Blitze, die durch meinen Körper zuckten und alle an der gleichen Stelle zwischen meinen Beinen einschlugen, kaum ertragen. Ich stöhnte laut auf.

»Shhht«, kicherte Basti begeistert, doch ich konnte mich nicht mehr beherrschen.

»*Oh, fuuuuck! Sorry*«, keuchte ich. Es dauerte ein paar Sekunden bis ich mich wieder gefangen hatte. Basti grinste mich an, kletterte auf mich, gab mir einen leidenschaftlichen Kuss und schob nun erstmals an diesem Abend seinen harten Schwanz mühelos in mich, um mir nur wenige Minuten später einen weiteren Orgasmus durch die Blutbahn zu jagen – und kurz darauf noch einen.

»Na, wie oft bist du heute gekommen?«, fragte er mich, während ich nach der Nummer immer noch völlig fertig und zitternd neben ihm lag.

Für eine Antwort brauchte ich ein paar Sekunden, um aus dem Orgasmushimmel wieder auf dem festen Boden der Realität zu landen.

»Dreimal Minimum, oder?«, grinste Basti.

»Auf jeden Fall oft!«, seufzte ich kraftlos und ehrlich.

»Siehste, da hat sich das mit dem Mantel doch für dich gelohnt«, zwinkerte er mir selbstgefällig zu.

Ich seufzte. Eigentlich hatte ich seine beschissene Aktion durch den Sex längst vergessen, doch nun waberte mir der Gedanke daran wieder durch den Kopf: Dass sein Freund plötzlich im Raum stand, konnte kein Zufall gewesen sein. Ich hatte Basti vorher gefragt, ob jemand da sein würde, und er hatte es verneint, offensichtlich hatte er mich angelogen.

»Mhmmhh«, kommentierte ich bloß, weil mir klar wurde, dass ich Bastis Körper zwar in- und auswendig kannte, aber nicht die leistete Ahnung hatte, wer dieser Typ eigentlich war, mit dem ich mir seit Monaten das Bett teilte.

*

Dass es an der Zeit war, mehr über Basti zu erfahren, sollte ich erst ein paar Wochen später feststellen. An diesem Abend leitete er mich nicht direkt in sein Schlafzimmer, sondern auf die Terrasse seines Elternhauses. Er goss mir ein Glas Rosé ein und öffnete sich selbst ein Bier. Die Sonne war noch nicht ganz untergegangen, der Himmel verfärbte sich langsam von pink zu lila.

»Und was hast du heute so gemacht?«, fragte er mich, während er mir mit seinem Bier zuprostete.

»Ich habe … ähm … Ich habe gearbeitet und drei Texte für die Sonntagsausgabe geschrieben«, erklärte ich ihm zögerlich, weil er mich das noch nie bei einem Sex-Date gefragt hatte.

»Ich finde das übrigens total beeindruckend, dass du so gut mit Worten umgehen kannst. Ich konnte das nie, Deutsch habe ich in der Schule immer gehasst«, sagte er und lächelte aufrichtig.

»Ich liebe das! Seit meinem achten Lebensjahr schreibe ich. Das ist mein Ventil, das ist meine Art, mich auszudrücken, das fällt mir total leicht – wann immer ich irgendwas habe, was mich beschäftigt, schreibe ich das auf«, sprudelte es aus mir, bis ich mir reflexartig mit dem Zeigefinger auf den Mund tippte, weil ich mich in meiner Begeisterung ertappt fühlte.

»Aber wie machst du das? Mir würden gar nicht die richtigen Worte einfallen«, hakte er nach.

»Sie kommen einfach. Manchmal sitze ich abends da und kann nicht einschlafen, dann nehme ich mir einen Block, setze den Stift an und dann fließen sie aus mir raus«, sagte ich und hielt mich verunsichert an meinem Glas Wein fest. Was war denn mit dem los? Wo kam denn ganz plötzlich dieses Interesse für meine größte Leidenschaft her?

»Hast du auch schon mal was über mich geschrieben?«, wollte er wissen und lächelte verlegen.

»Nein, komischerweise noch nicht. Obwohl ich sonst eigentlich immer über die Männer schreibe, mit denen ich in der Kiste lande«, sagte ich ehrlich. Dass sich das an diesem Abend ändern und ich in den nächsten Jahren Tausende Worte über ihn schreiben sollte, wusste ich in diesem Moment nicht.

Ob es die entspannte Stimmung war, die zwischen uns in der Luft zirkulierte, oder der Alkohol, der langsam unsere Zungen löste: Nach monatelangem Smalltalk fingen wir endlich eine richtige Unterhaltung miteinander an. Erst noch ganz harmlos, mit jedem weiteren Glas und jeder weiteren Flasche wurde das Gespräch aber immer ernster.

»Eigentlich will ich ja was mit Kunst machen«, eröffnete Basti mir, nachdem wir schon zwei Flaschen Wein geleert hatten.

Bitte nicht! Bitte nicht schon wieder ein Künstler! Das konnte doch jetzt nicht wahr sein: Ich hatte mich bereits so sehr mit dem Gedanken angefreundet, dass er ein charakterloses Sexobjekt war, das Geld, Autos und schöne Frauen liebte und so etwas langweiliges wie Elektrotechnik studierte, jetzt konnte er doch nicht plötzlich auch noch mein krudes Künstlerfetisch bedienen?!

»Wie meinst du das? Was für Kunst willst du denn machen?«, hakte ich interessiert nach, als ich mich nach erster innerlicher Empörung wieder gefangen hatte.

»Ich will malen! Ich bin da richtig gut drin, das ist das Einzige, das mir nie schwergefallen ist und bei dem ich einfach mal abschalten kann«, erklärte er nachdenklich.

»Erzähl mir mehr, das finde ich spannend!«, sagte ich.

Und das tat er. Er erzählte von seinen Zeichnungen, von seiner Karriere als Graffiti-Sprayer, von großen Künstlern, die ihn inspirierten. Seine Augen leuchteten auf: Auf einmal glitzerte in ihnen die Leidenschaft, die ich bisher bei jedem Gespräch vermisst und nur erlebt hatte, wenn mein nackter Körper unter ihm bebte.

»Weißt du, wenn ich nicht diese scheiß Firma von meinem Dad übernehmen müsste, dann würde ich nur noch malen«, sagte er und guckte auf den Tisch vor sich.

»Wer sagt denn, dass du das tun musst?«, fragte ich ihn skeptisch, weil ich seine Argumentation nicht verstand: Gerade jemandem wie Basti, der aus so privilegiertem Elternhaus stammte, standen doch alle Türen offen? Ich zog doch auch mein Ding durch und ging meinen eigenen beruflichen Weg, obwohl meine Eltern nicht in einer Villa lebten und ich mein Studium zum Teil selbst finanzieren musste, wieso konnte er das nicht?

»Ich habe es meinem Vater versprochen und kann jetzt keinen Rückzieher machen«, sagte er und guckte mich an. Den Ausdruck in seinen Augen interpretierte ich als Verzweiflung – und diese Verzweiflung traf mich mitten ins Herz. Plötzlich wurde aus dem Lieblingspenis, von dem ich bis zu diesem Zeitpunkt nicht mal wusste, ob ich ihn überhaupt wirklich leiden konnte, Basti, der falsch verstandene, reiche Typ, der, nur um seine Eltern stolz zu machen, eine Zukunft anstrebte, die er selbst gar nicht wollte.

»Komm mal her«, sagte ich liebevoll. Basti schüttelte den Kopf. Ich stand auf, kletterte auf seinen Schoß und legte meine Arme um seinen Hals. Dieser Moment brauchte keine Worte, ich wollte ihm einfach nur etwas Trost spenden, ihm zeigen, dass es okay war, dass er ausnahmsweise mal nicht der unverwundbare Typ war, ihm etwas Halt geben – als Freundin, als Frau, als echte Julie.

»Hör mal auf!«, drückte er mich von sich weg.

Ich strich mit meinem Finger über seine Wange und seufzte milde auf. Seine Ablehnung verletzte mich nicht, ich verstand sie sogar. Auch ich konnte es oft nicht ertragen, wenn jemand seine Arme um mich legte, weil es in mir oft das Gefühl auslöste, erdrückt zu werden. Ich zog meine Arme zurück, blieb aber weiterhin auf seinem Schoß sitzen. Dann drehte ich mich kurz zum Tisch und fischte uns zwei Zigaretten aus der Schachtel. Ich zündete sie an, es wurde still. Erst als wir die Zigarette aufgeraucht hatten und meine Beine plötzlich zitterten, sah Basti mich liebevoll an und bemerkte mit geflüsterten Worten: »Du zitterst ja, meine Kleene.«

Ich nickte, er lächelte: »Na komm, wir gehen rein. Ich schulde dir mindestens noch fünf Orgasmen für den Abend.«

Unsere Küsse waren leidenschaftlich, vertraut, hemmungslos, aber nicht so wild wie sonst. Als wir zusammen aufs Wasserbett fielen, hatten wir uns gegenseitig schon die Kleider vom Körper gestreift. Diesmal ließen wir das Kontrollspiel ausfallen – wir brauchten es nicht, wir mussten keine künstliche Anziehung durch einen Machtkampf erzeugen, denn durch Bastis Offenheit mir gegenüber, war sie auf einmal von ganz alleine da.

Ich kletterte auf ihn, ließ mich auf seine Mitte sinken und verschränkte meine Hände in seinem Nacken. Es waren langsame Bewegungen, mit denen ich mich auf ihm kreisen ließ. Seine Hände wanderten über meine nackten Brüste. Wir beobachteten uns und tauchten das erste Mal so tief ineinander ein, dass ich erstmals diese Verbindung zu ihm spüren konnte. Plötzlich gab es keine Schutzmauern mehr, keine Masken, keine Barrieren. Wir waren einfach nur Basti und Julie, die sich ehrlich, verletzlich und schutzlos in die Augen blickten.

Mit jedem weiteren Kuss verschmolzen unsere Lippen miteinander, er legte seine Hände an meine Hüften und zog mich noch ein Stück näher an sich. Meine Bewegungen wurden schneller, meinen Blick wandte ich trotzdem nicht von ihm ab. Ich atmete schwer, seufzte auf, griff nach seinen Händen und verschränkte meine Finger in seinen. Jetzt gab es keine Grenzen mehr, näher konnten wir uns nicht kommen, all unsere Körperteile steckten wie zwei Puzzleteile, die sich gesucht und gefunden hatten, ineinander. Auch unsere Seelen hatten in diesem Moment eine Verbindung zueinander aufgebaut – und das erschütterte mich in meinem tiefsten Inneren, es berührte mich in meinem Betonherz, dessen Schutzpanzer gerade zu bröckeln begann, es fühlte sich vertraut und gleichzeitig neu an, weil mir noch nie in meinem Leben ein Mensch so nah gekommen war.

Deshalb war ich sehr dankbar, dass Basti kurz darauf seine Hände an meine Wange legte, mir wieder seine Lippen auf meine presste und sich dann mit einer gekonnten Bewegung auf mich drehte. Er legte meine Beine auf seine Schultern, drückte mir noch einen Kuss auf die Wade und stieß zu. Einmal, zweimal, dreimal. Dann änderte er den Rhythmus, wurde schneller, gröber, härter. In mir baute sich wieder dieser Druck auf, diese Spannung, dieses unerträglich schöne Kribbeln, dass sich auf meinen Unterleib zentrierte.

»Fick mich härter«, flehte ich flüsternd, ließ meinen Kopf in den Nacken fallen und krallte mich in seine Seiten, um ihn noch tiefer in mich zu ziehen.

Basti lachte leise, intensivierte die Bewegung, fuhr mit jedem Stoß noch tiefer in mich und massierte währenddessen mit seinen geschickten Fingern meine empfindlichste Stelle zwischen den Beinen. Ich verlor die Kontrolle, atmete schwer, zitterte am ganzen Körper und schloss die Augen, um diesen verdammt fantastischen Sex einfach nur zu genießen. Meine heftige körperliche Reaktion spornte Basti an. Ich wimmerte. Und dann – ohne Vorwarnung, ohne Ankündigung, konnte ich mich nicht mehr zurückhalten und merkte, dass etwas aus mir rausspitzte.

Was zur Hölle? Was war das und woher kam das plötzlich?

»Huch!«, kommentiere Basti mit einem breiten, stolzen Grinsen. Ich riss die Augen weit auf und konnte nicht so richtig fassen, was da gerade passiert war. In diesem Moment war klar, dass Squirting, also die weibliche Ejakulation, nicht nur ein Mythos, sondern die Krönung einer tiefen sexuellen Verbindung war.

»Das ganze Bett ist nass«, stellte ich nach dem Sex fest, als ich langsam wieder zu mir selbst fand und einen großen feuchten Fleck auf dem Bettlaken unter mir spüren konnte. »Das ist mir vorher noch nie passiert«, sagte ich geschockt.

Basti lachte zufrieden: »Du hast mich angespritzt!«

»Ja, das hab ich wohl«, sagte ich verwundert und lächelte verlegen.

»Das ist doch großartig«, versicherte er mir und breitete seine Arme aus, um mich dazu einzuladen, wieder an ihn heranzurücken. Ich legte meinen Kopf auf seine warme Brust und genoss es, seinen Herzschlag an meinem Ohr zu hören.

»Gute Nacht, Julie«, flüsterte er, drückte mir noch einen Kuss aufs Haar.

»Gute Nacht, Basti«, murmelte ich und merkte erst in diesem Moment wie viel Kraft mir der Alkohol, unser Gespräch und dieser fantastische Sex geraubt hatte.

Am nächsten Morgen fuhr ich mit Kopfschmerzen und einer großen Portion Gedankenkotze nach Hause. Was war da passiert? Hatte ich nicht nur die erste ernsthafte Unterhaltung mit Basti geführt, sondern auch einen neuen sexuellen Meilenstein erreicht? Und hatte sich wirklich herausgestellt, dass Basti kein langweiliger Idiot, sondern ein verdammter Künstler war? Versteckte sich hinter seiner Fassade des abgebrühten Rich Kids doch eine spannende Lebensgeschichte, die mich faszinierte? Warum war ich bis dato davon ausgegangen, dass er das Klischee »Dumm fickt gut!« so gnadenlos bestätigte? Und wieso fühlte ich mich nun, nachdem ich wusste, dass sich mein Lieblingspenis für van Gogh hielt, noch mehr zu ihm hingezogen? Als ich mein Auto geparkt hatte, stürmte ich direkt zu meinem Schreibtisch und schrieb mir meine Gedankenkotze von der Seele. Kurz darauf tauchte ich wieder in meinen vollgestopften Alltag ein, der es mir erleichterte, in den nächsten Tagen nicht besonders viel über ihn und unsere neue Verbindung nachdenken zu müssen.

*

»Bald kommt ein neuer *Star Wars* raus, ich kann es kaum erwarten«, sagte Basti und klatschte vorfreudig in die Hände. Wir saßen mal wieder zusammen draußen und rauchten schon die fünfte Zigarette. Auch wenn wir es uns nicht eingestehen wollten, war der Sommer längst vorbei. Es war kalt, meine Finger hatten sich leicht bläulich verfärbt, trotzdem gingen wir nicht rein, sosehr waren wir in unser Gespräch vertieft.

»*Star Wars*? Ernsthaft?«, fragte ich und zog eine Augenbraue hoch, weil es mich doch sehr wunderte, dass er sich dafür begeistern konnte.

»Klar! Das sind mit Abstand die besten Filme, die ich jemals gesehen habe«, versicherte er mir eifrig und wirkte dabei nicht wie der Typ, der mich mit seiner Zunge um den Verstand lecken konnte, sondern eher wie ein aufgeregtes Kind.

»Ist nicht so meins«, zuckte ich mit den Schultern.

»Was? Spinnst du? Das MUSS man gesehen haben«, erklärte er und riss dabei seine Augen vorwurfsvoll auf.

»Ja, irgendwann, wenn ich mal Zeit dazu habe«, zwinkerte ich ihm zu. *Weitweit* entfernte Galaxien – das kickte mich irgendwie nicht. Vermutlich, weil ich kaum Zeit hatte, mich ausreichend mit meiner eigenen Galaxie zu beschäftigen, bei all dem Zeug, das ich um die Ohren hatte.

»Oh, Julie, das geht gar nicht! Du musst dich doch für *Star Wars* begeistern können«, seufzte er und ließ enttäuscht seinen Kopf nach vorne fallen.

»Sorry«, zuckte ich mit den Schultern und setzte selbstbewusst nach: »Stell dir mal vor, ich würde jetzt auch noch auf *Star Wars* stehen. Dann müsstest du mich ja sofort heiraten. Ich weiß nur, dass sie mit Laserschwertern kämpfen.« Mein nächster Gedanke brachte mich zum Lachen: »Genauso wie du, dein Schwanz ist wie ein Laserschwert!«

Auch Basti musste lachen: »Wenn ich dich gleich ficke, dann mach ich *zzzzz...zzzz*«, imitierte er das Geräusch der Weltraumwaffe.

»Ja, dann nimmst du mich und ich sag: Oh ja, gib mir dein Laserschwert!«

Vielleicht war es albern, dass wir über so etwas lachen konnten. Aber das war uns beiden in diesem Moment total egal: So dümmlich, absurd und schräg unsere Witze auch waren – keiner konnte mich so sehr zum Lachen bringen wie Basti. Dass wir diesen Humor teilten, wurde uns auch im Bett zu einem großen Vorteil. Egal was für kuriose Stellungen wir auch ausprobierten, egal was für komische Geräusche während der Nummer aus uns herauskamen, wir lachten über alles und das machte unseren Sex unschlagbar.

Auch an diesem Abend ließ ich es mir während der Nummer nicht nehmen, noch einmal auf unseren Witz vom Balkon zurückzukommen. Nach einem meiner Julie-Blowjobs, drehte ich mich von ihm herunter, krabbelte auf alle Viere und streckte ihm meinen Arsch entgegen. Basti klatschte grinsend mit seiner flachen Hand darauf und positionierte sich hinter mich. Mein Unterleib kribbelte bereits, deshalb drehte ich mich über die Schulter zu ihm um und sagte: »Oh ja, gib mir dein Laserschwert!«

Wir brachen tränenlachend auf dem Bett zusammen und kugelten uns auf dem Rücken. Dieser Moment brachte uns näher zueinander, als es jeder Orgasmus jemals tun konnte. Abgesehen davon bekam ich meinen Orgasmus ein paar Minuten später, nachdem wir uns wieder beruhigt hatten, natürlich trotzdem. Inzwischen schleppte ich jedes Mal ein Handtuch mit ins Bett, wenn es mal wieder zur Sache ging, weil es uns beide nervte, wenn wir nach dem Sex auf einem nassen Laken einschlafen mussten.

*

Bevor ich Basti ein paar Tage später wieder in seiner Wohnung besuchte, legte ich einen kurzen Stopp an der Tanke ein: Ich brauchte noch Zigaretten. Die Mitarbeiter begrüßten mich inzwischen jedes Mal sehr freundlich, sie kannten mich schon, als die Frau, die zu den unmöglichsten Uhrzeiten und meistens mit zerzausten Haaren in die Tanke gestolpert kam, um zwei Packungen Zigaretten, mal Kondome, mal Eis, mal eine Tiefkühlpizza oder eine Flasche Wein zu besorgen. Diesmal fiel mein Blick auf das Getränkeregal. Ich konnte mir ein Schmunzeln nicht verkneifen: Da stand eine Wasserflasche mit *Star Wars*-Aufdruck. Ich kicherte und griff mir einen Darth Vader und zwei Stormtrooper, damit konnte ich Basti sicher eine Freude machen.

Als ich mich später sorglos auf seine graue Couch fallen ließ, konnte ich mein breites Grinsen nicht verkneifen. »Ich habe was für dich«, flötete ich los, worauf er nur eine Augenbraue hochzog. Ich grinste, kramte in meiner großen schwarzen Handtasche und zog zwei Flaschen heraus.

Bastis Augen leuchteten: »Oh, mein Gott ist das geil!« Es war eine scheiß PET-Flasche, Basti hielt sie allerdings wie die britischen Kronjuwelen in den Händen. So begeistert hatte ich ihn noch nie gesehen.

»Das ist das beste Geschenk, das du mir machen konntest«, strahlte er bis über beide Segelohren und hielt die Flasche wie eine Trophäe in der Hand.

»Ich konnte sie einfach nicht stehen lassen«, kicherte ich glücklich, dass mir meine Überraschung gelungen war.

In diesem Moment erwischte ich Basti das erste Mal dabei, wie er mir einen ganz bestimmten Blick zuwarf: Auf seine Lippen hatte sich ein verlegenes Lächeln verirrt, in seinen Augen lag etwas Liebevolles, Reines, Pures. Es war nur ein kurzer Augenblick, in dem er mich so anguckte, dann schüttelte er den Kopf, drehte sich um und ging auf den Balkon.

Als ich ihm folgte, war der Blick bereits verschwunden. Basti saß breitbeinig und mit großkotziger Miene da, hielt lässig eine Zigarette in seinen Fingern.

»Und? Was hast du heute gemacht?«, fragte ich ihn, als ich mich auf den Stuhl neben ihn setzte.

»Geht dich gar nichts an«, zischte er. Ich warf ihm einen irritierten Blick zu, dann lachte er diabolisch auf.

»Hast du gedacht, nur weil du mir ein Geschenk mitbringst, bin ich heute nett zu dir?«, fragte er mich, in seinem Blick lag wieder das gleiche zerstörerische Glitzern, das ich schon von dem Abend mit dem Mantel kannte.

»Boah Basti, komm mal wieder runter. Ich wollte dir einfach nur eine Freude machen«, seufzte ich und zündete mir eine Zigarette an.

»Schön für dich!«, sagte er und kniff seine Augen zu Schlitzen zusammen. Ich verstand sein Verhalten nicht, aber es war mir auch irgendwie egal. Ich hatte ihm nichts getan und war mir auch keiner Schuld bewusst. Deshalb zuckte ich nur mit den Schultern und rauchte weiter.

»Weißt du«, sagte er, als es für ein paar Sekunden still zwischen uns geworden war. »Irgendwann will ich mal so eine richtig korrekte Frau haben«, nun grinste er mich abschätzig an. Wie er auf diesen Themenwechsel kam, konnte ich zwar nicht nachvollziehen, aber ich hörte ihm erstmal zu, vielleicht wurde ich ja doch noch schlau daraus.

»Eine, die mir das Wasser reichen kann. Große Brüste, geiler Arsch. Die ich einfach jeden Morgen anschaue und mir denke: Boah, ist die geil – so ein richtiges Model! So blonde lange Haare und gute Figur, cooler Style!«, philosophierte er und zog genüsslich an seiner Zigarette. Seine Worte machten mich wütend. Innerlich lachte ich bitter auf: Ich fand es erbärmlich, dass seine Vorstellung einer Traumfrau aufs Äußere reduziert war.

»So eine brauchst du auch«, schnaubte ich verächtlich, drückte die Zigarette aus und ging rein.

Er kam mir hinterher und blieb inmitten des Raumes stehen, ehe er weitersprach: »Ja, das mit uns ist doch geklärt! Wir werden nie zusammen sein.« Ich nickte.

»Ja, ist doch gut! Ich will ja auch gar nicht mit dir zusammen sein«, lachte ich bitter auf und zuckte mit den Schultern. Ich wollte wirklich nicht mit ihm zusammen sein: Er hatte einen verdammten Gucci-Glitzerohrring. Abgesehen davon, konnte ich mir nie so richtig sicher sein, wie unsere Treffen verliefen.

Basti spielte auch an diesem Abend wieder russisch Roulette mit mir. Inzwischen war er auf mich zugeschritten, beugte sich über die Couch, auf die ich mich mit verschränkten Armen niedergelassen hatte. »Sei nicht traurig, meine Kleene«, sagte er mit zuckersüßer Stimme und küsste mich.

Die Wut in meinem Bauch brodelte immer noch. Was er gesagt hatte, traf mich doch härter, als ich dachte. Es machte mich sauer, dass Äußerlichkeiten das Einzige waren, was ihm bei einer Frau wichtig zu sein schienen. *Äußerlichkeiten,* die ich offensichtlich nicht erfüllte. Ich war sicherlich nicht von schlechten Eltern, aber ich war kein Model, ich war gottverdammt nicht perfekt und wollte es auch nicht sein. Ich wollte nicht nur für mein Aussehen begehrt werden, weil ich mir eigentlich ziemlich sicher war, dass Charakter bedeutungsvoller als Aussehen war. Dass Charakter für Basti allerdings nicht zählte, traf mich unerwartet hart.

Ich hing diesem Gedanken einen kurzen Moment nach, bis er sich auf mich drückte, sich das Gewicht seines Körpers auf mir verteilte und meine Verletzlichkeit mal wieder in Vergessenheit geriet. Als er mit seinem Basti-Grinsen zwischen meine Beine abtauchte und mir die Hose runterzog, seufzte ich lustvoll auf. Es dauerte nur ein paar Minuten bis die Glückshormone zum ersten Mal an diesem Abend durch meine Blutbahn rauschten. Er grinste beim Anblick meiner Beine, die ich nicht mehr unter Kontrolle bekam, und drehte mich langsam auf den Bauch. Ich reckte ihm meinen Po entgegen und drückte meinen Oberkörper fest in die Kissen. Mit jedem Stoß wirbelte er die Emotionen in mir auf, die ich sonst beim Sex sehr gut verdrängen konnte. Die Gedanken und Gefühle kamen in Wellen: Liebe, Hass, Dankbarkeit, Wut, Leidenschaft, Faszination und Enttäuschung – all das vermischte sich in meinem Körper zu einem Brei der maximalen emotionalen Überforderung.

Er stieß fester zu, anhand des schmatzenden Geräusches konnte ich hören, dass sich unsere Nummer in wenigen Sekunden mal wieder zu einer feuchtfröhlichen Angelegenheit entwickeln würde. Mein Herz raste, mein Atem ging schnell, meine Beine zitterten nicht mehr, sie schlotterten. Dann kam der nächste Orgasmus, der mich laut wimmern ließ. Das war viel zu viel für mich: Sein harter Schwanz der immer wieder in meinen Körper fuhr, die harten Worte, die er mir entgegen geschmettert hatte, die Glücksgefühle, die sich ihren Weg durch meine Venen bahnten, das Gefühl von Nähe, dem ich mal wieder schutzlos ausgeliefert war –

jetzt schoss mir die Flüssigkeit nicht aus der Vagina, sondern in Form von Tränen aus meinen Augen.

Ich wimmerte. Er hörte nicht auf. Stieß weiter zu. Ich wimmerte immer noch. Er fuhr mit seiner Hand über meinen nackten Rücken. Ich presste mein Gesicht nur noch tiefer in das Kissen und schluchzte atemlos auf.

»Sag mal, heulst du?«, stoppte er mitten in der Bewegung und griff in mein Haar, um es mir aus dem Gesicht zu streichen.

»Ja«, zischte ich zwischen zwei heftigen Atemstößen hervor.

»Alles okay?«, fragte er irritiert. *Nein*, hier war natürlich gar nichts okay! Aber das war jetzt doch auch scheißegal, weil sich der nächste Orgasmus bereits ankündigte.

»MACH! EINFACH! WEITER!«, befahl ich ihm atemlos und drückte meinen Kopf erneut in die weichen Federn. Wieder holte er aus, wieder stieß er zu. Die Glücksgefühle kamen heftig: Ich heulte und wimmerte immer noch, verstand nicht, was gerade mit mir los war, aber für Gedanken blieb jetzt ausnahmsweise mal keine Zeit. Denn der Orgasmus wurde nahtlos durch einen weiteren abgelöst.

Meine Beine wackelten, mein Atem ging ekstatisch, ich bemerkte gar nicht, dass Basti schon längst von mir abgelassen hatte und mich nur noch dabei beobachtete, wie ich auf dieser Couch lag und die Kontrolle über mich selbst verloren hatte.

Es dauerte eine ganze Weile, bis ich genügend Kraft gesammelt hatte, um mich auf den Rücken zu drehen und ihn anzugucken. Basti fing an zu lachen, dann deutete er auf mein Gesicht: »Du hast da überall Wimperntusche.«

Ich zuckte mit den Schultern und ließ mich zurück auf die Couch fallen. Ich hatte jetzt keine Lust auf einen weiteren merkwürdigen Angriff, ich wollte jetzt nicht hören, dass ich nicht seiner Version einer perfekten Frau entsprach, dafür hatte mich dieser Orgasmus innerlich zu sehr aufgewühlt.

»Du hättest dich sehen müssen«, sagte er stolz und strich mir über meine Waden: »Ich hab' dich einfach zum multiplen Orgasmus gevögelt. Das habe ich noch nie bei einer Frau geschafft.«

Jetzt richtete ich mich doch wieder auf, sein Blick war sanft und stolz. »Ja, das hast du wohl«, nickte ich und musste lächeln. Basti grinste, dann stand er auf, zog mich hoch und deutete aufs Bett: »Na komm, lass uns noch eine Serie gucken«, schlug er mir vor und hievte mich hoch, um mich ins Bett zu tragen.

Ich kicherte. Er schaltete den Fernseher ein. Es lief mal wieder eine Folge von *Two Broke Girls* – das war so unser Ding zum Runterkommen. Wir lagen nebeneinander und scrollten durch unsere Handys.

»Hab ich dir eigentlich gezeigt, wie ich an Halloween aussah? Da war ich mit meiner Nachbarin unterwegs«, sagte er und zeigte mir ein Bild von einer Halloweenparty, die er etwa eine Woche zuvor besucht hatte. Er war als Joker verkleidet, sie als Samara von *The Ring*. Ich musste lachen.

*

»Ich sag euch: Ich hatte ungelogen noch nie so guten Sex«, erzählte ich an einem Abend aufgekratzt, als ich mit Trixi und Pia in ihrer WG-Küche saß und ihnen mal wieder von Basti vorschwärmte. Zwischen meinen Freundinnen und mir gab es zu diesem Zeitpunkt nur noch dieses eine Gesprächsthema.

Sie hingen an meinen Lippen. Ich genoss das. Ich holte meine Entertainer-Künste raus, badete in der Bewunderung, die sie für mein Sexleben hatten. Dass ich die Anerkennung von außen so sehr brauchte, lag wohl auch daran, dass sich ein Teil von mir leer anfühlte. Da gab es ein tiefes Loch irgendwo in mir drin, das zumindest zeitweise durch die Aufmerksamkeit und Bewunderung von anderen aufgefüllt werden konnte.

»Letztens hat er mich einfach zum multiplen Orgasmus gevögelt«, fuhr ich mit meinem halbstündigen Monolog über meinen Lieblingsschwanz fort. »Das war so krass, dass ich losgeheult habe. Oh mein Gott, es gibt nichts Geileres, als so einen Orgasmus«, erklärte ich ihnen und schwenkte mein Glas Wein in der Hand.

Meine Freundinnen nahmen mir mein großkotziges Gehabe glücklicherweise nicht übel: Sie wussten um diese Eigenschaft von mir. Sicherlich nervte ich sie damit manchmal, aber häufig taten sie mir trotzdem den Gefallen und schenkten mir die Aufmerksamkeit, um die ich so offensichtlich bettelte.

»Boah, da bin ich ja fast neidisch«, seufzte Trixi, legte ihren Kopf schief und schob ein bisschen irritiert nach: »Und du bist nicht verliebt?«

»Nein! Nein, ganz sicher nicht«, kam meine Antwort schneller aus mir herausgeschossen, als ich überhaupt über ihre ernstgemeinte Frage nachdenken konnte.

Ooohh nein, ich war ganz sicher nicht in Basti verliebt! Hatte Trixi mir denn in den vergangenen Stunden nicht zugehört? Ich war einzig und alleine in diesen krassen Sex verliebt! Nein, nein, nein, nein! Ich war auf gar keinen Fall und unter keinen Umständen in diesen Typen verliebt! Er passte vielleicht körperlich zu mir, aber charakterlich? Nein, oh nein! Er war faul, bescheuert, antriebslos, unberechenbar, absolut egoistisch, verwöhnt, ziellos und hatte einen verdammten Gucci-Glitzerohrring im Ohr. Basti war mein Lieblingspenis und ja, wenn man so wollte, dann hatte ich mich verdammte Scheiße in seinen Schwanz verliebt – aber mehr auch nicht!

*

Blöderweise zwang das Schicksal mich ein paar Wochen später dazu, mich dann doch mal mit all den Fragen, die ich in den letzten Monaten so erfolgreich von mir weggedrückt hatte, zu beschäftigen. Seitdem Trixi mir diese eine verdammte Frage gestellt hatte, konnte ich nicht mehr aufhören über Basti nachzudenken. Fast jeden Abend schrieb ich mir meine

Gedanken von der Seele, versuchte, Klarheit in das Chaos in meinem Kopf zu bringen und irgendwie das riesengroße Rätsel Basti zu lösen. Bis ich eines Tages endlich meinen Stift fallen ließ und mir sicher war, dass ich ihn und seinen Charakter jetzt wirklich durchschaut hatte. Das gab mir das Gefühl von Sicherheit zurück. Von meiner hobbypsychologischen Charakteranalyse erhoffte ich mir vor allem Selbstschutz: Wenn ich ihn durchschaute, dann konnte er mich mit seinem unberechenbaren Verhalten nicht mehr verletzen, weil ich vermutete, dass selbst in der Unberechenbarkeit ein Muster zu erkennen war.

Blöderweise verspielte ich mir meinen Vorteil beim nächsten Treffen ein paar Tage später direkt, als Basti mal wieder sagte, dass ihn niemand durchschauen konnte.

»Meinst du?« Ich musste grinsen, schließlich war ich der überheblichen Meinung, dass ich das längst getan hatte.

»Ich weiß, dass du denkst, dass du mich durchschaut hast, aber das hast du nicht«, sagte er.

»Ich hab' mir meine Gedanken dazu gemacht und ich glaube doch, dass ich ganz gut Bescheid weiß.«

»Dann erzähl mal«, sagte er und wirkte dabei nicht mal verunsichert. Er ließ sich selbstgefällig in seinen Sessel fallen und zündete sich lässig eine Zigarette an.

»Du willst das doch gar nicht hören. Egal, was ich dir erzähle, du nimmst das doch eh nicht an«, ruderte ich wieder zurück. Zwar war ich mir sicher, dass ich eigentlich nicht falsch liegen konnte, aber ich war mir nicht sicher, ob es richtig war, ihm wirklich zu sagen, wie tief ich bereits in das komplizierte Konstrukt Basti eingestiegen war.

»Nein, mach«, ermutigte er mich mit einem selbstsicheren Grinsen.

»Gut, dann sag ich dir jetzt, dass ich glaube, dass du eigentlich echt ein cooler Typ bist, aber dass du die ganze Zeit nur schauspielerst. Du bist so selten du selbst, dass es manchmal echt anstrengend mit dir ist«, sagte ich und warf ihm einen Blick zu, um abzuchecken, ob sich seine Mimik bereits verändert hatte: Er sah mich weiterhin mit seinem selbstsicheren Grinsen an.

»Und ich glaube auch, dass du so schnell niemanden lieben kannst, weil du einfach selbst noch nie richtig geliebt wurdest. Ich habe das zwar noch nicht ganz verstanden und ich weiß auch ganz sicher nicht alles, aber alles, was ich weiß, zeigt, dass dir deine Erziehung und dein ganzes Umfeld nicht wirklich gutgetan haben. Weil du dich ausschließlich mit Menschen umgibst, die du manipulieren und denen du irgendwas vorspielen kannst«, sagte ich ehrlich und bemerkte gar nicht, wie hart, schonungslos und übergriffig meine Worte klangen.

»Und das ist richtig scheiße, weil das eigentlich gar nicht du bist! Du bist so ein liebenswerter Mensch, Basti! Da steckt so viel in dir, so viel Witziges und Kreatives. Und was machst du? Spielst immer nur den reichen Typen, der für alle eine Flasche Champagner springen lässt. Und ich muss dir ganz ehrlich sagen, dass ich diesen Basti nicht leiden kann«, beendete ich meine Rede.

Basti huschte ein breites, ertapptes Grinsen über die Lippen, das ich noch sehr häufig von ihm zugeworfen bekommen sollte. Später erkannte ich, dass es seine Übersprunghandlung war, wenn ihn jemand tief in seinem Inneren getroffen hatte. Er brauchte ein paar Sekunden, um sich wieder zu fangen, dann glitzerte Kälte in seinem Blick auf.

»Das denkst du also?«, fragte er und lachte laut auf.

»Wie gesagt, ich weiß nicht alles. Aber alles, was ich bis jetzt gehört habe, hat mich zu diesem Ergebnis geführt, ja!«, zuckte ich mit den Schultern.

»Du weißt aber nicht alles«, sagte er, nahm einen tiefen Zug von seiner Zigarette und ergänzte: »Und du wirst es auch niemals erfahren! Es gibt Dinge, die weiß niemand über mich.«

»Aber das ist doch total dumm«, seufzte ich frustriert und zündete mir ebenfalls eine Zigarette an.

Dass es nicht dumm, sondern eben Bastis Form des Selbstschutzes war, verstand ich in diesem Moment nicht. Ich verstand auch nicht, dass ich viel zu weit gegangen und es unmöglich war, dass ich ihm diese harten Sätze entgegengeschmettert hatte. Dabei hatte ich sie nicht mit einer bösen Absicht gesagt, eigentlich wollte ich ihm nur mal sehr deutlich aufzeigen, dass er sich auch für seine andere Seite, für die ehrlichere, bessere Version von sich selbst entscheiden konnte.

Kurz nach dem Gespräch landeten wir wieder miteinander im Bett: Er war gröber als sonst, es war ein leidenschaftlicher, aber harter Fick, der dafür sorgte, dass ich am nächsten Tag kaum laufen konnte und blaue Flecken meine Oberschenkel und meine Pobacken zierten. Mich machte das an, deshalb sah ich darin wohl auch keine tiefere Bedeutung und rollte mich nach der Nummer zufrieden und entspannt neben ihn auf die Seite. Wir lagen einfach nur da, dösten etwas vor uns hin und genossen die Nachwirkungen des Orgasmus, was für eine friedliche Stimmung zwischen uns sorgte.

»Aber was ich ja erstaunlich finde«, sagte er in die Stille hinein und fuhr nachdenklich fort: »Du bist die einzige Frau, mit der ich so offen über alles reden kann und die nicht nur das Arschloch in mir sieht.«

Ich lächelte. Dass er das sagte, erfüllte mich – schließlich war es mir ein großes Anliegen, die beste Seite in ihm zu füttern.

*

Hätte ich in diesem Moment bereits verstanden, dass ich mit meinem Verhalten, meinen Worten und meinen eigenen Ängsten auch die schlechtesten Seiten in ihm fütterte, wäre es vermutlich nicht zu der Dynamik gekommen, die sich daraus entwickeln sollte. Denn seine Reaktion auf meine Ansprache, bei der ich seine Schutzmauern zwar unwissentlich, dafür aber nicht weniger respektlos niedergerissen hatte, sollte nicht lange auf sich warten.

Sie kam ausgerechnet in einem Moment, in dem ich mich in größter Sicherheit wiegte. Denn nach dem letzten Treffen war ich nicht mit einem schlechten Gefühl ins Auto gestiegen, sondern sogar mit einem sehr guten: Ich fand es toll, dass wir so ehrlich zueinander sein konnten, dass ihm meine Meinung wichtig war, dass er die Gespräche mit mir so sehr genoss – von mir aus hätte das ewig so weitergehen können.

Doch es ging nicht weiter. Ganz plötzlich meldete Basti sich nicht mehr bei mir, antwortete nur knapp auf meine Nachrichten, verschob unsere Treffen, bis ich ihn irgendwann anbetteln musste, dass ich endlich wieder vorbeikommen durfte, weil ich meinen Lieblingspenis so sehr vermisste. Als ich nach einer stressigen Woche in der Uni endlich auf Bastis Couch saß, merkte ich, dass irgendwas anders zwischen uns war. Schon im Flur bat er mich darum, leise zu sein, statt wie üblich in Jogginghose empfing er mich in Jeans, statt mit einem Klaps auf den Po begrüßte er mich mit einer freundschaftlichen Umarmung. Das fand ich merkwürdig. Der ganze Abend verlief völlig anders, als ich es mir zu diesem Zeitpunkt erhofft hatte.

»Du kannst hier aber nicht schlafen«, sagte er irgendwann, ohne mir in die Augen zu blicken. Ich hatte inzwischen die Hundehaare auf seinem Sofa studiert, die vorher nie da gewesen waren.

»Warum?«, fragte ich ihn mit großen Augen.

Er sah auf den schwarzen Tisch, der vor ihm stand und pfriemelte an irgendetwas herum: »Das geht einfach nicht!«

»*Ähm*, Basti ... *Wa-rum*?«, fragte ich völlig irritiert.

»Na ja, du hast doch gesagt, dass ich niemanden lieben kann und jetzt glaube ich, dass ich jemanden kennengelernt habe, bei dem ich das doch kann«, sagte er, ohne mich dabei anzuschauen.

Es war ein schmerzhafter Stich, der mein Herz durchfuhr.

»Deine Nachbarin«, kombinierte ich innerhalb von Millisekunden. Ich kämpfte mit den Tränen, wollte ihm meine Enttäuschung aber nicht zeigen: »Das freut mich für dich«, presste ich irgendwie zwischen meinen Lippen hervor und versuchte, die Zeit, in der diese Worte zwischen uns hingen, zu nutzen, um die Kontrolle über meine Tränenkanäle zurückzugewinnen.

Seine Worte trafen mich an einer meiner verletzlichsten Stellen – er hatte sich gegen mich, die Frau, mit der er so gut reden konnte, und für eine andere entschieden. In dem Moment wusste ich nicht, dass er damit nur eine klaffende Wunde unter meiner Brust aufriss, die dort schon viel länger herumeiterte, als ich es mir eingestehen wollte. Wie tief mich seine Worte trafen, sollte er trotzdem unter keinen Umständen mitbekommen. Ich war immer die starke, unabhängige, witzige Julie gewesen – dass ich diese Frau jetzt gerade nicht mehr sein konnte, wollte ich ihm nicht zeigen. Diese Blöße wollte ich mir nicht geben.

Er lächelte mich versöhnlich an und nahm mich in den Arm: »Aber wir müssen auf jeden Fall Freunde bleiben, weil ich dich als Mensch wirklich schätzen gelernt habe.«

Ich nickte tapfer, zwang mir ein Lächeln auf die Lippen und sagte mit ironischem Unterton: »Ja, ich find dich auch ganz ok.« Dann rollten mir doch Tränen über die Wangen, die ich allerdings geschickterweise auf Leon schob, der mir angeblich mal wieder das Herz gebrochen hatte. *Pah*, ich war die schamloseste Lügnerin aller Zeiten.

Als ich mich an diesem Abend von ihm verabschiedete, umarmte er mich noch einmal und sagte: »Fahr vorsichtig und schreib mir, wenn du zu Hause bist.« Das hatte er vorher noch nie gesagt. Als die Tür ins Schloss gefallen war, fing ich an zu heulen. Es waren keine einzelnen Tränen, es waren Sturzbäche, die über meine Wangen flossen, begleitet von einem erschütterten Schluchzen, das aus meinem tiefsten Inneren kam. Ich setzte mich ins Auto und fuhr bei Regen mit 180 Stundenkilometern, dramatischer Liebeskummermusik und einem gebrochenen Herzen nach Hause: *Fuck, ich war doch verliebt in ihn!*

Kapitel 5:
Die Nummer mit der
toxischen Beziehung

Lieber Basti,

du warst die schmerzhafteste Lektion meines Lebens, denn während ich dabei war, deinen wahren Kern zu finden, habe ich mich selbst verloren.

Es hat lange gedauert, bis ich das mit uns verstanden habe, und es tut mir heute unfassbar leid für uns beide, dass wir uns das gegenseitig angetan haben.

Bis vor Kurzem dachte ich noch, dass ich dich für immer vermissen werde, dass ich immer wieder zu dir zurückkehren würde.

Ich dachte, dass ich dir noch so viel zu sagen habe. Aber jetzt ist da eigentlich nur noch eins, was ich sagen will: Danke und mach's gut.

Deine Julie

P.S.: Ok, vielleicht ist mir noch was eingefallen: Den Sex mit dir werde ich wahrscheinlich wirklich für immer vermissen!

»Hey, Julie, wo ist denn dein Freund? Ich dachte, du bringst heute endlich mal einen mit«, stichelte mein Onkel scherzhaft, als er mich mit meinem Glas Prosecco in der Hand frustriert auf der Couch meiner Großeltern sitzen sah.

»Tja, das frage ich mich auch seit Jahren. Ich glaub, der wollte nur mal Zigaretten holen«, versuchte ich, eine kecke Antwort zu geben, und stürzte das halbvolle Glas hinunter. Es war genau zwei Tage vor Heilig Abend – meine Großeltern feierten ihre Goldene Hochzeit. Ich hatte mich in ein schwarzes, kurzes Kleid geschmissen, mir meine Haare gelockt und meine Lippen rot geschminkt, um auf den Familienfotos wenigstens gut auszusehen, auch wenn ich mich nicht gut fühlte. Seitdem Basti die Sache mit uns beendet hatte, klaffte eine offene Wunder unter meiner Brust. Dass ich nun mit meiner ganzen Familie die Liebe feiern sollte, stimmte mich melancholisch. Dass es ausgerechnet mir so schwerfiel, die große Liebe zu finden, war ziemlich paradox, in Anbetracht der Tatsache, dass eigentlich alle Paare in meiner Familie bis heute immer noch verheiratet waren. Julie Schmidt, die Frau mit den gesündesten Vorbildern in Sachen Beziehung, bekam es einfach nicht auf die Kette, eine Person zu finden, die sie nicht nur gerne vögelte, sondern die sie auch mal mit zu einer Familienfeier schleppen konnte. Und genau das wurde mir bei jedem Geburtstag oder Jubiläum nicht boshaft, aber leicht vorwurfsvoll vor Augen geführt.

Meine schlechte Laune versuchte ich an diesem Abend erst mit Prosecco aufzuhellen, dann mit Wein und Schnaps. Tatsächlich heiterte mich der Alkohol etwas auf, also griff ich nach meinem Handy und postete bei Instagram ein paar Impressionen des feuchtfröhlichen Abends. Nur wenige Sekunden später vibrierte mein iPhone auf dem Tisch. Ich warf einen gleichgültigen Blick drauf und schreckte innerlich zusammen: Da stand Bastis Name auf dem Display.

Mein Herz fing an zu pochen, das Adrenalin schoss mir durch die Venen, mir wurde gleichzeitig heiß und kalt – seine Nachricht löste maximalen Stress in mir aus. Dabei war es nicht die erste Nachricht, die ich seit unserem letzten Treffen von ihm bekommen hatte. Basti und ich hatten uns schließlich darauf geeinigt, dass wir Freunde bleiben wollten.

>>*Hey, Kleene! Geht es dir gut?*<< Seine Worte lösten einen heftigen Sturm unter meiner Brust aus. Ich sprang hektisch auf und flüchtete nach draußen, weil ich dringend Nikotin brauchte und merkte, wie sich meine Tränenkanäle mal wieder füllten. Mit jedem Zug an meiner Zigarette beruhigte sich der Sturm langsam wieder, dann tippte ich los. Die richtigen Buchstaben zu treffen fiel mir nicht leicht, weil ich bereits ziemlich betrunken war.

>>*Jaaaaa, ich feiere mit den zwei besten Männern dieser Erde! Meinem Papa und Jaaaaaack.*<<

Basti antwortete sofort: >>*Wer ist Jack? Schämst du dich nicht, dass du nach mir so schnell einen anderen gefunden hast? Er wird eh niemals so sein wie ich!*<<

Idiot! Der dachte wirklich, dass ich ihn einfach so ersetzt hatte. Ich kicherte, drückte meine Zigarette aus und schickte ihm dann zur Beruhigung ein Foto von mir, auf dem ich die Jack Daniels Flasche küsste.

Darauf bekam ich keine Antwort. Aber das war mir auch egal. Basti war doch eh weg, wieso schrieb er mir überhaupt noch Nachrichten? Er hatte sich doch sowieso gegen mich entschieden, da brauchte er jetzt auch nicht auf gute Freunde machen. Und eifersüchtig werden musste der Idiot schon mal gar nicht! Er war doch gegangen, weil er eine Bessere gefunden hatte. Ich litt hier seit Wochen schlimmste Qualen und betäubte mich mit Alkohol, weil er mein Herz als Trümmerfeld hinterlassen hatte.

Paradoxerweise lösten meine traurigen Gedanken einen lebhaften Aktionismus in mir aus: Fast jedes Mal, wenn meine Welt zusammenbrach, bekam ich den Drang, auf den brennenden Trümmern zu tanzen. Also schmiss ich mein Handy achtlos auf die Couch, torkelte zur Musikanlage, machte Udo Lindenbergs »Ein Herz kann man nicht reparieren« an und drehte die Boxen auf. Es war mal wieder Zeit, die Anwesenden mit der altbekannten Julie-Schmidt-Show zu beglücken. Alle Blicke richteten sich auf mich, ich lachte. Dann kletterte ich auf die Treppe und sang mit ausladenden Gesten und schräger Stimme mit. Meine Familie überraschte das nicht, so liefen die Familienpartys im Hause Schmidt meistens ab. Die Musik wurde aufgedreht, dann wurde getanzt, gelacht, gesungen, als gäbe es kein Morgen mehr – *gegen unsere Partys war jeder fancy Berliner Club ein Witz.*

Nach einer halben Stunde ließ ich mich völlig aus der Puste auf die Couch neben mein Handy fallen: Den kurzen Wortwechsel mit Basti hatte ich schon wieder vergessen, ich wollte eigentlich nur die Uhrzeit checken, fand jedoch eine weitere Nachricht von ihm.

Basti: >>*Immer noch blau?*<<

Ich lachte. Natürlich war ich immer noch blau. Ich hatte sicherlich zwei Flaschen Prosecco, etliche Ramazotti und Grappa und bestimmt eine halbe Flasche Jack Daniels intus. Dass meine Eltern noch keinen Krankenwagen gerufen hatten, war ein Wunder und nur meiner guten Kondition zu verdanken, die ich mir in den letzten Tagen angetrunken hatte.

>>*Ja. Komm mal vorbei!*<<, tippte ich, ohne zu denken, dass er wirklich kommen würde. Ehrlicherweise dachte ich in diesem Moment gar nichts. Ich dachte nicht daran, dass Basti eigentlich der Typ war, wegen dem ich mich überhaupt betrinken musste, nicht an meinen Liebeskummer, nicht an seine Nachbarin und auch nicht daran, dass sie mir mein Lieblings-Sexspielzeug weggenommen hatte.

Und dann bekam ich eine weitere Nachricht von ihm: >>*Ok, fahr jetzt los.*<<

Mein Herz raste. Er würde was? Er würde vorbeikommen? Das konnte ich nicht glauben. Ich glaubte wirklich nicht daran, vielleicht weil es absolut absurd war, dass er auf der Familienparty seiner Ex-Fick-Affäre vorbeischauen wollte, vielleicht aber auch, weil ich tief in mir nicht glauben konnte, dass ein Mann gerne Zeit mit mir verbrachte. Dahinter versteckte sich wohl eine Strategie, die mich schützen sollte: Wenn ich selbst nicht daran glaubte, dass mich jemand mochte, dann konnte mich ja auch keiner verletzten, indem er mich nicht mochte. Dieser Glaube sorgte auch dafür, dass ich es eigentlich seit dem ersten Treffen vermied, irgendwelche Bedingungen oder Erwartungen an ihn zu stellen.

Als mein Handy zwanzig Minuten später wieder aufleuchtete, stand eine weitere Nachricht von ihm auf dem Display: >>*Bin da, holst du mich ab?*<<

Ich sprang hektisch von der Couch auf und zitterte am ganzen Körper. Meine Mutter und meine Tanten sahen mich fragend an. »Oh mein Gott, Basti steht vor der Tür!«, verkündete ich geschockt und stürmte aus dem Raum, ohne mir meine Jacke zu greifen.

Es waren gerade mal zwei Grad, aber das spürte ich nicht, weil ich völlig unter Strom stand. Als ich um die Ecke zum Schotterparkplatz bog, auf dem Basti mich im Sommer zum ersten Mal abgeholt hatte, stolperte ich fast in ihn hinein. Er hatte ein Sixer Veltins in der Hand und lächelte. *Gott*, was hatte ich ihn vermisst! Die Tränen standen schon wieder in den Startlöchern, um gnadenlos aus meinen Augen zu schießen. Doch als ich ihm völlig betrunken und unüberlegt in seine Arme fiel und er mich fest darin einschloss, waren sie wieder vergessen.

»Du bist der beste Mann aller Zeiten«, quiekte ich und meinte es auch so.

»Danke«, lachte er und folgte mir zur Haustür.

Ich war so aufgekratzt, dass ich mehrere Versuche brauchte, um den Schlüssel ins Loch zu stecken – *gut*, vielleicht lagen meine Koordinationsschwierigkeiten auch an meinem bereits sehr hohen Alkoholpegel, aber vielleicht wurden sie auch durch den Stress ausgelöst, der durch Bastis Anwesenheit in mir ausgebrochen war.

Die darauffolgenden Minuten hätten absurder nicht sein können, zumindest für mich. Für jeden Menschen mit einem gesunden Selbstwert, wären sie vermutlich ziemlich selbstverständlich gewesen. Denn als Basti mit seinem Sixer Veltins unterm Arm das Wohnzimmer betrat, winkte er freundlich in die Runde und begrüßte meine Familie mit den Worten »Hey, ich bin Basti!«

Bis zu diesem Abend war er meinen Eltern nicht ein einziges Mal begegnet. Warum auch? Wir hatten schließlich nur eine Affäre, und die lud man eben nicht zum Sonntagsessen ein. Das hinderte ihn aber nicht daran, von der ersten Sekunde an einen Verbündeten unter den Anwesenden zu finden: Mein Papa und er verstanden sich prächtig. Das wunderte mich fast noch mehr als die Tatsache, dass er gerade in unserem Wohnzimmer stand. Denn natürlich hatte mein Papa in den letzten Wochen einige meiner Heulkrämpfe mitbekommen. In dem Moment schien seine Wut darüber, dass ein Typ seiner Tochter das Herz gebrochen hatte, allerdings wie verflogen.

Er spannte mir Basti innerhalb der ersten Zigarettenlänge aus. Mein Vater machte ironische Witze über mich, erklärte ihm, dass er ganz genau wusste, dass ich manchmal ziemlich anstrengend sein konnte: »Aber eigentlich ist sie gar nicht so scheiße, wie sie selbst immer tut«, versicherte er und klopfte Basti anerkennend auf die Schulter, weil er es mit mir aushielt. Ich verdrehte die Augen – das war wirklich eine Frechheit, *aber irgendwie auch ziemlich süß.*

»… und dann dieses ständige Diskutieren. Alles muss Julie bis ins letzte Detail auswerten, wie hältst du das aus?«, fragte mein Papa irgendwann an Basti gerichtet.

»Oh ja, das ist echt anstrengend. Immer muss sie das letzte Wort haben«, nickte er nun heftig und grinste. Ich war so empört darüber, dass sie sich so gut verstanden und dazu auch noch gegen mich verbündet hatten, dass ich bei Bastis nächster Neckerei in meine Richtung, ausholte und ihm meine flache Hand gegen den Bauch haute.

»Jetzt lass den armen Jungen doch mal«, kommentierte mein Papa den Versuch, Basti zum Schweigen zu bringen.

Doch der drehte sich zu mir um und grinste: »Schon okay, ich weiß, wie ich mit ihr umgehen muss.«

Es waren nicht nur seine Worte, die in meinen Ohren so bedeutungsvoll klangen, sondern auch dieser weiche Ausdruck in seinem Blick, der mich für einen kurzen Moment daran glauben ließ, dass Basti und ich doch noch eine Chance hatten. Er stand hier verdammte Scheiße inmitten meiner Familie und sah mich so liebevoll an, dass mir gar nichts anderes übrig blieb, als daran zu glauben, dass wir zueinander gehörten und jetzt vielleicht doch alles gut werden würde.

Alleine bei dem Gedanken an ein mögliches Happy End brachen ganz plötzlich meine Tränendämme. Ich drehte mich auf dem Absatz um und rannte zur Toilette, heulte da ein paar Lagen Klopapier voll und schlich zurück auf den Balkon. Die beiden standen immer noch da. Als sie mich erblickten, prosteten sie sich zu, bevor sich mein Vater ins Wohnzimmer verzog.

Basti legte seinen Kopf schräg und wischte mir mit einem Lächeln auf den Lippen meine Tränen von der Wange: »Du sollst nicht weinen, was sollen deine Eltern denn denken? Ich komm hierher und du fängst an zu heulen«, sagte er mit einem sanften Unterton in der Stimme. Ich musste lachen und gleichzeitig noch mehr weinen, weil mich die Situation so überforderte.

Als meine Tränen getrocknet waren, platzierte Basti mich auf dem großen Esstisch, der auf unserer Terrasse stand, griff nach meinen Händen und lehnte sich gegen mich.

»Warum hast du jetzt gerade so geweint?«, fragte er und fuhr liebevoll mit dem Daumen über meine Finger.

»Habe ich gar nicht!«, versuchte ich lächerlicherweise, meinen Tränenausbruch zu leugnen.

»Ich weiß warum«, sagte Basti und zündete sich eine Zigarette an.

»Weißt du gar nicht!«, schüttelte ich energisch den Kopf. *Pfft*, ich wusste selbst ja nicht mal wirklich, warum ich geweint hatte, wie wollte er das denn dann wissen?

»Meinst du, ich habe nicht gemerkt, dass du dich in mich verliebt hast?«, sagte er liebevoll und strich mir über meine Wange.

Ich sah ihm in seine braunen Augen. Für einen kurzen Moment fand ich darin Wärme, Sicherheit und Geborgenheit. Trotzdem schüttelte ich mit dem Kopf: Wie sollte er das bitte gemerkt haben, wenn es mir selbst erst klar geworden war, als ich seine Wohnung längst verlassen hatte?

»Habe ich gar nicht«, stritt ich seine Vermutung ab. Ich konnte es ihm nicht sagen, es machte mir zu große Angst zuzugeben, dass da Gefühle waren. Nicht nur weil ich eine Zurückweisung nicht ertragen konnte, sondern weil es mir mindestens genauso große Angst machte, was passieren würde, wenn er die Gefühle erwiderte.

Basti legte seine Arme um mich und schloss mich wieder darin ein, ehe er sein Kinn auf meinen Kopf legte und flüsterte: »Du brauchst jetzt nicht mehr lügen, Julie.«

Ich brach erneut in Tränen aus. Ich wollte nicht, dass er das wusste. Er hatte sich doch gegen mich und für seine Nachbarin entschieden, er hatte mir bereits am Anfang gesagt, dass ich mich nicht in ihn verlieben durfte, worauf ich ihm angekündigt hatte, dass ich von einer Brücke springen würde, bevor ich mich noch mal verliebte. Und jetzt sollte ich ihm offenbaren, dass ich nicht stark genug gewesen war, ihm zu widerstehen, und nicht mal die einzige Abmachung einhalten konnte, die wir jemals getroffen hatten?

Meine Tränen tropften auf seine Schulter, dann schluchzte ich leise auf, wischte sie mir tapfer von den Wangen und sah ihn mit verzweifeltem Blick an: »Ich bin gar nicht verliebt in dich. Das ist nur eine … Verirrung. Ich denke das nur, weil das mit uns alles so gut gelaufen ist und weil wir uns so gut verstehen.« Ihm huschte ein verständnisvolles Lächeln über die Lippen, dann legte er seine Hände an meine Wangen.

Es war der perfekte Hollywood-Moment: Am Himmel funkelten die Sterne um die Wette, es war kurz vor Weihnachten. Wir standen, nach ein paar Wochen des Liebeskummers, in denen ihm und mir hätte auffallen können, dass wir eigentlich doch zusammengehörten und wir uns beide ineinander verliebt hatten, auf der Terrasse meines Elternhauses. Der Moment war so magisch und so dramatisch zugleich, dass er in jedem Film nur noch von einem Kuss oder den Worten »Ich habe mich auch in dich verliebt« gekrönt werden musste, ehe der Regisseur zufrieden »Cut« geschrien und begeistert in die Hände geklatscht hätte.

Doch das hier war kein Hollywood-Streifen, das war mein Leben. Im Skript meiner Realität standen andere Worte, die Basti mir im nächsten Moment mit sanfter Stimme, dafür aber nicht weniger brutal entgegenschmetterte: »Das geht aber nicht! Wir können nicht zusammen sein. Ich bin schlecht für dich!«

Ich sah ihn fassungslos und mit großen Fragezeichen in meinen feuchten Augen an. Wieso dachte er das? Wieso glaubte er, dass er nicht gut für mich war? Ich konnte es nicht verstehen, weil seine Worte und seine Taten einfach nicht zusammenpassten.

Erst später verstand ich, dass an diesem Abend eigentlich gar nichts zusammenpasste: Nicht nur, weil Basti extra auf eine Familienfeier gekommen war, um mir erneut zu sagen, dass es mit uns nicht funktionierte. Nicht nur, weil Basti seit ein paar Wochen eine Freundin hatte und es deshalb völlig unangebracht war, dass er mich so liebevoll in seine Arme zog und mit mir diskutierte, warum wir nicht zusammen sein konnten.

Nicht nur, weil er sich wie der fürsorglichste Mensch dieser Erde verhalten und dafür gesorgt hatte, dass ich mich in seinen Armen wieder so geborgen fühlte, um mir dann erneut zu sagen, dass es mit uns einfach nicht funktionierte, und er nicht gut für mich war.

*

Vielleicht sollte ich an dieser Stelle mal kurz eine Einführung in den Julie-Schmidt-Psychologie-Grundkurs I geben. Denn mit dem rationalen Verstand konnte man kaum nachvollziehen, wieso Basti und ich immer wieder in ähnliche Situationen reingerieten, immer wieder die gleiche Diskussion führten und trotzdem in den nächsten zwei Jahren nicht voneinander ablassen konnten.

Dabei ist die Erklärung gar nicht so kompliziert: Basti und ich griffen wie zwei Puzzleteile ineinander. Unsere Charaktereigenschaften, unsere Ängste, unsere verletzlichsten Stellen ergänzten sich nicht nur, sie füllten uns gegenseitig die Löcher in unseren Seelen aus. Und das ließ uns glauben, dass wir uns gegenseitig brauchten.

Vielleicht hätten wir es irgendwie geschafft, voneinander loszukommen, wenn unsere Geschichte an dem kalten Dezemberabend, an dem er mir zum ersten Mal sagte, dass er sich für eine andere Frau entschieden hatte, vorbei gewesen wäre. Vermutlich hätte ich ein bisschen um seinen Schwanz geweint, hätte vielleicht für immer unserem grandiosen Sex hinterhergetrauert, hätte mich nach seinem Charme und Witz gesehnt, hätte in meinem Herzschmerz gebadet, mich meinem Selbstmitleid hingegeben und wäre dann nach ein paar Wochen oder vielleicht auch erst nach ein paar Monaten ins Leben zurückgekehrt, um mich auf die Suche nach meinem echten Traummann zu machen. Allerdings war die Sache mit Basti noch lange nicht vorbei, der wirklich schmerzhafte Teil fing in diesem Abend erst richtig an.

Dafür muss ich jetzt etwas ausholen: Was für ein Mensch wir werden, welche Stärken und Schwächen wir haben, was uns Angst macht, was uns glücklich macht und wie wir mit anderen Menschen umgehen, ist kein Zufall. Vielmehr ist es eine komplexe Mischung aus genetischen Veranlagungen, aus unserem sozialen Umfeld, aus der Erziehung, die uns unsere Eltern mitgegeben haben und den Erfahrungen, die wir in unserem Leben bisher gemacht haben. Ein Großteil der Grundlagen unseres Denkens und des daraus resultierenden Verhaltens wird bereits in der frühesten Kindheit festgelegt. Die guten und schlechten Erfahrungen, die wir als schutzbedürftiges Kleinkind machen, spulen wir unbewusst auch als Erwachsene immer wieder ab: Mini-Julie sitzt auch heute noch unter meiner Brust und bewirft andere mit Sand, wenn sie ihr wehtun.

Diese Erfahrungen sind in Form von Verhaltensweisen, Glaubenssätzen und Schutzstrategien in uns verankert und lassen uns auch als Erwachsene manchmal wie kleine Kinder handeln, obwohl wir es auf der rationalen Ebene viel besser wüssten. Besonders gerne kommen sie zum Vorschein, wenn wir in Situationen geraten, die uns Angst machen. Dann spulen wir die Mechanismen ab, die wir als Kinder gelernt haben, um uns zu schützen. Diese alten Ängste haben häufig Auswirkungen darauf, wie wir uns in Beziehungen verhalten, mit wem wir uns eine Liebesbeziehung vorstellen können, womit wir unsere Partner verletzen und womit wir selbst verletzt werden können.

Blöderweise lösten Basti und ich sehr häufig Angst ineinander aus: manchmal, weil wir uns zu nah kamen; an anderen Tagen, weil wir uns voneinander entfernten. Im Kern einte uns die Panik, dass wir jemanden verlieren könnten, der uns verdammt wichtig war. Allerdings lebten wir das ganz unterschiedlich aus: Während Basti meistens den Flüchtigen spielte und sofort wegrannte, wenn ich ihm emotional zu nah kam, spielte ich den Klammeraffen und fühlte mich erst recht zu ihm hingezogen, wenn er mich von sich wegschubste.

Wir funktionierten wie zwei Magneten, die immer mal ihre Pole änderten, sich letztendlich allerdings nicht gegen ihre Anziehung wehren konnten. Denn natürlich hatte diese Nähe zwischen uns auch etwas Gutes: Sie stopfte für eine gewisse Zeit die tiefen Löcher in unserem Selbstwertgefühl und konnte abhängig machen wie eine Droge.

*

Und genau in so einer Abhängigkeit waren Basti und ich längst gefangen. Deshalb sah ich ihn verzweifelt an, als er mir offenbarte, dass das mit uns nicht funktionieren würde.

Ich zog mein Gesicht aus seinen Händen und fragte ihn aufgebracht: »Warum zur Hölle funktioniert das denn nicht?«

»Ich bin nicht gut für dich!«, erklärte er und verschränkte seine Finger in meinen.

»Doch, bist du!«, versicherte ich ihm und kniff meine Augen zusammen, weil ich überhaupt nicht verstand, wie dieser perfekte Moment unter dem glasklaren Sternenhimmel so eine beschissene Wendung nehmen konnte.

»Nein, das passt alles nicht mit uns«, sagte er, ließ mich aber immer noch nicht los.

»Doch!«, entgegnete ich trotzig und riss ihm wütend meine Hände aus seinen.

»Nein, ich bin ein schlechter Mensch!«, erklärte er mir traurig und blickte verschämt auf den Boden.

Die Tränen rannen mir über die Wangen. Ich war wütend: Wieso konnte er nicht sehen, wie liebenswert er war? Deshalb antwortete ich: »Das ist ganz große Scheiße, Basti! Das stimmt nicht! Du bist das Beste, was mir seit Jahren passiert ist!«

Statt auf mich einzugehen, schüttelte er den Kopf und sagte wie paralysiert: »Das geht einfach nicht mit uns.«

»Ja, wegen deiner scheiß Nachbarin«, rutschte es mir hitzig raus.

Seine Antwort überraschte mich: »Nein, man! Das hat mit der gar nichts zu tun, die ist mir doch egal. Ich pfeife auf sie. Sie ist einfach nicht du!« Jetzt verstand ich gar nichts mehr! Auf meiner Stirn bildeten sich große imaginäre Fragezeichen: Wenn es nicht an ihr lag, woran lag es dann? Wenn er doch hier stand und meine Hände hielt, wo war dann das Problem?

Basti kam wieder einen Schritt näher und griff erneut nach meinen kalten Fingern: »Gib mir noch zwei, drei Jahre, Julie. Dann geht das vielleicht. Eigentlich wärst du die perfekte Frau für mich: Du bist witzig, du bist intelligent, du bist hübsch, du bist so liebevoll, aber ... Jetzt gerade geht das einfach nicht mit uns, ich bin schlecht für dich.«

Ich hörte seine Worte, dass es mit uns nicht funktionierte, dass wir keine Beziehung führen konnten, dass er ein schlechter Mensch war, aber sie drangen nicht bis zu meinem Verstand durch. Stattdessen erreichten die Worte, dass es jetzt gerade nicht gehe, aber dass ich eigentlich doch die perfekte Frau für ihn sei und wir es in ein paar Jahren versuchen könnten, direkt mein optimistisches Herz.

Ich sah in seine Augen, in denen sich Traurigkeit spiegelte. Ich interpretierte sie als Zeichen dafür, dass er wirklich gerne wollte, aber aus irgendwelchen Gründen eben nicht konnte – und das brach mir das Herz. Ich glaubte, dass er die Sache mit uns nicht zulassen konnte, weil er Angst davor hatte, was passieren würde, wenn er sich auf jemanden einließ, der so viel über ihn wusste. Was ich dabei nicht bemerkte, war die Tatsache, dass ich meine eigene größte Angst auf ihn projizierte. Basti war der Spiegel, in den ich so lange nicht hatte schauen wollen. Seinen Schmerz konnte ich erkennen, meinen eigenen nicht. Seine Worte konnte ich hören, interpretierte sie aber auf Basis meiner Sicht auf die Welt.

Es dauerte ein paar Sekunden, bis ich etwas erwidern konnte. Es überforderte mich, seinen widersprüchlichen Argumenten zu folgen. »Aber dann ... dann ... können wir ja doch zusammen sein«, stotterte ich und versuchte zusammenzufassen, was ich aus seinen Sätzen herausgefiltert hatte.

Basti blieb für einen Moment still: Er guckte mich mit treuen Augen an, über seine Lippen huschte das gleiche verlegene Lächeln, das er mir zugeworfen hatte, nachdem ich ihm die beschissenen *Star Wars*-Flaschen geschenkt hatte.

Dann verdüsterte sich sein Blick: »Nein, können wir nicht. Ich bin einfach ein Arschloch, und das wirst auch du nicht ändern können, Julie Schmidt!«

Jetzt wurde ich sauer. »Ja, total, du bist ein richtiges Arschloch«, seufzte ich ironisch und verdrehte die Augen.

»Es ist einfach so! Ich bin ein Arsch, niemand kann mich einfangen!«, philosophierte er.

»Wie kann man nur so eine Einstellung zu sich haben? Was ist in deinem Leben falsch gelaufen, dass du dich selbst so siehst?!«, fragte ich ihn aufgebracht.

»Tja, das wirst du niemals herausfinden! Das wird niemals jemand herausfinden«, sagte Basti und zündete sich lässig eine Zigarette an. Ich beobachtete ihn dabei, wie er einen tiefen Zug nahm und nervös den Rauch auspustete. Dann atmete ich einmal tief durch und ging einen Schritt auf ihn zu.

»Aber wenn es dich doch so beschäftigt, warum willst du darüber denn nicht reden?«, fragte ich behutsam.

»Weil das niemand weiß und niemals jemand erfahren wird!«, donnerte er mir entgegen, taxierte mich mit seinem kalten Blick und schob eiskalt nach: »DU schon mal gar nicht!«

Obwohl mich seine Worte hätten treffen sollen, taten sie es nicht. Mir huschte ein verständnisvolles Lächeln über die Lippen: »Du musst ja auch nicht mit mir darüber reden, wenn du es nicht willst. Aber es beschäftigt dich ja, also solltest du es mit jemand anderem tun.«

Er lachte bitter auf, nahm noch einen tiefen Zug und ließ seinen Kopf in den Nacken fallen. »Ich hab einfach keine Eier in der Hose!«, stellte er fest. »Ich hab auf diesen ganzen Scheiß überhaupt keine Lust! Ich habe keine Lust, die Firma meiner Eltern zu übernehmen und deswegen mache ich auch nichts dafür. Ich habe keine Lust auf das Studium, ich habe keine Lust, immer nur der reiche Typ zu sein, ich habe keine Lust, immer den Erwartungen anderer entsprechen zu müssen. Aber anstatt irgendwas anderes zu machen? Geh ich lieber Feiern, sauf mir einen, vögele mit irgendwelchen Frauen, die mir absolut nichts bedeuten und lieg den ganzen Tag nur rum«, seufzte er.

»Dann musst du eben das machen, was du wirklich machen willst«, antwortete ich vorsichtig, weil ich wusste, dass er genau das eigentlich nicht hören wollte.

»Du willst mir jetzt mal wieder sagen, dass ich doch Kunst hätte machen sollen. Du hast Recht: Das ist das Einzige, was mich glücklich macht und du bist die Einzige, die das erkannt hat. Aber das geht nicht! Das Leben läuft so eben nicht! Man kann nicht immer das machen, was man will, auch wenn man weiß, dass das eigentlich das Richtige für einen wäre«, platzte es aus ihm heraus. Ich vermutete, dass er damit nicht nur die Kunst, sondern auch uns meinte.

»Doch kann man, wenn man irgendwann mal glücklich werden will!«, protestierte ich aufgebracht.

»Ich werde doch sowieso niemals glücklich, Julie«, schleuderte er mir hitzig entgegen.

»Warum denn nicht?«, diskutierte ich aufgewühlt weiter und riss meine Arme verzweifelt in die Höhe. Wir drehten uns im Kreis: Hier stritten gerade nicht zwei Erwachsene miteinander, sondern zwei Kleinkinder.

Über seine Kindheit hatten wir oft gesprochen. Basti hatte mir schon Monate zuvor, in der Nacht als sich herausgestellt hatte, dass er sich eigentlich für van Gogh hielt, erzählt, dass er in Kolumbien aufgewachsen war und dort die ersten sechs Jahre seines Lebens alleine verbracht hatte.

Seine Mutter war nach Deutschland abgehauen, um für sie zwei ein besseres Leben aufzubauen. Doch bis das soweit war, hatte sie ihn jahrelang bei seinen Verwandten geparkt und war dann ganz plötzlich aufgetaucht, um ihren Sohn in ein gemachtes Nest zu setzen.

Für ihn war das Fluch und Segen zugleich: Er lebte plötzlich in einer Villa, wurde mit Geschenken, Geld und Aufmerksamkeit überschüttet, trotzdem fühlte er sich allein. Er kannte die Sprache nicht, er kannte die Kinder nicht, die mit ihm in einer Klasse saßen, er kannte die Spiele nicht, die sie spielten, er kannte das Land nicht, in dem er lebte, und er kannte auch die Frau und den Mann nicht wirklich, mit denen er in einem Haus wohnte.

Basti hatte gesagt, dass er seiner Mutter und seinem Stiefvater unglaublich dankbar dafür war, dass sie ihm die Chance auf ein völlig anderes Leben boten. Er hatte mir aber auch erzählt, dass er sich immer falsch in der neuen Welt fühlte, dass es ihm schwerfiel sich an die neuen Umstände zu gewöhnen, dass er eigentlich niemandem vertraute und immer Angst hatte, eines Tages wieder verlassen zu werden.

Das brach mein Herz. Ich fühlte Wut, weil ich mir gar nicht vorstellen konnte, wieso eine Mutter ihr Kind alleine ließ. Meine Eltern hatten mich auf Händen getragen, ich war lange der Mittelpunkt ihres Lebens gewesen. Gleichzeitig fühlte ich auch einen tiefen Schmerz, weil ich nachempfinden konnte, wie traumatisch es für ihn gewesen sein musste, als seine Mutter ihn verlassen hatte. Diesen Schmerz kannte ich selbst, weil meine Eltern mir zwangsläufig die ungeteilte Aufmerksamkeit entzogen hatten, als meine Schwester geboren wurde. In der fünfjährigen Julie löste das die irrationale Angst aus, dass sie ihre Eltern sicherlich verlieren würde.

Dieser Schmerz war es, der Basti und mich miteinander verband. Wir teilten ihn nicht nur, wir erkannten ihn an, akzeptierten, dass er da war und befreiten uns dadurch von dem Glauben und der schweren Last, die einzigen Menschen mit diesem Schmerz auf der ganzen weiten Welt zu sein. Das war der Schlüssel unserer Verbindung, die uns bis ins tiefste Mark berührte, die uns Geborgenheit schenkte, die wir niemals mehr verlieren wollten und die so intim war, dass sie uns gleichzeitig auch Angst machte. Denn indem wir zuließen, dass ein anderer von diesem Schmerz wusste, machten wir uns verletzlich. Indem wir uns sicher beieinander fühlten, fürchteten wir, dass uns diese Sicherheit wieder entzogen werden konnte. Indem wir einander vertrauten und darauf hofften, dass wir niemals mehr alleine sein müssten, stieg die Chance, dass sich unsere schmerzhafteste Erfahrung noch einmal wiederholen würde.

Wir beide glaubten, dass wir uns so nah gekommen waren, dass wir es wohl niemals verkraften würden, wenn einer den anderen verließ. Jedes Mal, wenn Basti das realisierte, entschied er sich dazu, sich zu schützen, indem er mich von sich wegdrückte. Denn natürlich konnte er mich nicht verlieren, wenn er mich gar nicht erst an sich heranließ. Deshalb stellte er mich vor seinen Freunden bloß, deshalb redete er mir immer wieder ein, dass ich gar nichts über ihn wusste und nicht mehr als eine Fickfreundin für ihn war; deshalb präsentierte er mir immer wieder andere Frauen; deshalb stieß er mich gerade in den innigsten Momenten immer wieder von sich weg.

Blöderweise brachten seine Versuche, mich auf Distanz zu halten, den gegenteiligen Effekt. Denn jedes Mal, wenn er mich von sich wegschubste, verstand ich sein Verhalten als Bestätigung dafür, dass ich weiter an ihm festhalten sollte. Verantwortlich dafür waren meine eigene Sturheit und das tief verankerte und natürliche Bedürfnis, den Menschen um mich herum zu helfen. Genauso wie meine unermessliche Loyalität und Empathie gegenüber anderen und der Fakt, dass ich es als persönliches Versagen empfand, wenn ich Basti nicht beweisen konnte, dass er bedingungslos und aufopferungsvoll von mir geliebt wurde.

*

Kommen wir nun zum Julie-Schmidt-Psychologie-Grundkurs II. Wenn jemand nicht besonders viel Liebe und Zuneigung in seinem Leben bekommen hat, dann fällt es ihm schwer, diese Liebe und Zuneigung in sich selbst zu finden, sie anderen Menschen entgegenzubringen und paradoxerweise auch, diese Liebe anzunehmen. Für Kinder können es traumatische Erlebnisse sein, wenn sie eben nicht die Liebe und Aufmerksamkeit bekommen, die sie benötigen, weil sie sich als schutzbedürftige Wesen einem Überlebenskampf ausgeliefert fühlen. Menschen, die so etwas als Kleinkinder erlebt haben, tun alles dafür, um nicht erneut in eine Abhängigkeit hineinzugeraten. Ein naheliegender Lösungsansatz ist es, den Spieß zum Beispiel einfach umzudrehen und andere von sich abhängig zu machen: indem sie Menschen absichtlich verletzen, manipulieren, anlügen, verwirren und demütigen.

Das tun sie aus mehreren Gründen: So können sie a) sicherstellen, dass sie die Kontrolle über die Situation behalten, b) garantiert dieses Verhalten, dass ihr Gegenüber geschwächt wird, weil der Verstand das ständige Hin und Her gar nicht so schnell verarbeiten kann und c) schaffen sie es dadurch häufig, den anderen an sich zu binden, weil er selbst so süchtig nach der emotionalen Achterbahnfahrt wird, dass ihm eigentlich keine andere Möglichkeit bleibt, als bei der Person zu bleiben, die das Chaos in ihnen anrichtet.

Tatsächlich gibt es für solche Menschen, die immer wieder zu Tricks greifen, um andere zu manipulieren, viele verschiedene Bezeichnungen: Die einen nennen sie beziehungsunfähige Arschlöcher, die anderen Narzissten. Wie auch immer man sie nennen mag, sie haben alle eins gemeinsam: Sie ticken anders als alle anderen. Sie begegnen anderen nicht emphatisch mitfühlend, sondern eher als berechnender Einzelkämpfer, der sich alles nimmt, was er in sich selbst nicht finden kann: Energie, Stärke, Selbstbewusstsein, Bewunderung, Liebe.

Das machen diese Menschen allerdings nicht boshaft, in vielen Fällen nicht einmal absichtlich. Ihnen ist nicht bewusst, wie verletzend ihr Verhalten ist und wie schmerzhaft es für ihren Gegenüber sein kann, wenn sie die Kraft des anderen aussaugen, nur um sich selbst zu stärken.

Ob Basti ein Narzisst war? Ich weiß es nicht. Es wäre falsch und anmaßend, wenn ich glauben würde, dass Prof. Julie Schmidt, selbsternannte Hobbypsychologin, diesen Schluss ziehen könnte, nur weil sie mal ein paar Bücher gelesen hat.

Allerdings konnte ich erst verstehen, welche Dynamik sich zwischen uns entwickelt hatte, als ich anfing, über Narzissten zu recherchieren. Denn egal mit wem ich über Basti sprach, wie oft ich die Situationen analysierte und mir den Kopf darüber zerbrach – wirklich erklären konnte sich niemand, wieso wir beide nicht voneinander loskamen. Als ich auf den Begriff stieß und aus unserer einzigartigen, merkwürdigen Liebesgeschichte plötzlich nur eine von vielen, ähnlichen Erzählungen über toxische Beziehungen wurde, fand ich endlich die Antworten für all das widersprüchliche Verhalten, das ständige Hin und Her, die Manipulationen, die Verwirrung (auch »Gaslighting« genannt).

Denn Fakt war, dass ich ihn mit meinem Verhalten unwissentlich gegen eine Wand drängte, und er sich von mir bedroht fühlte, weil er es einfach nicht schaffte, sich durch normale Abwehrreaktionen von mir abzugrenzen. Vermutlich auch, weil er es eigentlich sehr genoss, mit meiner ganzen Liebe überschüttet zu werden, und er sich schon viel zu sehr daran gewöhnt hatte. Deshalb blieb ihm nur noch eine einzige Möglichkeit, um die Kontrolle über die Situation zurückzugewinnen: Er entschied sich unterbewusst dazu, mich mit kleinen, toxischen Tricks an ihn zu binden.

*

Als wir in dieser Dezembernacht auf der Terrasse meiner Eltern standen, hatte ich keine verdammte Ahnung, dass er diese Tricks benutzte. Deshalb fiel mir in dem Moment auch gar nicht auf, was sein Verhalten wirklich mit mir anstellte. Durch seine Worte, durch seine Blicke und Berührungen und die vielen Tränen, die schon geflossen waren, war ich innerlich so aufgewühlt, dass ich ihn irgendwann anschaute und unsere Diskussion darüber, warum er niemals glücklich werden würde, unterbrach.

»Wo sind die Zigaretten?«, fragte ich Basti, der mir mindestens genauso aufgebracht gegenüberstand.

»Keine Ahnung«, sagte er. Ich seufzte. Ich brauchte Nikotin und zwar jetzt! Ich drehte mich zum Tisch um, suchte alles ab, tastete in der Dunkelheit über die Tischplatte, die Stühle, den Boden. Doch die weiße Schachtel war nirgends aufzufinden.

Was ich damals nicht wusste: Basti ließ gerne mal Dinge von mir verschwinden. Mal waren es meine Autoschlüssel, mal BHs oder Slips und einmal sogar mein Portemonnaie, was mir übrigens erst auffiel, als ich bereits an einer Tanke hundert Kilometer entfernt von ihm stand. Er tat das, weil er mich verwirren wollte, weil er wollte, dass ich an meinem eigenen Verstand zweifelte, weil er mich so ganz leicht noch stärker an sich binden konnte. Manchmal tat er es wahrscheinlich auch nur zu seiner eigenen Belustigung. Wenn ich zum Beispiel wie eine Irre seine ganze Wohnung nach meinen Schlüsseln durchforstete, nur damit er irgendwann mit einem süffisanten Grinsen auf eine Stelle deuten konnte, die ich schon dreimal abgesucht hatte, um mir zu sagen: »Bist du blind? Der liegt da doch!«

An diesem Abend war es aber etwas anderes, das ihn vermutlich dazu verleitete, die Zigaretten verschwinden zu lassen. Denn manchmal tat er es auch, um sich als Held darzustellen.

»Ich geh' eben welche holen«, sagte er, was in mir aber nicht den Gedanken auslöste, dass er mein Retter in der Nikotin-Not war, sondern meine Verlustängste aufs Schlimmste triggerte.

Ich brach wieder in Tränen aus, weil ich diesen Satz mit einem Klischee konnotierte: vom Mann, der mal eben Zigaretten holen wollte und sich dann nie wieder blicken ließ.

Basti blieb geduldig und zog mich in seine starken Arme. Er war so fürsorglich und verständnisvoll: Er blieb an meiner Seite, obwohl ich hier seit Stunden die völlig durchgeknallte Frau spielte, die jetzt wieder panisch nach seinen Händen griff. »Du darfst aber nicht gehen!« Meine Worte überschlugen sich fast, so schnell kamen sie aus mir geschossen.

»Ich geh nicht!«, versicherte er mir behutsam.

»Du. Darfst. Nicht. Weggehen!«, flehte ich ihn an und krallte meine Fingernägel tief in seine Haut.

Basti trat einen halben Schritt von mir weg, legte einen Finger unter mein Kinn und schob meinen Kopf ein Stück nach oben, um seinen Blick mit meinem zu verhaken: »Julie, ich gehe nicht weg!«, sagte er bestimmt. Gestik, Mimik, Tonfall – alles sollte mich glauben machen, dass er diesen Satz ernst meinte. Aber ich vertraute ihm nicht, das Kleinkind in mir rebellierte. Deshalb einigten wir uns darauf, dass ich mitgehen würde.

Als wir das Haus verlassen hatten, krallte ich mich erneut in Bastis Arm, weil ich immer noch Panik hatte, dass er mich ganz plötzlich stehen ließ. Es folgte ein riesiges Chaos, der Zigarettenautomat funktionierte nicht so, wie wir wollten: Nach zehn Minuten Fluchen gaben wir auf, was meine Nikotin-Not verstärkte. Basti kramte in seiner Hosentasche, zog seinen Autoschlüssel raus und ließ ihn für einen Moment als die unvernünftige, diabolische Alternative kommentarlos in der Luft baumeln.

Ich war noch nie zu jemandem ins Auto gestiegen, der getrunken hatte. Ich hatte auch noch nie jemanden dazu angestiftet, betrunken in ein Auto zu steigen. Ich selbst hatte mich noch nie angetrunken hinter ein Steuer gesetzt. Und doch stiegen wir keine drei Minuten später gemeinsam in sein verdammtes Auto. Schon damals erschreckte ich mich darüber, dass ich, ohne mit der Wimper zu zucken, einfach mit einem meiner Grundsätze brach, nur weil Basti an meiner Seite war. Trotzdem empfand ich die Aktion vor allem als eins – wahnsinnig romantisch: Ich vertraute Basti mein Leben an, legte ihm die Verantwortung dafür in seine Hände und hatte offensichtlich meinen eigenen Überlebenssinn und vermutlich auch meinen Verstand schon längst verloren.

Er raste wie ein Irrer durch die Straßen, überfuhr eine rote Ampel und legte an einer anderen eine Vollbremsung ein. Dass wir diese Fahrt überlebten, bei der sich mal wieder herausgestellt hatte, dass Verkehrsregeln für Basti nicht galten, grenzte an ein Wunder. Hätte die Polizei oder, noch schlimmer, mein Vater uns dabei erwischt, wäre wohl nicht mehr viel von uns übrig geblieben.

Zum Glück blieb unsere unverantwortliche Autofahrt in dieser Nacht unentdeckt. Als wir endlich zu Hause angekommen waren und an meinem Fenster saßen, um die Zigaretten zu rauchen, für die wir unsere Leben riskiert hatten, war ich einfach nur froh, dass Basti immer noch an meiner Seite war.

Die Panik, dass er mich verlassen könnte, hatte sich gerade wieder gelegt, als er in die Stille einen Satz hineinsagte, der für einen neuen Sturm unter meiner Brust sorgte: »Meinen Schwanz kriegst du trotzdem nicht!«

In mir brach eine Welt zusammen. Ja, ich hatte Basti in den letzten Wochen wirklich vermisst und ja, ich hatte mich verdammte Scheiße noch mal in ihn verliebt, aber was ich noch viel mehr vermisste, war unser fantastischer Sex. Dass er mir den weiter vorenthielt, brach mir zum dritten Mal innerhalb kürzester Zeit mein Herz.

»Warum?«, fragte ich empört und sah ihn vorwurfsvoll an.

»Ich habe dir doch gesagt, dass das mit uns nicht geht«, sagte er und pustete lässig den Zigarettenrauch aus.

»Du hast gesagt, dass wir keine Beziehung führen können. Du hast nicht gesagt, dass wir keinen Sex haben können«, sagte ich besserwisserisch, während ich meine Augen angriffslustig zusammenkniff.

»Ich will aber jetzt nicht vögeln«, sagte Basti und sah mich gleichgültig an.

»Aber ich will«, polterte ich ihm entgegen.

»Schön, aber ich nicht«, zuckte er mit den Schultern.

»Wieso machst du das?«, fragte ich ihn zischend und verschränkte abwehrend meine Arme vor der Brust.

»Was mach ich denn?«

»Du erzählst mir sechs Monate lang, dass wir nur Sex haben und dass ich nicht mehr für dich bin, als eine Fick-Affäre. Dann machst du Schluss, tauchst hier nach Wochen auf, sagst, dass wir aus irgendeinem beschissenen Grund, nicht zusammen sein können und bleibst trotzdem bei mir, obwohl ich den ganzen Abend die Heulsuse spiele, nur um dann nicht mal mit mir zu vögeln? Ist das dein Ernst?«, fragte ich ihn aufgebracht und schüttelte dabei energisch mit dem Kopf. Ich verstand seine Stimmungswechsel einfach nicht, aber vielleicht lag das ja auch einfach nur an dem vielen Alkohol, den ich getrunken hatte.

Er seufzte: »Du nervst, Julie!«

Dieser Satz versetzte mir dann doch einen Stich. War ich zu weit gegangen? Hatte ich überhaupt die Berechtigung dazu, ihm zu sagen, dass mich sein undurchsichtiges Verhalten störte, dass es mich nervte und wütend machte?

»Du kriegst heute keinen Sex von mir«, sagte er mit eiskalter Stimme und sah mich herausfordernd an.

Dass mir in diesem Moment kein Rauch aus den Ohren dampfte, war eigentlich ein Wunder: Ich kochte innerlich vor Wut.

»Wenn du meinst«, sagte ich patzig, warf die Zigarette aus dem Fenster und stampfte zu meinem Bett.

Basti beobachtete die Situation mit einem amüsierten Grinsen. Ich würdigte ihn keines Blickes, sondern fing an, meinen Schmuck abzulegen und mich langsam auszuziehen. Ich schaffte es gerade einmal, den Reißverschluss meines Kleides zu öffnen, als mir Basti dann doch plötzlich zu Hilfe kam, mich mit einer Hand an der Hüfte packte und mit der anderen unter mein Kleid fuhr.

»Ich dachte, du willst mich nicht vögeln«, flüsterte ich versöhnlich, weil seine Finger auf meinem Körper wie immer dafür sorgten, dass er mal wieder besänftigende Glückshormone ausschüttete.

»Will nur mal gucken, ob da noch alles im Lot ist«, zwinkerte er mir zu. Als seine Finger gegen meine schwarze Strumpfhose stießen, die ihn daran hinderte, in meinen Slip zu fahren, verhakte er seinen Blick in meinen und riss mit einem Ruck ein großes Loch in den Stoff. Ich zuckte kurz zusammen, dann schüttelte ich leise lachend den Kopf: »Du bist so ein Idiot!«

Im nächsten Moment drehte ich mich zu ihm und drückte ihm meine Lippen auf seine. Meine Hände verschränkte ich in seinem Nacken und genoss, wie unsere Zungen endlich wieder miteinander Fangen spielten. Meine Vagina pochte mindestens genauso aufgeregt wie mein Herz. Bis Basti den Kuss irgendwann unterbrach, mir tief in die Augen blickte und mir entgegenflüsterte: »Kein Sex, Julie.«

»Halt deinen Mund«, befahl ich ihm, schubste ihn aufs Bett und kletterte auf seinen Schoß. Er spielte den Widerwilligen, hielt mich aber nicht davon ab, meine Hände über seine Brust, unter sein Shirt gleiten zu lassen, um es ihm kurz darauf vom Oberkörper zu streifen. Als ich über seine Hose fuhr, begrüßte mich mein Lieblingspenis bereits aufrechtstehend durch die Jeans hindurch. Ich grinste.

Es dauerte nur Sekunden, in denen ich ihm aus Jeans und Boxershorts half, nur um dann mit meinen Lippen über seine Mitte zu gleiten.

Sein Atem ging erst ruhig, doch als ich zum ersten Mal seit Wochen an seinem Penis nuckelte, konnte er nicht anders, als aufzuseufzen. Das Geräusch spornte mich an. Ich wollte ihm nur allzu gerne zeigen, was seine Nachbarin sicherlich nicht konnte. Ich ließ etwas Spucke auf seinen

Penis laufen, grinste und atmete noch einmal tief durch, bevor ich meine Lippen bis zum unteren Ende seines Schwanzes fahren ließ.

Basti entfuhr ein leises »Fuuuck«, das mich motivierte, meinen Würgreflex zurückzuhalten. Sein Penis war jetzt so tief in meinen Rachen geglitten, dass ich nur noch durch die Nase atmen konnte und mir die Tränen in die Augen geschossen waren. Basti beobachtete mich dabei, wie ich mit meinem eigenen Körper kämpfte und drückte meinen Kopf noch ein Stück näher an sich. Das war der Moment, in dem ich kaum noch Luft bekam, der mich gleichzeitig aber auch so anmachte, dass ich leise aufstöhnte.

»Du bist so eine kleine Schlampe, Julie«, flüsterte er mir entgegen und zog mich an meinen Haaren zurück, um mir in meine glitzernden, feuchten Augen zu gucken. Dass er mich so nannte, machte mich nur noch mehr an, denn spätestens als ich seinen Penis zwischen meinen Lippen eingeschlossen hatte, war Stripper-Julie wieder da – und die liebte nicht nur harte Schwänze, sondern auch harte Worte.

»Ich bin *deine* kleine Schlampe«, grinste ich ihn frech an, was dazu führte, dass er mir den Kopf an den Haaren in den Nacken zog und sich auf mich drehte, um es mir mit der Zunge zu besorgen.

Wieder dauerte es nur ein paar Sekunden, in denen er seine Zungenspitze über meine Haut kreisen lassen musste, bis ich hilflos nach meinem Kissen griff und es mir aufs Gesicht presste. Mein Atem ging schwer, der erste Orgasmus rollte bereits auf mich zu, durch meine Blutbahn schossen die ersten Glückshormone, die letztendlich zwischen meinen Beinen aufeinandertrafen und für ein buntes Feuerwerk der Zufriedenheit sorgten.

Der Orgasmus verschleierte zwar meine Sinne, trotzdem konnte er mich nicht davon abhalten, mich wenige Sekunden später aufzurichten, Basti von mir runterzudrücken, nur um mich auf seiner Mitte fallen zu lassen. Es waren langsame, ruhige Bewegungen, die dafür sorgten, dass sich nach der ersten Explosion eine friedliche Stimmung über uns legte.

Ich sah ihm in seine braunen Augen, in denen ich mich schon so oft verloren hatte. Sein Blick war warm, liebevoll, klar – das war einfach nur mein Basti, der Typ, in den ich mich verliebt hatte. Nicht der Basti, der mich den ganzen Abend mit seinem widersprüchlichen Verhalten schikaniert, der mich mit seinen unerklärlichen Worten verletzt, der mir seinen Penis erst verweigert hatte, nur um dann doch mit mir ins Bett zu steigen.

Es war einfach nur Basti, der jetzt nach meinen Händen griff, seine Finger in meinen verschränkte und mir in die Augen blickte, während ich mich seicht auf ihm bewegte. Und plötzlich war sie wieder da, diese tiefe Verbundenheit, die ich in den letzten Wochen so schmerzlich vermisst hatte, diese Intimität, die ich vorher noch nie mit einem Menschen geteilt hatte, diese Verletzlichkeit, die wir schon so oft voreinander entblößt hatten. Obwohl sie uns beiden so eine verdammte Angst machte und gleichzeitig dafür sorgte, dass ich Basti so sehr verfallen war, dass ich den Gedanken daran, dass er eines Tages aus meinem Leben verschwinden würde, nicht ertragen konnte, schwor ich mir in diesem Moment, alles auf mich zu nehmen, nur um diesen Penis und den dazugehörigen Mann niemals wieder gehen lassen zu müssen.

Schon damals wusste ich, dass ich vermutlich nie wieder so guten Sex haben würde wie mit ihm. Welchen Preis ich für die Orgasmen, die wir teilten, allerdings zahlen musste, das wusste ich nicht. Mit jedem weiteren Orgasmus trieb er meinen Adrenalinspiegel hoch, und mit jedem emotionalen Bungeesprung, denen er mich durch seine Manipulationen und seine plötzlichen Stimmungswechsel aussetzte, verwirrte er mich so, dass ich wie eine Drogensüchtige immer wieder einem neuen Kick hinterherjagte.

*

Zum großen Glück des Adrenalinjunkies tat Basti mir regelmäßig den Gefallen, mich erst in den siebten Himmel schweben zu lassen, um plötzlich den Schalter für die Schwerkraft umzulegen, und mich kurz darauf in den Abgrund zu stürzen.

Dieser Abend bei meinen Eltern, war nur einer von Hunderten, die in den nächsten zwei Jahren folgen sollten. Es lief immer nach dem gleichen Schema ab: Eine Zeitlang ging es zwischen uns gut – mal waren es Wochen, mal waren es Monate, in denen wir ganz friedlich einfach nur die Zeit miteinander genossen, dann schubste er mich mit aller Kraft von sich weg, nur um kurz darauf wieder auf der Matte zu stehen.

In den schönen Momenten – von denen es einige gab – machte mich nichts glücklicher als mein Basti. Wir aßen gemeinsam, wir guckten Serien, wir unterhielten uns, wir trösteten uns gegenseitig, wenn irgendwas schieflief, wir hatten den besten Sex, den man sich wünschen konnte, räumten seine Wohnung auf, dekorierten sie gemeinsam um, sahen uns gegenseitig beim Duschen oder beim Rasieren zu, rauchten, kifften, tranken, feierten unsere Geburtstage nur zu zweit, weil wir niemand anderen brauchten, hingen stundenlang in seinem Bett ab und guckten bescheuerte Prank-Videos bei Instagram, ich las ihm meine Texte vor, er malte mich, wie ich nackt und gefesselt auf seiner Couch lag. Basti und ich verwandelten die kleinsten Momente zu den bedeutungsvollsten – jedes Mal, wenn ich durch seine Haustür trat, blieb die Welt still stehen; wenn wir zusammen waren, verloren alle Erfolge, jede gute Note, jeder Schein oder Diamant dieser Erde seinen Wert, weil es nichts wertvolleres gab als die Zeit, die wir miteinander teilten.

Und dann tickte er irgendwann ohne Vorwarnung wieder aus. Manchmal waren es nur kleine Aussetzer, in denen er neben mir im Auto saß, ganz plötzlich behauptete, dass ich für ihn nicht mehr als eine kleine Schlampe war, die er sich nur zum Ficken an seiner Seite hielt. Seine Worte verletzten mich jedes Mal aufs Neue, und doch sträubte ich mich tief in meinem Innersten, ihn in diesen Momenten einfach rauszuwerfen oder selbst zu gehen – weil ich mir ja geschworen hatte, dass ich Basti niemals das Gefühl geben würde, nicht geliebt zu werden, und weil ich es als persönliche Niederlage empfand, auf seine Angriffe mit Schwäche oder Streit zu reagieren. Deshalb schluckte ich seine bitteren, giftigen Pillen anstandslos und ertrug sie einfach.

Noch schmerzhafter waren die Tage, an denen er mir aus heiterem Himmel erzählte, dass er eine andere Frau kennengelernt hatte. Das passierte in den zwei Jahren bestimmt fünf oder sechs Mal. Immer fuhr ich eines Tages zu ihm, er begrüßte mich genauso freundschaftlich, wie an dem Abend, als er mir von seiner Nachbarin erzählte. Jedes Mal wählte er die gleichen Worte, sagte, dass er jemanden kennengelernt hatte, dass er endlich jemanden gefunden hatte, den er lieben konnte. Jedes Mal sagte er mir, dass ich aber nicht aus seinem Leben verschwinden musste, sondern er mich weiter als seine gute Freundin Julie behalten wollte. Jedes Mal nickte ich, lächelte, wünsche ihm das Beste und brach in Tränen aus, sobald die Tür hinter mir zugefallen war, weil ich jedes verdammte Mal dachte, dass es jetzt wirklich endgültig vorbei mit uns war und ich Basti für immer verloren hatte.

Am schmerzhaftesten waren allerdings die Situationen, in denen er nicht mal einen Grund nennen konnte, warum er mich jetzt ganz plötzlich wieder von sich wegstoßen musste. Denn dann fing Basti an, sich Gründe dafür auszudenken.

Meistens passierte das, wenn wir uns gerade mal wieder besonders nah gekommen waren. Es passierte in den Momenten, in denen ich ihn mal wieder mit meiner Zuneigung, meinem Verständnis und meiner Liebe überschüttet hatte. Wenn wir mal wieder eine tiefgründige Unterhaltung darüber geführt hatten, dass Basti das Leben, das er führte, eigentlich nicht führen wollte und er sich mir gegenüber besonders verletzlich gezeigt hatte.

Eines Abends lagen wir ganz friedlich nach so einer Diskussion und einer heißen Nummer auf seiner Couch. Basti strich mit seinen Fingern über meine nackte Schulter, ließ sie langsam über meine Haut kreisen und beobachtete mich dabei, wie ich auf seiner Brust lag und jedes Fältchen seiner Lippen analysierte, die sich gerade noch über die verbotensten Stellen meines Körpers geküsst hatten.

»Eigentlich sollte ich dich niemals wieder gehen lassen«, flüsterte er mir zu, was ich in diesem Moment nicht mal alarmierend fand. Wir lagen hier so seelenruhig, so friedlich und waren durch den Wein, den wir vorher getrunken hatten, schon etwas schläfrig, dass ich überhaupt nicht damit rechnete, was folgen sollte.

»Ich bin wirklich ein feiger Idiot, Julie. Ich werde nie wieder so eine wie dich finden, aber irgendwie kann ich es nicht.«

Seine Worte trafen mich wie ein Schlag. Ich seufzte, weil ich wusste, dass jetzt die immer gleiche Unterhaltung mit ihm folgen sollte und er mich mal wieder die Klippe hinunterstürzen würde.

»Ich werde es für immer bereuen, aber ich kann nicht. Ich bin viel zu kaputt für dich«, säuselte er in mein Haar, der benommene Ton in seiner Stimme deutete darauf hin, dass er wohl mal wieder völlig in seine Gedankenwelt abgeschweift war.

»Bist du nicht«, waren die einzigen Worte, die ich über die Lippen brachte. Unter meiner Brust tanzte wieder die eklige Angst, dass ich ihn verlieren könnte.

»Du hast einen Besseren verdient«, seufzte er. Ich schüttelte den Kopf und sah ihn mit tränenerfüllten Augen an. Ich hasste, dass er das sagte und dachte. Basti war genau der Mann, den ich an meiner Seite haben wollte. Ja, er hatte seine Macken, und ja, er hatte nicht nur ein Problem, sondern gleich Hunderte, aber egal welcher Mann in mein Leben gekommen wäre, ich hätte mich immer für ihn entschieden.

»Du wirst für immer die Frau sein, die mich glücklich gemacht hätte. Wenn wir einfach auswandern und in einer Hütte im Urwald leben könnten ... ich würde es sofort tun. Aber hier in dieser Welt, da passen wir einfach nicht zusammen«, philosophierte er, während ich schwieg, weinte und trotzdem versuchte, tapfer zu bleiben und innerlich nicht an seinen Worten zu zerbrechen. Hätte er mich an diesem Abend gefragt, ob ich am nächsten Tag mit ihm in einen Flieger nach Südamerika gestiegen wäre? Ich hätte anstandslos ein Ticket gebucht.

»Warum nicht?«, flüsterte ich verzweifelt und sah ihn durchdringend an.

Er fing meinen Blick ein und guckte mir direkt in meine bereits ziemlich angefressene Seele, dann legte sich sein verlegenes Lächeln auf seine Lippen. Für einen Moment sahen wir uns einfach nur an, ehe er den Kopf schüttelte – der Ausdruck in seinen Augen wurde steinhart.

»Weil du nicht so aussiehst, wie ich mir meine Traumfrau vorstelle«, erklärte er kalt und seufzte selbstgefällig.

Seine Worte trafen mich an der Stelle meines Selbstbewusstseins, die schon lange ein Loch hatte. Wie es das Selbstbewusstsein jeder Frau hatte, die seit ihrer Kindheit immer wieder mit all den perfekten Frauen aus Magazinen oder TV-Shows konfrontiert wurde und sich immer wieder dem ungnädigen Vergleich stellen musste. Ich war selbstbewusst, und ich mochte meinen Körper auch eigentlich, aber auf seine Unvollkommenheit hingewiesen zu werden, tat auch einer Julie Schmidt unfassbar weh.

»Deine Nase ... deine Nase ist einfach zu breit und deine Brüste, na ja, die müssten operiert werden und dein Po ... der ist zu flach, weißt du? Du siehst einfach nicht aus wie meine Traumfrau«, erklärte er und grinste. Seine braunen Augen schmückten das abwertende Glitzern, das ich schon öfter gesehen hatte.

Meine Nase? Was zur Hölle war falsch mit meiner Nase? Bis zu diesem Abend hatte ich nie über meine Nase nachgedacht, ich hatte sie sogar immer gemocht. Auch meine Brüste, ich liebte meine Brüste. Okay, mein Po war wirklich relativ flach, aber das konnte ich doch auch ändern. Was und wieso? Woher kamen plötzlich diese Worte, die Basti mir hier gerade so gnadenlos entgegengeschmettert hatte?

»Ich brauche einfach eine Frau, die perfekt ist, weißt du?«, sagte Basti und sah mich mit einem mitleidigen Blick an.

Heute klingt es auch für mich absurd, dass ich damals wirklich glauben konnte, dass mein Aussehen der Grund dafür war, weshalb Basti nicht mit mir zusammen sein wollte, vor allem nachdem er mich ein Jahr zuvor noch halbnackt seinem Freund präsentiert hatte, weil ich mich ja angeblich so zeigen konnte.

Doch in diesem Moment, als ich ihm völlig schutzlos und nackt gegenübersaß, glaubte ich, dass er mir endlich die Wahrheit gesagt hatte. Es schien mir, abgesehen von den anderen Frauen, die erste Erklärung zu sein, die für mich wirklich plausibel war.

Ich war nicht perfekt, das wusste ich. Ich hatte meine Problemzonen, ich hatte schon öfter mal fiese Sprüche bezüglich meines Aussehens kassiert. Aber all das war nichts gegen den Moment, in dem mir der Mensch, dem ich am nächsten stand, dem ich schamlos verfallen war, der seit Monaten die Kontrolle über meine Gefühle hatte, sagte, dass ich nicht hübsch genug für ihn war.

Mit der Wucht seiner Worte zerbröselte er mir das letzte bisschen Selbstliebe zu Staub. Dieser Tag war der letzte, an dem ich mich ohne meine Makel im Spiegel sehen konnte. Denn sobald seine Worte zu mir durchgedrungen waren, glaubte ich an das, was er gesagt hatte.

Jahrelang konnte ich mich nicht mehr betrachten, ohne meine viel zu breite Nase zu sehen, die ich zuvor nie gesehen hatte. Ich schämte mich plötzlich für meine Brüste, für meinen Po, für meine Oberschenkel, meine Waden, meine zu großen Hände und meine zu langen Füße, für meine vollen Lippen, die Basti aber zu schmal waren und sogar für meine Ellenbogen, weil er auch an ihnen in den drauffolgenden Monaten während einer seiner Angriffe etwas auszusetzen hatte. Vielleicht hatte ich vor Basti mal ein durchschnittliches Maß Selbstbewusstsein gehabt, aber nach Basti war davon nichts mehr übrig.

Nachdem er mir an diesem Abend diese schrecklichen Worte um die Ohren gepfeffert hatte, war er auf mich zugeschritten, hatte mein Gesicht in seine Hände genommen und gesagt: »Aber eins muss man dir ja lassen, schöne Augen hast du.« Dann hatte er seine Lippen auf meine gedrückt, mich tief in die Couch gepresst, um mich zum zweiten Mal an diesem Abend zu vögeln. Das war das erste Mal, dass ich unseren Sex nicht genießen konnte, weil ich mich die ganze Zeit fragte, ob er recht hatte und ob das wirklich der Grund dafür war, warum das mit uns nicht funktionierte.

*

Diese Frage nach dem »Warum« quälte mich nicht nur während der Nummer mit Basti, sondern auch noch Jahre, nachdem es mit ihm vorbei war. Sie war jeden Tag mein erster und letzter Gedanke und eigentlich bei jedem Treffen mit meinen Freundinnen das Hauptgesprächsthema.

»Ich verstehe einfach nicht, warum er das jedes Mal macht«, seufzte ich, als ich mit Mia in einem Café in der Frühlingssonne saß, nachdem mir Basti in der Nacht zuvor mal wieder den Boden unter den Füßen weggerissen hatte. Unter meine Augen hatten sich tiefe Schatten gelegt, meine Haut war fahl, ich schlief schon seit Wochen nicht besonders gut.

»Ich auch nicht, Julie. Es tut mir leid, und ich würde dir wirklich gerne helfen, aber ich weiß es auch nicht«, sagte Mia mitfühlend und sah mich mit verzweifeltem Blick an. Ihre blonden Haare glänzten in der Sonne, meine inzwischen ebenfalls blondgefärbten Haare hingen kraftlos herunter. Dass ich nur wenige Wochen zuvor kopflos zum Friseur gestürmt war, um mir für 400 Euro meine Haare von Schwarz auf

Blond färben zu lassen, hatte ich auch Basti zu verdanken, der mir mal wieder von seiner blonden Traumfrau vorgeschwärmt hatte, die ich so gerne sein wollte.

»Ich weiß, dass es verrückt klingt. Aber ich glaube, dass er mich eigentlich liebt, er es aber einfach nicht zeigen kann«, erklärte ich ihr. Vor mir stand eine Tasse schwarzer Kaffee, an dem ich nippte. Seit Basti mir gesagt hatte, dass ich nicht aussah wie seine Traumfrau, verzichtete ich auf alles, was mehr als 100 Kalorien enthielt. Mit Erfolg: Ich hatte zehn Kilo abgenommen, von meinen ursprünglichen Kurven war nichts mehr übrig, von meiner Lebensfreude allerdings auch nicht viel.

Mia atmete einmal schwer ein und aus, dann presste sie die Lippen aufeinander. Wir hatten das Gespräch schon tausend Mal geführt. Anfangs hatte sie mir immer noch geantwortet, doch irgendwann merkte sie, dass ihre Worte überhaupt nicht mehr in meinen Verstand durchdrangen. Also hörte sie mir bloß geduldig zu und musste beobachten, wie ich mich von Treffen zu Treffen immer mehr in meinen Fragen verlor.

»Ich meine, wenn er keine Gefühle für mich hat: Warum kommt er immer wieder zu mir zurück? Warum sagt er jedes Mal, dass er ohne mich nicht glücklich sein kann? Das ergibt doch alles gar keinen Sinn«, seufzte ich und zündete mir eine Zigarette an.

Mia nickte, blieb aber stumm.

»Ganz ehrlich … Er hat letztens wieder von seiner Mutter angefangen. Ich sage dir, die ist schuld an allem! Wenn sie ihn nicht verlassen hätte, dann könnte er sich heute auch binden. Und jetzt muss ich die ganze Scheiße ausbaden und ihn da irgendwie rausholen«, philosophierte ich vor mich hin. Die Grundzüge des Problems erkannte ich damals schon, ich zog nur die falschen Schlüsse daraus.

Mia wurde hellhörig und legte ihre Stirn in Falten: »Wieso muss du ihn denn da rausholen?«, fragte sie nach.

Ich guckte sie verdutzt an. Die Antwort lag doch auf der Hand. »Weil ich endlich will, dass er zugibt, dass er mich liebt!«, sagte ich und nahm einen Zug von meiner Zigarette.

Mia zuckte mit den Schultern.

»Du glaubst nicht, dass er mich liebt, oder?«, schlussfolgerte ich aus ihrer Reaktion.

Sie warf mir einen betroffenen Blick zu, seufzte, faltete ihre Hände auf dem Tisch und sagte: »Nein, Julie, um ehrlich zu sein, glaube ich das nicht. Ich weiß es natürlich nicht, aber wenn er dich lieben würde, dann würde er dich anders behandeln …«

Ihre Worte trafen mich in der Magengrube. Wieso konnte niemand anders sehen, was so offensichtlich war? Natürlich liebte er mich, warum rief er mich sonst immer wieder an? Warum sprachen wir über so intime Dinge, warum hatten wir den besten Sex unseres Lebens, warum fühlte ich mich bei ihm so geborgen und warum konnte er mich nicht einfach in Ruhe lassen, wenn er sowieso keine Gefühle für mich hatte?

»Aber …«, setzte ich an und beobachtete Mia dabei, wie sie sich kraftlos zurück in den Stuhl fallen ließ.

»Julie, wir diskutieren das jetzt seit fast zwei Jahren. Ich weiß nicht, ob er dich liebt oder nicht. Ich weiß auch nicht, warum er das alles macht. Aber ich weiß, dass er dich schlecht behandelt und dass du verrückt wirst, wenn ihr damit nicht irgendwann aufhört«, sagte Mia und warf mir einen ernsten Blick zu.

Jetzt war ich wütend. Wie konnte sie sowas sagen? Vielleicht behandelte er mich schlecht, aber das tat er doch nur, um mir zu zeigen, wie sehr er mich eigentlich brauchte! Es war unfair, dass sie nicht sehen wollte, wie schlecht es Basti ging, dass sein Verhalten doch bloß ein Spiegel seiner Kindheit war. Auch wenn sie nicht an uns glaubte, ich tat es verdammte Scheiße nochmal!

»Schön, wenn ich dich damit nerve, dann brauchen wir auch gar nicht mehr sprechen«, sagte ich bockig und drückte aggressiv die Zigarette im Aschenbecher aus.

»Ganz ehrlich, Julie? Das ist unfair«, sagte Mia und schüttelte fassungslos mit dem Kopf.

»Was ist denn bitte unfair daran? Du hast doch gesagt, dass ich verrückt werde. Ich finde es einfach nur unfair, dass ich keine Antwort auf die Frage bekomme, warum er sich so verhält und warum es mit uns nicht funktioniert«, polterte ich los und sah sie aufgebracht an.

Zu diesem Zeitpunkt merkte ich nicht einmal, was für ein Arschloch ich selbst geworden war. Ich stahl nicht nur Mia, sondern jedem Menschen, der sich mit mir noch auf solche Gespräche einließ, kostbare Zeit. Immer ging es nur um ihn: Basti hier, Basti da, Basti trallala. Irgendwann wussten meine Freunde besser über sein Leben Bescheid als über meins. Alles drehte sich um ihn, und ich drehte mich permanent im Kreis. Weil ich doch einfach nur verstehen wollte, warum, warum zur Hölle es nie mit uns funktionieren konnte. Jahrelang konnte ich nur wegen dieser einen kleinen Frage nicht von Basti ablassen, weil ich in meinem Verstand, in meinem Umfeld, in meiner Realität einfach keine Antwort finden konnte.

Heute habe ich die ernüchternde Antwort auf die Frage gefunden: Es gab keine Antwort. Denn Basti hatte selbst nie eine Antwort darauf. Wie auch: Er konnte sich auch nie erklären, warum es ihn einerseits so reizte, mich in seiner Nähe zu haben, und warum er sie anderseits nie wirklich ertragen konnte. Er hatte keine Ahnung, warum es ihn so wütend machte, dass ich ihn mit meiner Liebe überschüttete. Er hatte keine Ahnung, warum er nicht von mir lassen konnte, obwohl ich ihm so schonungslos seine Fehler und Macken vor Augen führte, mit denen er sich selbst nur ungern beschäftigen wollte. Er hatte auch keine Ahnung, warum er mir das alles antat, und noch weniger Ahnung hatte er, warum ich mir das alles gefallen ließ, obwohl er alles daransetzte, mich irgendwie wieder loszuwerden.

Obwohl jeder seiner Abwehrversuche eine riesige klaffende Wunde unter meiner Brust hinterließ und mir nicht nur den Verstand, sondern auch meine ganze Kraft raubte, versuchte ich weiter, die Starke zu spielen, die Frau, die alles aushielt, die alles ertrug, was ihr angetan wurde, weil sie sich ihre eigene Schwäche nicht eingestehen wollte. Und deshalb ging ich jedes Mal zu ihm zurück, auch wenn er mich mal Tage, mal Wochen, mal Monate nicht anrief und mir immer wieder Pfeile in mein Herz und mein Selbstbewusstsein schoss. Weil ich ihm und mir mit aller Kraft beweisen wollte, dass ich niemals aufhören würde, an ihn und uns zu glauben.

*

Bis irgendwann keine Kraft mehr übrig war. Genaugenommen war von der Frau, die an einem Sommertag unbekümmert in das Auto eines Fremden gestiegen war, nach zwei Jahren nur noch eine leere, ausgelaugte Hülle übrig.

Zwei Jahre lang sollten wir mal für und mal gegeneinander kämpfen, sollten uns gegenseitig ein- und ausreden, dass wir füreinander bestimmt waren, sollten uns Kraft schenken und rauben, sollten uns die Zweifel an uns selbst nehmen und geben und sollten uns letztendlich fragen, wieso wir aneinander festhielten, obwohl alle Zeichen darauf hindeuteten, dass es Zeit war loszulassen.

Ich konnte nicht mehr. Ich konnte nicht mehr lachen, nicht mehr schlafen, nicht mehr essen, mich nicht mehr konzentrieren. Meine Nerven lagen dauerhaft blank, mein Körper streikte. Jedes Mal, wenn ich mich mit Basti traf, diskutierten wir stundenlang, stritten, beleidigten uns, dann flossen Tränen, die Basti versuchte zu trocknen, doch es gelang ihm immer seltener. Wir wussten, dass wir so nicht weitermachen konnten, aber wir wussten nicht, wie wir es beenden sollten.

Bis wir irgendwann an einem Sommerabend auf der Dachterrasse seiner neuen Wohnung in Düsseldorf saßen. Seit ein paar Wochen braute sich wie ein Hitzegewitter in mir der Gedanke zusammen, dass ich ihm endlich sagen musste, dass es so nicht mehr weitergehen konnte. Es war nicht so, dass ich keine Gefühle mehr für ihn hatte oder dass ich ihn nicht mehr in meinem Leben haben wollte, aber ich hatte keine Kraft mehr, weiter an uns festzuhalten. Es war ein langer Prozess, in dem es vieler Gespräche mit meinen Freunden und meiner Mutter bedurfte. Denn nachdem Mia mir an dem einen Tag gesagt hatte, dass sie nicht daran glaubte, dass er mich liebte und er mich schlecht behandelte, keimte in mir zwar immer noch kein Zweifel daran auf, dass wir uns liebten, aber immerhin daran, dass Basti und ich miteinander glücklich werden würden.

Wir saßen auf der Terrasse und rauchten unsere Wut weg. Ich weiß nicht mehr, warum wir uns zuvor gestritten hatten, ich weiß nur noch, dass wir gerade auf dem Weg zu einem Sex-Shop waren, um einen Massagevibratorstab zu kaufen, weil Basti in einem Porno gesehen hatte, wie sich eine Frau damit um den Verstand brachte, als seine Sicherungen mal wieder durchknallten und er mich einfach stehen ließ, nur um mich fünf Minuten später wieder einzusammeln.

Der Streit verletzte mich. Nein, er zerfetzte mich innerlich jedes einzelne Mal aufs Neue. Er wusste das. Er wollte es nicht, aber er konnte nicht anders. Wir beide wussten, dass wir uns zwar aus tiefstem Herzen liebten – oder wie auch immer man diese beschissene körperliche und emotionale Abhängigkeit beschreiben soll – wir es uns gegenseitig aber nicht mehr antun konnten, den anderen so zu verletzen, wie wir es bewusst und unbewusst seit zwei Jahren taten.

Den Vibrator kauften wir nicht, dafür aber eine Flasche Weißwein am Kiosk. Nachdem wir eine Versöhnungszigarette geraucht hatten, sahen wir uns an und lachten plötzlich los. Er war ein Idiot, aber er war eben mein Idiot und deshalb konnte ich es ihm auch nie lange übelnehmen, wenn wir mal wieder in so eine Situation reingeraten waren.

»Was ist eigentlich los mit dir, Basti?«, fragte ich ihn, als es für ein paar Sekunden still geworden war.

»Nichts, was meinst du?«

»Weißt du, ich habe das Gefühl, dass du mir irgendwas verschweigst. Ich glaube nicht, dass eine andere Frau dahinter steckt oder so. Ich kenne dich in- und auswendig, aber irgendwie fühlt es sich an, als wäre da plötzlich eine Barriere zwischen uns und als wäre da etwas, das dich bedrückt«, erklärte ich ihm ruhig und vorsichtig, weil ich selbst gar nicht wusste, woher dieses Gefühl überhaupt kam. Eigentlich hatte sich nichts zwischen uns verändert, und doch fühlte es sich anders an.

Basti nickte nachdenklich. »Ich kann das nicht mehr, Julie. Ich kann nicht ertragen, wie sehr du unter uns leidest. Ich sehe es dir doch jedes Mal an, wie sehr ich dich enttäusche, wie weh ich dir tue«, sagte er nüchtern. Der Himmel hatte sich gerade rosa gefärbt – wie ironisch.

Obwohl es die gleichen Worte waren, die er immer benutzte, wenn er mich mal wieder die Klippe hinunterstürzte, hörten sie sich zum ersten Mal aufrichtig an. Ich sagte nichts, nickte und presste meine Lippen aufeinander. Mein Herz brach diesmal nicht entzwei. Wie auch? Die letzten zwei Jahre hatten ja schon dafür gesorgt, dass es einem Scherbenhaufen glich, auf den er ein paar Blumen gepflanzt hatte. Da war nicht mehr viel kaputt zu machen, weil längst alles in mir kaputt war.

»Weißt du was?«, sagte ich, nachdem wir lange geschwiegen hatten.

»Hmm?«, hakte er nach.

»Ich glaube, es ist wirklich besser, wenn wir nur noch Freunde sind. Ich kann den Gedanken nicht ertragen, dass ich dich verliere, und ein Leben ohne dich kann ich mir auch nicht vorstellen, aber wir müssen damit aufhören«, sagte ich und fühlte zum ersten Mal, wie richtig diese Schlussfolgerung war.

»Was?« Er schien darüber so verdutzt, dass er mich mit großen Augen ansah. Bisher war ich für ihn immer Julie die Kämpferin gewesen. Ich war die Chancenverteilerin, die Frau mit dem riesigen Herzen, die Frau, die immer geglaubt hatte, dass es irgendwann eben doch klappen würde, und jetzt war ich ganz plötzlich diejenige, die aufgegeben hatte.

»Ja, wir sollten endlich damit aufhören«, sagte ich mit überraschend fester Stimme. Dass diese Worte aus meinem Mund kamen, hatte ich nicht geplant. Ich war nicht mit der Absicht zu ihm gefahren, ihm zu sagen, dass es vorbei war. Aber als wir dort vor diesem rosa Himmel standen, purzelten sie aus mir heraus.

»Ohhhhkay?!«, er atmete tief ein, ich nickte zaghaft.

Ich ließ meinen Kopf in den Nacken fallen. In mir herrschte diesmal kein aufgepeitschter Sturm, da war keine Panik, da war nur eine befreiende Leere und fast gruselige Ruhe. Dann legte sich ein friedliches Lächeln auf meine Lippen, ich sah ihn tröstend an. In Bastis Augen spiegelte sich Verwunderung.

»Ich will aber, dass du weißt, dass sich dann einiges zwischen uns ändern muss, wenn wir nur noch Freunde sind«, sagte ich zu ihm, nachdem ich einmal tief Luft geholt hatte. »Ich habe keinen Bock mehr auf deine Unbeständigkeit, Basti. Wenn du mich als eine Freundin in deinem Leben behalten willst, dann will ich, dass du zu hundert Prozent loyal bist, dass ich dich nachts anrufen kann, wenn ich ein Problem habe, dass ich nicht jedes Mal, wenn wir uns sehen, Angst haben muss, dass du mich beleidigst oder mir mal wieder sagst, dass ich keinen Platz in deinem Leben habe und dass du endlich mal anfängst, mich wertzuschätzen«, sagte ich.

Basti zog seine dunklen Augenbrauen zusammen: »Wieso?«, fragte er jetzt noch überraschter.

»Weil ich so einen Menschen wie dich nicht als Freund gebrauchen kann. Basti, denk doch mal nach, wir haben jetzt zwei Jahre Drama gespielt. Du hast dir einen Spaß daraus gemacht, mich zu verarschen und manchmal sogar zu verletzen. In unserer komischen Beziehung war das okay für mich, aber als Freund? Das funktioniert nicht. Freunde sind die Menschen, die einen auffangen, wenn die Liebe Scheiße baut. Bisher warst du derjenige, der die Scheiße gebaut hat, jetzt musst du derjenige sein, der mich da rauszieht«, sagte ich mit einem Schmunzeln.

Heute denke ich, dass ich ihm das vielleicht mal früher hätte sagen sollen. Vielleicht war das einer der wenigen Momente, in denen er schnallte, dass er mich in den letzten zwei Jahren wie beim Bungeejumping zwischen Himmel und Hölle hin- und herspringen lassen hatte. Er beobachtete mich für ein paar Sekunden fassungslos. Er wartete wahrscheinlich darauf, dass mir endlich die Tränen über die Wangen liefen. Für ihn war ich in den letzten Jahren Julie die Dramaqueen, Julie die Heulsuse gewesen, so kannte er seine Julie. Doch die Tränen blieben aus.

Dann holte er tief Luft, sah mich mit seinen braunen, treuen Augen an und sagte: »Jetzt habe ich irgendwie doch wieder Lust auf Sex.«

Ich fing laut und herzlich an zu lachen. »Du spinnst doch, Basti«, ich kicherte immer noch und schüttelte den Kopf.

»Was denn? Kann ich doch nichts für«, sagte er mit breitem Grinsen und guckte leicht beschämt zur Seite.

»Abschiedssex, *hm*?«, sagte ich, konnte mir das Schmunzeln über seine Worte aber nicht verkneifen. So funktionierten wir eben: Egal wie absurd die Situation war, egal wie verletzt wir waren, egal wie böse die Worte waren, die er mir an den Kopf gepfeffert hatte – am Ende konnten wir eben doch immer irgendwie gemeinsam über all die Dinge lachen.

»Jetzt hast du wieder deinen Fick-Blick drauf«, sagte er und streckte die Hand aus. Ich lächelte, griff nach ihr und folgte ihm ins Schlafzimmer.

Schon im Flur zogen wir uns aus, als er mich aufs Bett schmiss fehlte nur noch mein Slip. Den er mir von den Beinen zog, um dann gleich mit dem Kopf dazwischen abzutauchen. Seine Zunge fuhr über meine Mitte, ich krallte mich ins Laken, der erste Orgasmus kam schnell und heftig, meine Beine zitterten. Das hielt mich aber nicht davon ab, mich jetzt neben ihn zu knien und ihm einen der besten Blowjobs der ganzen zwei Jahre zu geben. Ich saugte, leckte, lutschte und beobachtete ihn dabei, wie er seine Hände ebenfalls ins Laken krallte und ihm nach ein paar Sekunden ein leises »Fuuuck« entfuhr.

Kurz bevor er kam, drückte er mich von sich runter und kletterte zwischen meine Beine. Als er das erste Mal zustieß, verschränkte ich meine Finger in seinen, drückte ihm einen Kuss auf seine Lippen und dachte nur: »Was werde ich diesen Scheiß vermissen!«

Der Sex war aufrichtig, hart und liebevoll zugleich. Erst griff er mir an meine Kehle und schnürte mir die Luft zu, im nächsten Moment platzierte er mir einen unschuldigen Kuss auf die Wade – meine Beine lagen auf seinen Schultern. Ich vergrub mein Gesicht ins Kissen, zitterte am ganzen Körper, er drückte sich tief in mich, ich wimmerte. Obwohl ich so viele Gefühle und Gedanken in mir trug, schaltete sich mein Kopf in diesem Moment aus. Das Einzige, was zählte, waren wir beide, war die Lust, die sich wie ein Schleier über uns gelegt hatte.

Ein letztes Mal genossen wir, dass unsere Körper wie maßgeschneidert zueinander passten, dass sein Penis ganz genau wusste, wo er hinstoßen musste, dass ich ganz genau wusste, wie heiß es ihn machte, wenn ich meine Finger in seinen Rücken krallte und ihn noch näher an mich zog. Ein letztes Mal wollten wir dieses Gefühl von absoluter Grenzenlosigkeit und tiefer Verbundenheit spüren: In den letzten zwei Jahren hatten wir beide alle emotionalen Barrieren fallen lassen, hatten gemeinsam körperliche und psychische Grenzen überschritten, hatten beide noch nie einen Menschen getroffen, mit dem wir eine so große Verbundenheit gefühlt hatten, vor dem wir uns für nichts schämen mussten ... Nicht für Gefühle, nicht für Tränen, nicht für Fürze oder für all die schlimmen Dinge, die wir uns gegenseitig angetan hatten.

Und dann rollte ein Orgasmus auf uns zu, der nicht heftiger hätte sein können. Unsere Körper verkrampften sich kurz, als würden sie sich aufrichtig und liebevoll »Auf Wiedersehen« sagen wollen, wir keuchten und stöhnten, verfielen in einen leidenschaftlichen Kuss und spürten, wie sich die Glückseligkeit über unsere Körper legte: Wir kamen ein letztes Mal gleichzeitig zum Orgasmus.

Als wir voneinander abließen, waren wir beide völlig fertig mit den Nerven: »Und du willst mir erzählen, dass du darauf keinen Bock mehr hast?«, fragte ich ihn, während wir schwer atmend nebeneinander lagen. Er fing an zu lachen und schüttelte den Kopf, bevor er mir einen Kuss auf meine Stirn platzierte.

Natürlich war das nicht das letzte Mal, dass wir in der Kiste gelandet waren. Es folgten noch zwei, drei weitere Treffen, bei denen uns beiden die Entscheidung, dass wir doch nur noch Freude sein sollten, plötzlich gar nicht mehr so klar erschien. Aber Basti wäre nicht Basti, wenn er mich nicht noch ein letztes Mal am Bungeeseil die Klippe hinuntergeworfen hätte. Denn als ich ihn ein paar Tage später besuchte, begrüßte er mich mal wieder mit einer freundschaftlichen Umarmung. Ich trat ein. An diesem warmen Juniabend, als ich mir nach zwei Jahren dann doch mal eingestehen musste, dass es mit Basti niemals mehr werden würde, und er mir zum letzten Mal sagte, dass er sich für eine andere Frau entschieden hatte, wusste ich, dass es für immer vorbei war.

Kapitel 6:
Die Nummer mit dem richtigen Mann zum falschen Zeitpunkt

Lieber Nero,

ich habe mich in den letzten Jahren oft gefragt, was passiert wäre, wenn wir uns unter anderen Umständen kennengelernt hätten. Und ob es vielleicht gut gewesen wäre, wenn ich mich nicht an die blöde Regel »Kein Sex bei den ersten Dates« gehalten hätte. Wie auch immer: Danke, dass sich unsere Wege gekreuzt haben.

XOXO Julie

P.S.: Und sorry nochmal, dass ich mich wie das letzte Arschloch verhalten habe!

*

Am ersten Morgen nach Basti wachte ich mit dem starken Bedürfnis nach einer radikalen Veränderung auf. Da war keine Trauer, keine Wut, nur Leere und der Drang nach einer Kehrtwende um 180 Grad. Ich setzte mich für einen Kaffee und eine Zigarette auf die Terrasse meiner Eltern und überlegte: *Hmm ...* ich konnte den gesamten Inhalt meines Kleiderschranks auswechseln? Aber das wäre vielleicht etwas teuer, ich konnte mir einen fetten Stinkefinger auf meine rechte Arschbacke tätowieren lassen oder mir ein Ticket nach Australien buchen, um dort auf einer Farm zu arbeiten? Aber da gab es so viele Schlangen und Spinnen ... Nee, das war keine gute Idee. Ich konnte mir ... meine Haare abrasieren! Ok, nein, ich war nicht Britney Spears. Aber doch ... die Haare: Ich würde sie mir wieder dunkel färben. Scheiß auf die 400 Euro, die ich kein halbes Jahr zuvor beim Friseur gelassen hatte!

Eine Stunde nachdem ich diese Entscheidung getroffen hatte, kaufte ich mir für 3,99 Euro eine Packung braune Farbe im Drogeriemarkt, mischte sie an und verteilte sie auf meinem blonden Haar, während »We Are Never Ever Getting Back Together« von Taylor Swift in Dauerschleife aus meinen Handyboxen plärrte. Als ich mich anschließend im Spiegel betrachtete, atmete ich einmal tief ein und aus: Zum ersten Mal seit Monaten erkannte ich mich selbst wieder, was wohl nicht nur an der gewohnten dunklen Haarfarbe lag, sondern vielleicht auch an der Tatsache, dass ich endlich wieder etwas für mich getan hatte. Im nächsten Moment klingelte es an der Tür – Mia.

»Das sieht mega aus!«, strahlte sie mich an, als sie die Treppen aufgestiegen war und mich erblickte.

»Danke«, lächelte ich verlegen und bat sie in die Wohnung.

»Bist du okay?«, fragte sie und präsentierte mir stolz einen Liebeskummer-Überlebenspräsentkorb: ein Topf Ben & Jerrys, eine Flasche Sekt, eine Box Taschentücher und eine kleine rosa Plastikpflanze, weil Mia wusste, dass ich absolut keinen grünen Daumen hatte.

»Ich bin einfach nur froh, dass es endlich vorbei ist«, erklärte ich. Sie nahm mich fest in den Arm.

Wir setzten uns auf die Hollywoodschaukel auf der Terrasse, die Mittagssonne schien uns mitten ins Gesicht. Wir kippten Sekt in uns hinein, aßen Eis und lenkten uns mit Vorstadt-Gossip ab, bevor sie mich anguckte und nach Basti fragte. Ich seufzte und erzählte ihr, was am Vorabend passiert war.

»… tja, und dann stand er gestern einfach hier in der Tür, hat blöd gegrinst und mir gesagt, dass es da mal wieder eine andere gibt. *Blah, blah* es täte ihm ja alles so leid und er will mich auf keinen Fall verlieren … *Blah, blah, blah*, die alte Leier. Aber am geilsten war der Moment, als er zu mir meinte, dass es ihn ziemlich traurig macht, dass ich mich nicht für ihn freuen kann«, sagte ich recht gefasst, ließ allerdings immer wieder nervös das Feuerzeug zünden.

»Boah, der ist einfach so scheiße«, seufzte Mia und sah mich betroffen an.

»Es wird noch besser. Ich habe ein bisschen geweint und ihm gesagt, dass das dann jetzt endgültig ist und ich nicht wieder zu ihm zurückkehren werde. Er hat mich in den Arm genommen und mich ernsthaft darum gebeten, dass ich ihm doch bitte die Pickel auf dem Rücken ausdrücken sollte. So als letzten Dienst in unserer komischen Beziehung«, sagte ich und konnte mir ein verbittertes Lachen nicht verkneifen.

Meine beste Freundin verzog angeekelt das Gesicht: »Und hast du es gemacht?«

»Ich glaube, das willst du nicht wissen«, stöhnte ich und schüttelte gleichzeitig den Kopf.

Sie schenkte mir einen nachdenklichen Blick: »Ich bin stolz auf dich, Julie!«

Ich nickte. Das ich so gefasst war, überraschte mich. Die Taschentuchbox rührten wir an diesem Tag nicht an. Eigentlich war ich davon ausgegangen, dass ich mal wieder eine ganze Badewanne mit Tränen füllen würde, aber anscheinend waren keine Tränen mehr übrig.

*

Auch in den nächsten Tagen blieben sie aus. Mir ging es okay. Ich hatte Urlaub, lag gelangweilt auf der Terrasse meiner Eltern und genoss, dass ich zum ersten Mal seit langer Zeit etwas runterkam. Die Seele baumeln zu lassen klappte trotzdem nicht richtig: Ich hatte mich vorsorglich dazu entschieden, alles, was mir Freude bereitete, aus meinem Leben zu verbannen. Ob Instagram, Spotify, Facebook oder Netflix – ich mied diese Apps, weil ich Angst davor hatte, dass mich irgendein Liebeslied oder ein Bild mit dem Hashtag *Couplegoals* aus der Bahn werfen würde. Das machte meine freie Zeit zu einer ziemlich trostlosen Angelegenheit. Ich zockte irgendein belangloses Handy-Game, bei dem man Zahlen ineinanderschieben musste – erst nach drei Stunden wurde es mir zu langweilig. Ich scrollte lustlos und auf der Suche nach Ablenkung durch meine App-Ordner und fand zwischen Taschenrechner und Kompass ausgerechnet Tinder. Ich hatte mir die App schon vor Jahren heruntergeladen, allerdings ohne ernste Absichten, sondern nur um meinen Marktwert anhand der Matches zu messen, wenn der Liebeskummer mal wieder an meinem Selbstwertgefühl nagte.

Eigentlich hatte ich mir geschworen, dass ich mich erstmal von Männern fernhalten wollte. Ich hatte auch absolut keine Lust auf Sex oder Dates mit einem Fremden. Andererseits war Tinder ja nicht nur eine Dating-App, sondern auch irgendwie ein Spiel im Multiplayer-Modus. »Ach scheiß drauf«, murmelte ich mir selbst zu und öffnete die App, um mir ein paar Profile anzugucken und eigentlich alle Typen nach links in den imaginären Mülleimer zu wischen.

Blond? Nein! Typ mit Schlange auf dem Arm? Nein! Typ mit langen schwarzen Haaren? Nein! Typ mit oberkörperfreiem Foto? Nein! Der Pumper? Nein! Hans-Peter? Nein! Der 19-Jährige? Viel zu jung, nein! Typ mit einer anderen Frau im Arm? NEIN! Der Rothaarige? Sorry, aber nein! Babyface? Hmm ... nein! Typ mit schwarzer Cap, Sonnenbrille und braungebrannter Haut? Ich stoppte. Der gefiel mir irgendwie: »Mate«, 28, dreißig Kilometer entfernt. In seiner Bio stand nicht viel: Er fragte die Frauen, ob sie mit ihm lieber Burger essen gehen oder Long Island Icetea trinken wollten. Ich überlegte einen Moment, dann wischte ich nach rechts. Match!

Ich wusste nicht, was mich im nächsten Moment dazu verleitete, aber ich tippte: >>*Erst Chili-Cheese-Burger, dann Long Island Icetea. Ist doch klar ;-)*<<

>>*Herzlichen Glückwunsch, Sie sind eine Runde weiter.*<<, antwortete er nur wenige Minuten später. Ich lachte. Tinder-Gespräche fingen meistens mit langweiligem Small Talk an, dass er nicht mit dem klassischen »Hi, wie geht's schöne Frau« antwortete, brachte ihn bei mir eine Runde weiter.

>>*Lieber Pommes mit Mayo oder Ketchup?*<<, schrieb ich zurück.

>>*Mayo natürlich!*<<, antwortete »Mate«.

>>*Herzlichen Glückwunsch, Sie sind eine Runde weiter!*<<, tippte ich.

>>*Lieber Hund oder Katze?*<<, fragte der Typ am anderen Handy.

>>*Hund!*<<

>>*Zum Glück! Keine verrückte Katzen-Lady*<<

Ich lachte. Dieser Typ war witzig – und da ich eh nichts anderes zu tun hatte, ließ ich mich dazu hinreißen, ihm eine weitere Frage zu stellen. Wir schrieben eine Stunde hin und her und kamen schnell zu dem Schluss, dass wir anscheinend auf der gleichen Wellenlänge surften. Ich lackierte mir nebenbei die Fingernägel gold.

Als er mich fragte, ob wir telefonieren wollten, spürte ich kurz einen Stich unter meiner Brust: Eigentlich hatte ich das hier ja überhaupt nicht ernst gemeint. Ich war frisch getrennt und suchte doch bloß nach ein bisschen Ablenkung. Ich hatte doch gar nicht die Absicht, das Gespräch auf irgendwas hinauslaufen zu lassen. Deshalb antwortete ich nicht.

>>*Drückst du dich vor dem Telefonat, weil dann herauskommt, dass du ein 58-jähriger Mann mit Bierbauch bist? Wusste gleich, dass da was nicht stimmen kann =P*<<, schrieb »Mate«. Ich kicherte.

>>*Fuck, das sollte eigentlich nicht so schnell auffliegen. Na gut, hier ist meine Nummer …*<<, tippte ich und spürte plötzlich ein flaues Gefühl im Magen. Mein Telefon klingelte nur drei Sekunden später, jede weitere hätte vermutlich dazu geführt, dass ich mein Handy ins Klo geschmissen und auf der Stelle einen Flug nach Australien gebucht hätte, um dort unterzutauchen.

»Hallo, hier ist ein alter, dicker Mann. Mit wem spreche ich bitte?«, witzelte ich los und verstellte meine Stimme absichtlich tief.

»Uh, *ähm* … Verwählt«, erwiderte mein Gegenüber, was mich zum Lachen brachte.

»Du hast ein schönes Lachen«, sagte er, worauf ich es extra tief und albern wiederholte. Er stieg mit ein. Wer auch immer dieser Typ war, er hatte einen ziemlich guten Humor und er wirkte schlagfertig – das mochte ich.

»Ok, bevor wir jetzt hier stundenlang reden: Ich brauche erstmal alle Eckdaten für deine Akte«, seufzte ich gespielt genervt auf. »Name?«

»Nero«, sagte er.

»Was? Das ist doch ein Scherz?«, prustete ich los.

»Na ja, was soll ich sagen. Meine Eltern sind ziemliche Fans der alten Römer,« erklärte er in freundlichem Ton.

»Okay, Nero. Alter?«, hakte ich nach, als wäre ich eine strenge Beamtin, die ein Gerichtsprotokoll führen musste.

»28!«

»Job?«

»Ich bin leitender Manager in einer Firma für Online-Marketing. Ehrenamtlich engagiere ich mich an meiner ehemaligen Uni in der Talentförderung«, erklärte er.

»Nicht schlecht …« Ich war beeindruckt. Steht mit beiden Beinen fest im Leben? Check! »Abschlussnote?«

»1,3!«

»Scheiße!«, rutschte es mir heraus. Intelligent und fleißig? Check! »Warum?«

»Habe 1,4«, seufzte ich. Wir lachten, übertrumpften uns im Laufe des Gesprächs mit unseren schlagfertigen Antworten und verabredeten uns nach einer Stunde für den gleichen Abend in einer Bar.

Als ich mit weichen Knien ein paar Stunden später am verabredeten Treffpunkt wartete, verfluchte ich mich dafür, dass ich dem Treffen zugestimmt hatte. Was hatte mich da geritten? Ich wollte mir doch bloß die Zeit vertreiben und mich nicht mit irgendeinem Typen treffen. Ich war noch gar nicht bereit dazu, einem Mann gegenüberzutreten. Was, wenn er mich nicht hübsch fand? Wenn er auf dem Absatz umdrehen und sofort wieder gehen würde, weil ihn meine Fotos aus irgendeinem Grund getäuscht hatten? Was, wenn er ein absoluter Idiot war? Wenn er ein Massenmörder und Vergewaltiger oder ein Psychopath war? Andererseits, viel schlimmer als Basti konnte er vermutlich auch nicht sein.

Ich seufzte, kramte in meiner Handtasche nach Zigaretten, als ich hörte, wie sich jemand hinter mir räusperte und mit samtiger Stimme meinen Namen sagte. Ich drehte mich um: Nero sah gut aus. Er trug ein schwarzes, lockeres Shirt, auf seinen Kopf hatte er eine schwarze Snapback gesetzt. Er war zwar nur ein paar Zentimeter größer als ich, aber das war nicht schlimm, sein Körperbau war athletisch, seine Augen zierten lange schwarze Wimpern.

»Hey«, lächelte ich verlegen.

»Oh, ich glaube, ich habe mich vertan«, sagte er. Mein Herz blieb stehen, mein Lächeln fror ein. »Ich war eigentlich auf der Suche nach einem alten Mann mit Bierbauch und nicht nach einer so hübschen Lady«, fügte er schnell hinzu.

Für einen kurzen Schockmoment hatte ich geglaubt, dass mein größter Albtraum wahr geworden und er enttäuscht von meinem Äußeren war. Ich hasste Basti dafür, dass er mir diese Scheiße eingeredet hatte. Doch als Nero seinen Satz weiterführte, stieg ich erleichtert in sein Lachen ein.

Fünf Minuten später saßen wir an einem Tisch im Außenbereich einer Sportsbar und blödelten herum. Ich fragte ihn nach seinem Lieblingscocktail, seinem beruflichen Werdegang, seinem Lieblings-Menü bei Burger King. Er war witzig, frech und mixte auf sehr sympathische Weise den prolligen Assi und den smarten Gentleman.

»Ok, jetzt die wichtigste Frage«, kündigte ich ernst an und machte eine dramatische Pause: »Welches Sternzeichen bist du?«

Er lachte: »Löwe!«

»Uuuuhh, ein Löwe …«

»Oh, die Reaktion verrät einiges. Schlechte Erfahrung mit Löwen?«, fragte er mich und schmunzelte. Ich überlegte kurz: Nein, eigentlich nicht. Griffe ins Klo hatte ich bisher hauptsächlich mit Widdern und Wassermännern gemacht.

»Ne, gar nicht. Aber Löwen sind stur! Und ich weiß nicht, ob Jungfrauen und Löwen so gut miteinander auskommen«, erklärte ich, Julie Schmidt professionelle Astro-Expertin, musste mir dann allerdings selbst eingestehen, dass ich eigentlich keine Ahnung hatte, welche Eigenschaften dem Sternzeichen Löwe zugeschrieben wurden: »Aber das recherchieren wir jetzt lieber noch mal«, zwinkerte ich ihm zu, bevor ich nach meinem Smartphone griff – er schüttelte amüsiert den Kopf und verdrehte die Augen.

»Ich habe was gefunden«, verkündete ich nach ein paar Sekunden und las vor: »Jungfrau und Löwe können ein gutes Team bilden. Allerdings ist der Löwe ein spontaner Bauchmensch, während die Jungfrau immer alles überdenken muss. Hier prallen zwei Welten aufeinander, die sich gut ergänzen können, wenn beide zu einem Kompromiss bereit sind: Die

Jungfrau sollte ihre Kontrollsucht im Zaum haben, der Löwe Verständnis dafür aufbringen können, dass sein Gegenüber erstmal nachdenken möchte.«

»Trifft das auf dich zu?«, fragte Nero neugierig, während er mit beiden Händen nach seinem Cocktailglas griff – er hatte schöne Finger.

Ich nickte heftig: »Ja, bevor ich mich mal auf irgendwas einlasse, muss ich da echt ewig darüber nachdenken.«

»Ist ja auch keine schlechte Eigenschaft. Ich bin manchmal wirklich etwas zu impulsiv«, lächelte er mit sanftem Blick. Gott, das konnte doch nicht wahr sein. Dieser Typ war ein echter Traummann. Er war erfolgreich in seinem Job, war witzig und zuvorkommend und schien selbst meine schrullige Vorliebe für Sternzeichen, mit Humor zu nehmen.

»Du bist also ein Bauchmensch?«, stellte ich fest.

»Ja, voll! Wenn mir mein Gefühl etwas sagt, weiß ich, was zu tun ist, und dann will ich es sofort. Alles immer nach dem Motto: Ganz oder gar nicht!«, sagte Nero und guckte mir tief in die Augen.

»Und was sagt dir dein Gefühl gerade?«, lächelte ich frech und legte meinen Kopf schräg.

»Das verrate ich dir noch nicht. Ich will die Jungfrau ja nicht verschrecken, weil es ihr zu schnell gehen könnte«, zwinkerte er mir zu.

Eine Stunde später fand ich heraus, was ihm sein Gefühl sagte. Wir hatten inzwischen die Location gewechselt und saßen nebeneinander auf einer gemütlichen Couch in der Abendsonne, während wir Cocktails schlürften und uns über die wirklich wichtigen Dinge des Lebens unterhielten.

»*Georg?* Du willst deinen Sohn Georg nennen? Sorry, aber ich habe gerade eine ganz wichtige Nachricht von meiner besten Freundin bekommen und muss jetzt dringend weg«, witzelte ich.

»Klar, mein erster Sohn wird Georg heißen! Du darfst dafür die Namen für die Mädels aussuchen«, zwinkerte er mir zu.

»Georg und … *hmm* … Renate«, sagte ich amüsiert und ließ meine Hand auf seinen Oberschenkel fallen. In diesem Moment veränderte sich die Stimmung zwischen uns. Nero fing meinen Blick ein, griff nach meiner Hand. Unsere Köpfe bewegten sich langsam aufeinander zu, dann trafen unsere Lippen aufeinander. *Boom!* Das fühlte sich gut an. Seine Lippen waren voll und weich, er schmeckte nach Cola, Rum und einem Spritzer Zitrone – genauso wie mein Lieblingscocktail, der vor uns auf dem Tisch stand. Ich biss sanft in seine Unterlippe, er legte seine Hände an meine Wangen und zog mich noch ein Stück näher. Der Kuss intensivierte sich und sorgte dafür, dass die Schmetterlinge mit den gebrochenen Flügeln in meinem Bauch aufgeregt umherflatterten.

»So viel zum Thema, wir gehen es langsam an«, zwinkerte ich ihm zu, nachdem wir uns aus dem Kuss gelöst hatten, und nahm einen Schluck aus meinem Glas, ohne ihn aus den Augen zu lassen.

»Ganz ehrlich, Julie? Mein Gefühl sagt mir, dass du eine tolle Frau bist, von der ich unbedingt mehr erfahren will«, sagte er und blickte mich dabei ehrlich an. So etwas hatte ich schon lange nicht mehr gehört.

»Das ist schön zu hören«, lächelte ich überfordert. Er nickte, bevor er mich erneut an sich zog, um mir seine Lippen auf meine zu drücken.

Nach dem Kuss grinste ich ihn mit verklärtem Blick an und schüttelte den Kopf: Was passierte hier gerade? Ich war nie ein Fan von Dates gewesen. Um ehrlich zu sein, hatte ich eigentlich noch nie ein echtes Date gehabt. Eigentlich war ich immer nur in Situationen reingeschlittert, um am nächsten Morgen festzustellen, dass ich mal wieder die Kontrolle über mein Leben und vor allem meine Vagina verloren hatte. Diesmal war es anders: Wir lachten, knutschten, er zahlte die Getränke und das Essen und dann brachen wir auf. Als wir am Taxistand ankamen, griff er nach meinen Händen.

»Ich würde dich jetzt eigentlich fragen, ob du noch mit zu mir kommen willst. Aber du bist ja Jungfrau und die müssen bekanntlich immer noch mal eine Nacht grübeln, bevor sie die richtige Entscheidung treffen«, zwinkerte er mir selbstsicher zu.

In diesem Moment schaltete sich erstmals meine Vagina ein: »*Jungfrau? An dir ist nix mehr Jungfrau, Julie Schmidt! Jedes Loch wurde dir schon mindestens einmal gestopft! Da brauchst du hier jetzt nicht einen auf Heilige machen!*« Offensichtlich hatte dieser smarte Typ nicht nur Begeisterung in meinem Verstand, sondern auch zwischen meinen Beinen ausgelöst. Sein Satz ließ einen Blitz zwischen meine Eierstöcke einschlagen, es kribbelte in meinem Unterleib. Dann donnerte mir allerdings ein anderer Satz durch den Kopf, den Basti mir irgendwann mal gesagt hatte: »Wäre das am Anfang anders zwischen uns gelaufen, vielleicht hätte es dann funktioniert.« Was er damit genau meinte, wusste ich nicht, aber es hing sicherlich auch damit zusammen, dass wir gleich beim ersten »Date« in der Kiste gelandet waren. Und da ich nie wieder die gleichen Fehler wie bei Basti machen wollte, ignorierte ich das vorfreudige Pochen zwischen meinen Beinen, atmete einmal tief ein und sagte: »Nein, heute noch nicht. Beim nächsten Mal vielleicht.«

Nero nickte verständnisvoll, ließ ein paar Sekunden verstreichen, bevor er mich angrinste und fragte: »Kannst du morgen?«

Ich lachte: »Dir kann es gar nicht schnell genug gehen, *hmm?*« Er zuckte schelmisch mit den Schultern und zog mich erneut an sich, um mir schon mal eine kleine Kostprobe seiner Zungenkünste zu geben. Meine Vagina pumpte demonstrativ so viel Blut zwischen meine Beine, dass ich kurz davor war, auf meine Entscheidung zu scheißen und einfach mit ihm mitzugehen.

»Schreib mir bitte, wenn du zu Hause bist«, sagte er liebevoll. Ich nickte und ließ mich in die weichen Ledersitze des Taxis fallen. Als die Tür zufiel, grinste ich bis über beide Ohren: *Fuck, hatte ich mich gerade wirklich innerhalb von wenigen Stunden blitzverknallt?*

*

»Ich hatte gestern ein Date«, flötete ich grinsend, als ich am nächsten Tag mit Mia in unserem Lieblingscafé saß. Sie riss ihre Augen weit auf, schüttelte kurz irritiert mit dem Kopf und sagte geschockt: »Was? Mit wem?«

Ich kicherte und klatschte euphorisch in die Hände: Die Glückshormone, die seit dem ersten Kuss mit Nero durch meine Blutbahn wirbelten, hatten mich in ein albernes Känguru auf Speed verwandelt.

»Ich weiß auch nicht, mir war langweilig und dann hab ich getindert. Da war dann plötzlich dieses Foto von Nero … Ja, er heißt Nero! Witzig, oder? Und ich habe nach rechts geswipt, aber ehrlich nur weil mir langweilig war. Tja, und dann ging alles irgendwie ganz schnell: telefoniert, getroffen, geküsst! Es war krass!«, plapperte es aufgekratzt aus mir heraus.

»Boah, Julie! Ich habe mit allem gerechnet, aber nicht damit«, sagte Mia und lachte.

Ich strahlte sie begeistert an und nickte eifrig: »Ich auch nicht! Aber es war wirklich richtig schön!« Mia lächelte und forderte mich auf, dass ich ihr doch bitte etwas mehr Details geben sollte. Den Gefallen tat ich ihr nur allzu gerne.

Ich verfiel mal wieder in einen zwanzigminütigen Monolog, den ich mit einem verklärten Grinsen beendete: »Boah Mia, das ist alles soooo verrückt! Vor wenigen Tagen saß ich hier noch und habe wegen Basti geheult und jetzt? Hatte ich ein Date mit einem Typen, der einfach so etwas wie mein absoluter Traummann ist. Ich meine, wenn ich vorgestern eine Beschreibung hätte abgeben müssen, wäre es genauso ein Typ wie Nero gewesen: ein Mann, der mit beiden Beinen fest im Leben steht, bei dem ich mich von der ersten Sekunde an wohlfühle, der seinen Job liebt, Pläne und Ziele hat und deshalb nicht so mega anhänglich wird, der intelligent und charmant ist und der dabei auch noch meinen Humor teilt – besser geht es doch einfach nicht!«

»Das hört sich richtig schön an! Hat er sich denn heute schon gemeldet?«, fragte sie.

»Ja, klar! Direkt heute Morgen. Vorhin hat er meine Bewerbung gegengelesen und meinen Nachnamen einfach mit seinem ausgetauscht. Ist das nicht niedlich? Gott, wie kann ein Typ innerhalb kürzester Zeit nur so viel richtig machen? Gerade diskutieren wir darüber, ob unsere Kinder noch einen Zweitnamen bekommen sollten. Er will seinen Erstgeborenen Georg nennen, aber das ist auch das einzige Manko an ihm«, sprudelte es aus meinem Mund – meine Worte überschlugen sich fast.

»Ok, wenn ich schon mal nach einem Brautjungfernkleid gucken soll, sagst du aber rechtzeitig Bescheid, ja?«, witzelte Mia.

»Na ja, so weit sind wir jetzt auch noch nicht. Erstmal muss der sich im Bett beweisen«, kicherte ich überschwänglich.

»Oh, ja! Stell dir mal vor, der hat jetzt einen kleinen Penis«, nickte Mia.

»Das wäre *sooo* traurig! Das ist ja auch der Grund, weshalb ich es immer kaum erwarten kann, mit den Typen in der Kiste zu landen. Stell dir mal vor, ich halte ihn für meinen Traummann und dann passt beim Sex einfach gar nichts, das wäre die größte Enttäuschung meines Lebens«, sagte ich.

»Das wäre wirklich frustrierend!«, stimmte sie mir zu.

Ich legte meinen Kopf schräg: »Ich meine, diese ganzen dämlichen Regeln, dass man sich drei Tage nicht melden darf, dass er zuerst schreiben muss und man frühestens beim fünften Date in der Kiste landen darf, das ist doch total veraltet! Ich bin eine Frau, der Sex nun mal wichtig ist, ich verstehe nicht, wieso diese Regeln überhaupt existieren!«

»Na ja, Männer wollen es eben nicht so einfach haben. Die brauchen das Gefühl, dass sie eine Frau erobern. Ich warte meistens bis zum dritten Date mit dem Sex, aber klar, wenn du vorher schon Lust hast, warum nicht?«, sagte sie.

»Das ist mein Problem. Ich jage eben gerne und möchte selbst entscheiden, wann ich Bock hab, mit jemandem in der Kiste zu landen. Ich schwöre dir, wenn der mich auch nur eine Sekunde länger geküsst hätte, wäre ich mitgegangen«, erklärte ich und zog an meiner Zigarette.

»Und warum bist du nicht mitgegangen?«, wollte sie jetzt wissen.

»Na ja, ich dachte mir, dass es vielleicht dann doch alles etwas zu schnell geht … Ich musste auch kurz an Basti denken. Da ging es dann irgendwie nicht«, sagte ich ehrlich. Der kurze Gedanke an Basti hatte mir einen Stich versetzt. Es war schon verrückt, dass ich bisher ganz ohne Drama über die Trennung hinweggekommen war und es mir jetzt so leichtfiel, mich auf einen anderen Typen einzulassen.

»Na ja, ist ja auch egal, Basti ist weg«, seufzte ich gedankenverloren und sagte die Worte weniger zu Mia und mehr zu mir selbst.

»Eben! Und das mit Nero klingt ja wirklich sehr gut. Ich bin gespannt, wie es weitergeht! Und ich freue mich für dich, dass du so einen schönen Abend hattest«, sagte sie und lächelte mich zuversichtlich an.

*

Am nächsten Tag wartete Nero mit seinem weißen BMW-SUV vor unserem Haus. Als er mich erblickte, huschte ihm ein Lächeln über die Lippen. »Hey«, begrüßte ich ihn und ließ mich auf den Beifahrersitz fallen. Er beugte sich zu mir vor und drückte mir wie selbstverständlich einen flüchtigen Begrüßungskuss auf die Lippen.

»Man fahre mich nach Colonia, Herr Kutscher. Ich habe es eilig«, sagte ich nach dem Kuss und lachte. Nero schüttelte schmunzelnd seinen Kopf, startete den Motor und manövrierte den Wagen einhändig aus der Einfahrt. Unser Ziel war der Kölner Flughafen, von dort aus ging mein Flieger Richtung Berlin, wo ich am nächsten Tag ein Vorstellungsgespräch hatte.

»Ihr Wunsch ist mir Befehl«, zwinkerte er mir zu. Ein breites Grinsen klebte mir auf den Lippen. Statt eines aufgeregten Herzklopfens löste Neros Anwesenheit eine wohlige Wärme unter meiner Brust aus, und das fühlte sich unfassbar gut an.

Er erkundigte sich aufmerksam danach, wie mein Tag bisher gewesen war, und wollte wissen, welches Urteil meine beste Freundin über ihn gefällt hatte. »Sie ist auf deiner Seite«, zwinkerte ich ihm zu. Für ein paar Sekunden schwiegen wir und genossen einfach nur die vertraute Zweisamkeit, was paradox war, weil es sich erst um unser zweites Treffen handelte, aber so fühlte es sich eben nicht an.

Dann kam mir eine weltbewegende Frage in den Sinn: »Welche Gummibärchenfarbe bevorzugst du?«

»Rot!«, schoss es sofort aus ihm.

»*Waaaaas?* Grün natürlich«, empörte ich mich über seine Aussage.

Unser persönliches Quizz-Duell war damit eröffnet. Ich fragte ihn, was er von Oliven und Lakritz hielt, erkundigte mich nach seinen Lieblingssongs und holte seine Meinung zu offenen Zahnpasta-Tuben ein. Wir redeten eine Stunde ohne Punkt und Komma und lernten uns mit jeder weiteren Antwort noch besser kennen. Ich erzählte ihm viel von mir, meinem Job, meinen Freunden, meiner Familie, meinen Zukunftsplänen, aber nur wenig über meine Vergangenheit und schon gar nichts über Basti. Er hörte aufmerksam zu und stellte interessierte Rückfragen.

Es war doch kaum möglich, dass dieser Typ einfach so in mein Leben spazierte und es komplett auf den Kopf stellte. Zwei fucking Jahre hatte ich um Basti gekämpft, meine ganze Energie in ihn gesteckt und trotzdem hatte es nie ausgereicht. Und jetzt saß ich hier neben Nero im Auto, den ich nicht mal drei Tage kannte, der aber jetzt schon mehr Nähe zugelassen hatte als Basti in der ganzen Zeit.

»Findest du das nicht auch alles ein bisschen verrückt?«, fragte ich Nero, während ich aus dem Fenster starrte und einen Blick auf meinen geliebten Kölner Dom erhaschte. Die Stadt war nie mein zu Hause, aber immer eine Heimat gewesen. Jedes Mal, wenn ich den Dom erblickte, wurde meine Brust mit Liebe geflutet.

»Was meinst du?«

»Wir kennen uns keine drei Tage und es fühlt sich an, als würden wir das hier schon seit Jahren machen. Und als wäre schon alles zwischen uns geklärt. Das ist doch verrückt, oder nicht?«, sagte ich.

»Na ja, ich wusste nach fünf Minuten, dass ich mir eine Beziehung mit dir vorstellen kann«, sagte Nero gelassen. Für ihn schien es das normalste der Welt zu sein, dass man sich nach *einem* Date bereits sicher mit der anderen Person war.

»Also …«, sagte ich und stockte, weil ich nicht wusste, ob es eine gute Idee war, meine Gedanken dazu mit ihm zu teilen.

»Hm?«

»Ich … Ich weiß nicht, mich überfordert das ein bisschen. Ich finde das schön, versteh mich nicht falsch, und ich fühle mich bei dir so wohl wie schon lange nicht mehr bei einer Person. Aber ich kenn solche Situationen nicht. Bei mir dauert es normalerweise Monate, bis ich mir mal überlegt habe, dass ich jemanden gernhabe«, sagte ich vorsichtig und warf ihm einen unsicheren Blick von der Seite zu. »Julie, mein Bauchgefühl sagt mir, dass das mit uns funktioniert. Entspann dich doch einfach und genieße das hier«, kommentierte er meine Gedanken und drückte mir einen beruhigenden Kuss auf die Lippen.

*

Das Vorstellungsgespräch in Berlin lief fantastisch. Nero hatte mir Mut zugesprochen, mir lustige Bilder geschickt und angerufen, um mich von meiner Nervosität abzulenken. Er war großartig und ich war verknallt. Als ich wieder in Köln landete, fühlte es sich an, als würde ich weiter auf Wolken gehen. Sobald ich den Flugmodus ausschaltete, hatte ich schon eine Nachricht von Nero: >>*Stehe in der Nähe vom Taxistand*<<

Ich stürmte als Zweite aus dem Flugzeug und rannte fast über den Flughafen, so eilig hatte ich es. Nero lehnte lässig an der Beifahrertür seines Autos, ich hüpfte auf ihn zu und sprang ihm in die Arme, um ihm einen euphorischen Kuss auf die Lippen zu drücken.

»Da hat aber jemand richtig gute Laune«, sagte er, als wir uns aus dem Kuss gelöst hatten.

»Klar, du bist da, das Gespräch lief mega, ich bin einfach nur glücklich!« Meine Stimme ähnelte einem Quietschen.

Als wir im Auto saßen, quatschte ich vor mich hin, riss alberne Witze und strahlte ihn immer wieder begeistert an. Bis er ganz unwissentlich in ein Wespennest stach und mich fragte, wann ich eigentlich meine letzte Beziehung gehabt hätte. Von der einen auf die andere Sekunde stürzten die Schmetterlinge unter meiner Brust ab: »*Hmm … das ist kompliziert*«, seufzte ich und pfriemelte verlegen an den Riemen meiner Handtasche herum.

»Wieso?«, fragte er irritiert.

»Ach … weil das eine blöde Geschichte war und es nie so einen richtigen Anfang und ein richtiges Ende gab«, versuchte ich, seiner Frage auszuweichen. In was für eine Dynamik Basti und ich da eigentlich reingeraten waren und wie ich unser Verhältnis erklären sollte, das wusste ich zu diesem Zeitpunkt noch nicht. Ich wusste nur, dass ich ihn für so etwas wie meine große Liebe gehalten hatte, dass mir unsere Beziehung nicht wirklich gutgetan hatte und es mir bisher nicht gelungen war, mich langfristig von ihm fernzuhalten.

»Und wie lange ist das her?«, hakte er blöderweise noch einmal nach.

»*Hmm … weiß nicht …*«, sagte ich und guckte ausweichend aus dem Fenster. Meine Hände schwitzten und klammerten sich an der Handtasche fest, die auf meinem Schoß stand – seine Fragen waren mir sichtlich unangenehm.

»Aha. Anscheinend willst du darüber nicht reden«, stellte er harsch fest und drehte die Musik auf.

Ich sah ihn entgeistert an: »*Ähm,* Nero?«

»Ne, ist ok. Ich hab es verstanden«, blockte er ab.

»*Waaas?* Bist du bescheuert? Was willst du denn jetzt bitte verstanden haben?«, fragte ich empört.

»Boah, gar nichts. Es ist in Ordnung, wir reden einfach nicht darüber. Darf ich jetzt weiterfahren?«, meckerte er mich an und drückte aufs Gaspedal.

Ich seufzte und verschränkte die Arme vor der Brust. Arsch! Ich konnte doch nichts dafür, dass die Sache mit Basti so kompliziert gelaufen war und es keine einfache Antwort auf seine Frage gab. Wann sollte ich die Trennung datieren, wenn es offiziell nie eine Beziehung gab? Und wie sollte ich ihm bitte davon erzählen, wenn er direkt bei den ersten Sätzen völlig dicht machte? Ich hatte ihm die Information ja nicht böswillig vorenthalten, ich wusste nur selbst nicht, wie ich ihm erklären sollte, was das mit Basti und mir gewesen war.

Nero ignorierte mich weiter. Was mich wütend machte. Wenn es eine Sache gab, mit der ich absolut nicht umgehen konnte, dann war es das. Am liebsten hätte ich einen Tobsuchtsanfall bekommen und ihn angeschrien, dass er das jetzt sofort mit mir ausdiskutieren sollte, aber dann hätte er vermutlich weiter auf Basti herumgeritten und darauf hatte ich keine Lust. Ich atmete einmal tief ein und aus, warf ihm einen Blick von der Seite zu und drehte die Musik leiser.

»Darf ich jetzt nochmal kurz etwas dazu sagen?«, fragte ich versöhnlich.

»Mach doch«, zuckte er mit den Schultern.

»Es ist noch nicht so lange her, dass wir uns getrennt haben. Ich kann darüber aber auch nicht so gut reden, weil da ziemlich viel Scheiße passiert ist und ich ihn einfach aus meinem Leben radiert habe, als wäre er nie da gewesen. Das hat heute keine Bedeutung mehr«, sagte ich ruhig.

»Ok«, nickte er.

»Wann hattest du denn deine letzte Beziehung? Und warum habt ihr euch getrennt?«, hakte ich nach.

»Vor zwei Jahren. Wir haben uns getrennt, weil sie nicht verstanden hat, dass mir mein Job wichtig ist und ich manchmal eben keine Zeit habe. Sie ist deshalb immer ausgeflippt, und das hat mich genervt«, erklärte Nero.

»Oh, das wird dir mit mir nicht passieren«, kicherte ich. »Job geht immer vor! Wenn ich einen Termin habe, dann hat der Priorität, und ich erwarte, dass mein Partner das akzeptieren kann. Ich finde jeder sollte weiter seine Freiheiten haben und sich für den anderen nicht einschränken müssen«, sagte ich.

»Das sehe ich auch so. Solange man darüber spricht, ist doch alles gut«, nickte er, seine Gesichtszüge wirkten jetzt schon viel weicher.

»Ist wieder alles okay zwischen uns?«, fragte ich trotzdem noch mal nach.

Er lachte leise: »Ja, hör auf, dir so viele Gedanken zu machen.«

Ich nickte, die Gedankenspirale in meinem Kopf stoppte deshalb aber noch lange nicht. Ich dachte deshalb so viel über alles nach, analysierte jedes Wort des anderen und spielte Situationen im Kopf durch, zu denen es vermutlich nie kam, weil ich Angst davor hatte, dass ich etwas falsch machen könnte oder einen wichtigen Warnhinweis übersehen würde. Was natürlich auch daran lag, dass Bastis Manipulationen dafür gesorgt hatten, dass ich meinem eigenen Verstand nicht mehr traute. Statt direkt zu mir nach Hause zu fahren, fuhren wir zu einem Italiener, aßen dort und quatschten ganz ungezwungen, als wäre die kleine Auseinandersetzung nie passiert.

Als er mich ein paar Stunden später vor meiner Haustür absetzte, lächelte ich selig und gähnte. Ich war von dem aufregenden Kurztrip nach Berlin so geschafft, dass selbst meine Vagina zu müde war, um ihn nach oben zu bitten. »Sorry, ich bin total müde. Bist du sehr böse, wenn ich jetzt einfach nur noch schlafen will?«, fragte ich ihn verlegen und lächelte entschuldigend.

»Nein, alles gut – wir haben ja alle Zeit der Welt«, sagte er und drückte mir einen Kuss auf die Lippen. *Nero war wirklich ein toller Mann.*

*

Das bewies er mir auch bei den Treffen danach: Jedes Date hatte einen Oscar für die schönste Liebesszene verdient. Nero war der Prinz im weißen SUV, der in mein Leben gerast war, um die Pechsträhne endlich zu beenden und mir zu zeigen, wie schön die Liebe sein konnte. Diese überraschende Wendung in meinem Liebesleben konnte ich meinen Freundinnen natürlich nicht länger vorenthalten. Deshalb tanzte ich ein paar Tage später breitgrinsend in eine Bar, in der ich mich mit Trixi und Pia verabredet hatte.

»Na, ihr Süßen?«, zwitscherte ich meinen Freundinnen entgegen. Sie warfen sich einen irritierten Blick zu. In den letzten Monaten hatten sie immer nur einer ausgelaugten, kraftlosen, traurigen Hülle von mir gegenübergesessen, jetzt spazierte ich in den Laden, als wäre ich das blühende Leben.

»Du hast ja richtig gute Laune«, stellte Trixi erfreut fest und warf mir einen neugierigen Blick zu.

Ich nickte eifrig, ließ mich auf den Stuhl fallen, faltete meine Hände ruhig auf dem Tisch und fing die erwartungsvollen Blicke meiner Freundinnen ein: »Ok, ich muss euch was erzählen.«

Beide zogen ihre Augenbrauen kritisch in die Höhe. Ich atmete einmal tief durch und sagte: »Ich habe jemanden kennengelernt. Ich weiß, dass es bescheuert klingt, aber er ist sowas wie mein absoluter Traummann.«

Trixi und Pia entglitten die Gesichtszüge, was mich so sehr zum Lachen brachte, dass sich die Leute vom Nebentisch zu uns umdrehten. Die beiden brauchten ein paar Sekunden, um ihre Fassung zurückzugewinnen. Ich konnte gut verstehen, dass sie da nicht ganz mitkamen, ich selbst kam ja kaum hinterher.

»Ok, stopp, stopp, stopp! Aber was ist mit Basti?«, fragte Trixi mich mit großen Augen.

Mein Blick verdunkelte sich: »Der hat mal wieder mit mir Schluss gemacht.« Nach einer kurzen Pause äffte ich ihn verbittert nach: »Julie, du wärst ja eigentlich DIE Frau für mich, aber irgendwie kann ich es nicht, und jetzt habe ich endlich eine kennengelernt, mit der es funktionieren könnte ... *Blah, Blah, Blah* ...«

»Scheiße«, seufzte Pia und sah mich betroffen an.

»Scheiß drauf. Ist mir jetzt auch egal, ganz ehrlich? Wahrscheinlich ist das besser so«, platzte es selbstsicher aus mir heraus, was für noch größere Fragezeichen in ihren Gesichtsausdrücken sorgte.

Dass ich diese Worte jemals aussprechen würde, hätte ich mir nur wenige Wochen zuvor niemals zugetraut. Und doch kamen sie mir nun ganz beiläufig und emotionslos über die Lippen. Ich wollte nicht mehr die Frau sein, die immer nur Pech mit Männern hatte.

»Seitdem Nero da ist, ist mir erstmal klar geworden, was für ein Idiot Basti eigentlich war«, legte ich nach und konnte mir ein bedeutungsvolles Grinsen nicht verkneifen.

»Ok, also ist Basti jetzt Geschichte?«, fragte Pia vorsichtig. Ich nickte heftig und glaubte das in diesem Moment auch.

»Dann wollen wir jetzt alles über Nero hören!«, warf Trixi neugierig ein. Ich klatschte vorfreudig in die Hände und erzählte ihnen alles, was in den letzten eineinhalb Wochen passiert war. Sie hörten mir aufmerksam zu, lachten, nickten und kamen aus dem Staunen nicht mehr heraus.

»Und wie ist er im Bett?«, wollte Trixi mit einem vielsagenden Grinsen wissen, als ich meine euphorische Erzählung beendet hatte.

Ich stockte kurz. Tja, das war eine gute Frage, auf die ich bisher noch keine Antwort hatte. »Wir haben noch nicht miteinander geschlafen. Bisher hat sich das noch nicht ergeben, aber das ist auch nicht schlimm. Das fühlt sich sogar richtig gut an, weil es mir zeigt, dass es ihm im Gegensatz zu den anderen Männern eben nicht nur um den Sex mit mir geht«, erklärte ich. Meine Freundinnen nickten beeindruckt.

»Und ihr seid jetzt einfach so zusammen? Das klingt ja schon nach einer Beziehung, oder?«, wechselte Pia das Thema.

»Ja, also ... keine Ahnung. Ich weiß, dass das verrückt klingt, aber ihm kann das ja alles irgendwie nicht schnell genug gehen. Ich glaube, er würde schon sagen, dass wir zusammen sind. Aber ich würde da gerne erstmal noch ein bisschen abwarten«, sagte ich.

Trixi nickte: »Das mit Basti ist ja auch noch ziemlich frisch alles. Also ich finde gut, dass du endlich einen Schlussstrich gezogen hast, aber ich glaube, du musst da vielleicht auch noch ein bisschen was aufarbeiten, oder?«

Ich verschränkte die Arme abweisend vor der Brust und zuckte mit den Schultern: »Keine Ahnung, vielleicht muss ich ja auch gar nichts aufarbeiten? Vielleicht ist das jetzt einfach vorbei, und ich kann endlich glücklich werden. Ich habe absolut keine Lust mehr, mich damit zu beschäftigen!«

*

Dass ich mich leider mal wieder einer wunderschönen Illusion hingegeben hatte und Trixi mit ihren Beobachtungen absolut recht behalten sollte, musste ich auf schmerzlichste Art und Weise ein paar Stunden später erfahren.

Wir hatten gesessen, gelacht, getrunken und uns alte Geschichten aus der Schulzeit erzählt. Bis ich mich für eine Zigarettenlänge nach draußen verzog. Ich war wirklich glücklich und befreit. Das war der Grund dafür, weshalb ich nicht wie sonst auf mein Handy starrte, während ich meine Zigarette rauchte, sondern meinen freundlichen Blick über die Terrasse schweifen ließ und die Menschen beobachtete: Dort saß eine Männergruppe, die sich gerade mit ihren vollen Weizengläsern zuprostete, daneben eine Familie mit zwei niedlichen Hunden, dahinter zwei Teenies, die offensichtlich ihr erstes Date hatten, so verkrampft wie sie sich anlächelten. Und am Tisch daneben saß eine Gruppe junger Typen, die gerade laut über irgendeinen Witz lachten.

Mein Herz blieb stehen. Da saß er. Basti. Die Melodie seines Lachens erkannte ich auf Tausende Meter Entfernung. Das Adrenalin kickte durch meine Venen, als hätte ich mir gerade einen Schuss Heroin gesetzt. Die Menschen und Geräusche um ihn herum verschwommen. Ich zitterte, schwitze unter den Brüsten, meine Halsschlagader pochte, meinen Körper bedeckte eine Gänsehaut, meine Muskeln verkrampften. Es war der Bruchteil einer Sekunde, in dem ich wie eine Antilope vor einem Löwen erstarrte, und nur noch meinen eigenen Herzschlag und sein Lachen hören konnte. Dann sah ich, wie sich Bastis Augen kurz weiteten, er seinem Kumpel die Hand auf den Unterarm legte, sich vorbeugte, um ihm etwas ins Ohr zu flüstern. Ich nahm wahr, wie er wieder in meine Richtung guckte, seinen Stuhl geräuschvoll nach hinten schob und gerade dabei war aufzustehen, als mein Fluchtreflex einsetzte.

Ich rannte. Ich rannte um mein verdammtes Leben. Meine langen Beine flogen durch die Luft. Mein Herz pochte heftig und trieb mich kopflos voran. Ich vergaß zu atmen. Ich wusste nicht, wieso ich rannte, ich wusste nicht, wohin ich rannte, ich wusste nur, dass ich es nicht überleben würde, Basti auch nur eine Sekunde länger in seine braunen Augen zu starren. Nach fünfhundert Metern stiegen mir die Tränen in die Augen und meine Beine gaben ganz plötzlich nach. Ich brach auf der Straße zusammen. Die Tränen rannen mir über die Wangen, ich zitterte und schluchzte verzweifelt auf.

Als ich auf den Boden sackte, explodierte eine Handgranate in meiner Brust: Plötzlich war der Schmerz da, der in den letzten Wochen nicht in mir aufsteigen wollte. Er zog sich durch meinen ganzen Körper. Das war der Moment, in dem ich es zum ersten Mal wirklich realisierte: Basti war weg, er war wirklich weg! Er hatte sich gegen mich entschieden. Er hatte mir mein Herz herausgerissen. Er hatte mir wieder weh-getan, hatte mich wieder die Klippe hinuntergestürzt. Er hatte mich verlassen. Ich war alleine. Wir hatten keine Zukunft. Es war vorbei. Er würde nie wieder zurückkehren. Die Handgranate, die in Form von Bastis unerwarteter Anwesenheit in mein Leben geschmissen wurde, sorgte dafür, dass die schöne Illusion von meinem persönlichen Happy End einfach in die Luft geflogen war. Ich heulte verzweifelt auf, lag auf dem kalten Steinboden und japste nach Luft, es fühlte sich an, als würde ich ersticken.

»Julie, Scheiße! Was ist passiert?«, drang irgendwann eine Stimme zu mir durch. Ich guckte hoch. Um mich herum hatten sich bestimmt zwanzig Menschen versammelt, meine Freundin Pia hatte sich zu mir gehockt und fuhr sachte mit dem Finger über meinen Oberarm.

Ich riss meine Augen auf und guckte sie verzweifelt an: »Die sollen verschwinden!«, presste ich atemlos über meine Lippen und ließ meinen Kopf verschämt auf meine Knie fallen. Pia atmete einmal tief durch, nickte und stand dann auf: »Alles gut, ihr könnt weitergehen. Ich glaube es wäre gut, wenn wir sie alleine lassen.«

Ich weinte laut vor mich hin, presste meine Augen fest auf die Knie und durchtränkte meine Jeans mit meinen Tränen. »Er ist weg«, faselte ich. »Er ist weg, er ist einfach weg. Es tut so weh, es tut so weh«, weinte ich apathisch, die Tränen rannen jetzt in Wellen über meine Wangen.

»Hey, alles wird gut. Wir sind da, wir kriegen das schon wieder hin«, sagte Pia beruhigend. Nun spürte ich eine Hand auf meinem nassge-schwitzten Rücken, die beruhigend darüberstrich.

»Was ist denn passiert?«, hörte ich die Stimme von Trixi.

Die Frage konnte ich ihr in diesem Moment schon nicht mehr beant-worten, weil ich mich nicht daran erinnern konnte, wie ich mich aus der Schockstarre gelöst hatte und dann hier auf dem Boden zusammengebro-chen war. Blackout.

»Er ist weg ... Er ist wirklich weg ...«, heulte ich stattdessen und zitterte am ganzen Körper.

»Wollen wir vielleicht ... woanders hingehen?«, fragte Pia zaghaft. Ich sah sie mit panischen, feuchten Augen an.

»Ich kann nicht«, weinte ich.

Sie lächelte liebevoll, wischte mir mit dem Finger die Tränen von den Wangen: »Doch, das kannst du«, sagte sie optimistisch und hielt mir ihre Hand hin. Ich guckte sie verschämt an. Um uns herum standen immer noch ein paar Schaulustige, die nicht den Anstand besaßen, einfach zu ignorieren, dass da gerade eben eine Frau auf der Straße lag und einen Nervenzusammenbruch erlitt.

»Ich kann nicht aufstehen«, sagte ich mit brüchiger Stimme und schüttelte mit großen Augen meinen Kopf.

»Doch«, lächelte Pia und versuchte, mich an meinem Arm hochzuziehen. Meine Beine schlotterten immer noch, ich stand für eine Sekunde, dann knickten sie wieder weg. Das war kein Scherz, das war auch keine melodramatische Übertreibung. Das war eine echte Reaktion meines Körpers, gegen die ich mich nicht wehren konnte.

»Fuck, das geht ja wirklich nicht«, musste sich meine Freundin Pia nach dem dritten Versuch eingestehen. Ich brach erneut in Tränen aus.

*

Es hatte zwei Stunden gedauert, bis ich mit Pias Hilfe aufstehen konnte. Schon im Taxi schlief ich erschöpft ein. Wie ich in mein Bett gekommen war, wusste ich nicht. Als ich am nächsten Morgen aufwachte, fühlte sich die Welt für einen kurzen Moment friedlich an, bis mir der Gedanke an meinen Nervenzusammenbruch auf der Straße kam. Mir stieg die Schamesröte ins Gesicht, und ein schweres, ekliges Gefühl machte sich in meiner Brust breit. Als ich auf mein Handy guckte, um mich bei Trixi und

Pia zu entschuldigen, brach ich in Tränen aus. Da standen drei Namen auf dem Display: Nero, Pia und Basti.

Bastis Nachrichten öffnete ich zuerst:

23.24 Uhr: >>Julie, bist du das eben gewesen?<<

23.56 Uhr: >>Man scheiße, ich vermisse dich! Können wir jetzt nicht mal mehr miteinander reden?<<

2.17 Uhr: >>Kennst du diese Kuscheltiere auf denen ›Ohne dich ist alles doof‹ gedruckt ist? Das stimmt verdammte Scheiße, sie haben recht! Ohne dich ist alles doof.<<

Ich weinte bitterliche Tränen, weil Basti so egoistisch war und er keine verdammte Ahnung hatte, was sein Anblick in mir ausgelöst hatte. Er vermisste mich? Schön für ihn! Ohne mich war alles doof? Hätte ihm das nicht mal früher einfallen können? Er wollte reden? Toll, ich konnte aber nicht reden, weil ich leider gerade dabei war, einen Nervenzusammenbruch zu verarbeiten, weil ich es nicht ertragen konnte, dass er nicht mehr in meinem Leben war.

Plötzlich tat mir wieder alles weh, mir wurde schlecht. Ich stürmte aus dem Raum und schaffte es gerade so bis zur Toilette, um mich in die Kloschüssel zu erbrechen. Es dauerte fünfzehn Minuten, bis ich mich beruhigt hatte, dann las ich die Nachricht von Pia: *>>Hey, ist alles okay bei dir?<<* Jetzt stieg die Scham wieder in mir hoch. Ich war eine scheißpeinliche Person, die absolut gar keine Kontrolle über sich hatte. Ich ekelte mich vor mir selbst.

>>Ja, geht schon. Danke, dass ihr gestern für mich da gewesen seid. Ich schäme mich sehr.<<, tippte ich meine Nachricht an Pia.

Dann öffnete ich die Nachricht von Nero: *>>Hey Baby, kommst du heute bei mir vorbei? Ich vermisse dich :-*<<*

Ich erschauderte. Nein, ich würde ganz sicher nirgendwo hingehen. Ich wollte Nero auch nicht sehen. Er war ein Traummann und ja, bisher war alles mit ihm perfekt gewesen, aber er war einfach nicht Basti. Da konnte er noch so lieb sein, er würde niemals seinen Platz einnehmen können! Deshalb legte ich mein Handy auch wieder zur Seite und ließ seine Nachricht unbeantwortet.

Ich war so erschöpft, aufgewühlt und verschämt, dass ich mich in mein Zimmer einschloss, alle Fenster verdunkelte, mein Handy ausschaltete, mich unter meiner Bettdecke vergrub und einschlief. Ein paar Stunden später schreckte ich aus einem Albtraum hoch, in dem ich inmitten eines blutigen Schlachtfeldes stand und Basti mit einem Messer auf mich zuschritt. Ich stürmte auf die Toilette, übergab mich, schämte mich, rauchte eine Beruhigungszigarette und legte mich zurück ins Bett. Dort schaltete ich das Handy erneut an: sieben Nachrichten von Nero, eine von Mia.

Nero fragte erst, ob alles okay sei, ob er sich Sorgen machen müsste, dann schrieb er mir, dass er es nicht witzig fand, dass ich mich nicht meldete, später schickte er Fragezeichen und am Ende nur noch ein saures >>*Dann halt nicht. Ciao!*<<. Mia erkundigte sich, ob unser Treffen am nächsten Tag noch stand, sie wusste noch nichts von meiner erbärmlichen Fluchtaktion.

Auf Neros Nachrichten antwortete ich wieder nicht. Ich hatte kein Bock auf das Theater mit ihm und wusste außerdem auch nicht, wie ich ihm sagen sollte, was mit mir passiert war. Was in erster Linie daran lag, dass ich ihm dann von Basti hätte erzählen müssen – was ich auf keinen Fall wollte, weil es ein schlechtes Licht auf mich geworfen und ihm vermutlich das Gefühl gegeben hätte, für mich nur ein Lückenbüßer zu sein.

Mia schrieb ich: >>*Hey, ja, wenn du zu mir kommst. Es ist etwas ziemlich Beschissenes passiert, und ich traue mich nicht mehr aus dem Haus.*<<

Dann schaltete ich das Handy wieder aus und vergrub mich erneut unter der Bettdecke.

*

»Ach, mein Mädchen. Was ist denn passiert?«, seufzte Mia und zog mich kurz in ihre Arme, als ich ihr am nächsten Tag mit fettigen Haaren und roten, dicken Augen die Tür öffnete.

Ich schluchzte sofort los: »Basti ist passiert ...«

»Was hat der Arsch gemacht?«, fragte sie mich und kramte ein Taschentuch aus ihrer Handtasche.

»Gar nichts. Er stand einfach nur da, und ich bin durchgedreht und weggerannt und dann bin ich mitten auf der Straße zusammengeklappt. Das haben mega viele Leute mitbekommen, die halten mich jetzt bestimmt alle für verrückt. Und ich kann es ihnen nicht mal übelnehmen«, plärrte ich los und schnäuzte in mein Taschentuch.

»Puh, okay«, nickte Mia und ließ sich auf die schwarze Ledercouch fallen.

Von der glücklichen, befreiten und lebensfrohen Julie, die ich noch am Vortag gewesen war, war nichts mehr übrig. Jetzt ähnelte ich wieder dem gleichen Wrack, das Basti vor nicht mal drei Wochen zurückgelassen hatte. Wir rauchten schweigend ein paar Zigaretten, mein Handy vibrierte, ich guckte kurz drauf, dann platze ein frustriertes »Boah, das ist so eine abgefuckte Scheiße!« aus mir heraus.

»Basti?«, fragte Mia und zog eine Augenbraue hoch.

»Nein, Nero! Der nervt mich jetzt schon seit zwei Tagen und will wissen, was los ist! Was soll ich dem denn sagen? Hallo, ich hatte einen Nervenzusammenbruch, weil ich die Liebe meines Lebens auf der Straße getroffen habe und auf seinen Anblick nicht klarkam?«, fragte ich aufgebracht.

»Nee, das ist wohl keine gute Idee, da hast du Recht«, nickte sie nachdenklich und seufzte: »Aber irgendwas musst du ihm ja sagen, oder?«

Ich lachte bitter auf: »Ja, ich muss ihm wohl sagen, dass das mit uns nicht funktioniert, weil ich gestört bin und in die Klapse gehöre!«

»Tust du nicht!«, zwinkerte sie mir liebevoll zu. Ich zuckte mit den Schultern – wirklich sicher war ich mir da nicht.

Mia verdrehte die Augen und schüttelte liebevoll den Kopf: »Quatsch, aber vielleicht ist es wirklich ein bisschen zu früh, um einen anderen Menschen in dein Leben zu lassen.«

»Ja, ich werde sowieso niemals über Basti hinwegkommen und für immer alleine sein«, jammerte ich melodramatisch. Ich war in meinem eigenen Schmerz und meiner Scham gefangen und konnte gar nicht mehr zwischen Realität und Gedanken-Apokalypse unterscheiden.

Alleine bei dem Gedanken daran, diese verletzliche Seite mit Nero oder irgendeinem anderen Mann teilen zu müssen, flammte die pure Panik in mir auf, kalter Schweiß sammelte sich unter meinen Brüsten und auf meinem Rücken. Weshalb ich kopflos einen Entschluss fasste und hektisch die vorerst letzte Nachricht an Nero in mein Handy tippte: >>*Hey, nein, mir geht es nicht gut. Ich kann dir das nicht erklären, aber es ist wohl besser, wenn wir das mit uns beenden, bevor es richtig angefangen hat. Ich will dich da nicht mit reinziehen. Tut mir leid, du findest eine Bessere. Julie*<<

Kapitel 7: Die Nummer mit der Beziehungs- unfähigkeit

Lieber _____,

( ) danke, dass wir eine mittelmäßige Nummer geschoben haben.

( ) sorry, dass ich mich wie eine Psychopathin benommen habe und nach unserem Date einfach abgetaucht bin.

( ) nur damit das klar ist: Sonst steige ich nicht mit verheirateten Männern in die Kiste!

XOXO Julie Schmidt

P.S.: Kreuze doch bitte selbst an, was auf dich zutrifft.

*

»Ich hatte gestern einen richtig guten One-Night-Stand«, erzählte Mia mir an einem frostigen Januarabend bei einem Weißwein, als wir mit Decken auf dem Schoß unter dem Heizpilz auf der Terrasse einer Bar saßen, und fuhr dann noch vielversprechend fort: »Der hatte es mit seiner Zunge wirklich drauf, ich bin zweimal gekommen.«

»Das freut mich richtig für dich!«, erwiderte ich, weil mir nichts anderes einfiel. Eine echte Emotion regte sich nicht in mir, trotzdem wollte ich irgendwie ausdrücken, dass ich ihr den erfolgreichen Abend gönnte.

»Willst du nicht auch mal wieder mit Feiern kommen? Vielleicht ist ja auch einer für dich dabei«, fragte sie mit aufmunterndem Ton in der Stimme.

»Nee, ich habe keine Lust auf Männer. Ich will gerade gar keinen Sex haben«, seufzte ich.

»Hast du so gar kein Bedürfnis danach?«, hakte sie erstaunt nach.

»Nein, da regt sich nichts, ich habe nicht mal Lust zu masturbieren. Die einzige intime Beziehung, die ich in den letzten Monaten gepflegt habe, ist die zu meinem Bett«, erklärte ich ihr. Es war mir unangenehm, darüber zu reden, eben weil ich ja nicht irgendwer, sondern Julie fucking Schmidt war, die bis dato gerne mit ihrem fantastischen Sexleben geprotzt hatte.

»Krass!«

»Na ja, aber es ist auch nicht schlimm. Ich vermisse es gerade wirklich nicht. Keinen Sex zu haben, obwohl man gerne welchen hätte, das ist grausam. Aber ich will eben momentan einfach keinen Sex und vor allem keinen Mann in meinem Leben. Deshalb ist es wohl besser so«, sagte ich und zuckte mit den Schultern.

»Da hast du auch wieder Recht«, sie lächelte verständnisvoll.

»Irgendwann wird die Lust schon wiederkommen. Vielleicht ist bis dahin alles zwischen meinen Beinen zugewachsen, aber dann gehe ich halt ins Kloster«, kommentierte ich trocken.

*

Nach meiner doppelten Bruchlandung innerhalb kürzester Zeit entschied ich mich dazu, erstmal die Finger von Männern zu lassen. Mir wurde klar, dass ich mich wohl zunächst mal um mich selbst kümmern und eine Bestandsaufnahme machen musste: Was war von Julie Schmidt eigentlich noch übrig, und gab es irgendeinen Teil meines Herzens, der noch nicht vollkommen zerstört war? Ich wusste es nicht. Was ich allerdings recht schnell wusste: Ich hatte mir nicht eingestehen wollen, dass Basti mir mein Herz und einen Teil meiner Seele gebrochen hatte. Stattdessen hatte ich mich der schönen Illusion hingegeben, dass ich dank Nero nicht rasant und erbarmungslos in die Tiefe fiel, sondern in die Höhe flog. Bis ich nach meiner Flucht durch die Vorstadt im wahrsten Sinne des Wortes auf dem harten Boden der Realität geknallt war.

Der Sommer endete an diesem Augustabend für mich. Obwohl die Welt von der Sonne in die buntesten Farben getaucht wurde, färbte sich um mich herum alles grau. Ich vegetierte einfach nur vor mich hin und verlor mich tagtäglich in der Traurigkeit, dem Schmerz und den vielen Fragen, die Basti hinterlassen hatte. Ich verlor die Lust an allem, was schön war – vor allem an Männern und Sex. Wenn meine Freundinnen mir wie gewohnt von ihren Sex-Geschichten erzählten, hatte ich dazu nicht viel mehr beizutragen, als ein müdes Lächeln. Sex hatte einfach keine Bedeutung mehr für mich, das Verlangen danach verblasste von Tag zu Tag.

Das änderte sich auch nicht, als die ersten Blätter an den Bäumen ihr kräftiges Grün verloren, auch nicht, als der erste Herbststurm den Regen gegen meine Fenster peitschte, und auch nicht, als die ganze Welt ein paar Monate später von einer dicken Schneedecke bedeckt wurde. Vom Weihnachtsfest bekam ich nicht viel mit, an Silvester heulte ich mich schon vor null Uhr in den Schlaf und sogar meine geliebte Karnevalszeit ließ ich ausfallen, weil ich keine Lust auf betrunkene Männer hatte.

Bis ich eines Frühlingsmorgens von Vogelgezwitscher und Sonnenstrahlen und einem unerwarteten Kribbeln zwischen meinen Beinen geweckt wurde. Ich brauchte ein paar Sekunden, bis ich wach wurde, weil ich mich nicht von dem schönen Traum lösen konnte, in dem ich mich kurz zuvor noch befunden hatte. Ich hatte von Nero geträumt, wie wir knutschten, quatschten und eine ziemliche heiße Nummer auf einer Toilette schoben. Hui, dieser Traum war nicht nur schön, sondern auch so heiß, dass mein Herz immer noch pochte. Es war aber nicht nur mein Herz, das sich in diesem Moment bemerkbar machte: ein Teil meines Blutes staute sich zwischen meinen Beinen, meine Vagina kribbelte sehnsuchtsvoll. War das wirklich meine Vagina? Die gute alte Freundin, die sich in den letzten Monaten in einem exzessiven Winterschlaf befunden hatte? Um sicherzugehen, warf ich einen kritischen Blick unter die Bettdecke: Ja, überraschenderweise hatte mir niemand über Nacht ein anderes Körperteil zwischen die Beine genäht.

Ich kicherte und ließ meinen Kopf zurück ins weiche Kissen fallen. Meine Finger glitten gedankenverloren und wie ferngesteuert über meinen Körper, streiften über meine Brüste, meine Seiten und bahnten sich schlussendlich ihren Weg bis über meinen Venushügel. Das Kribbeln intensivierte sich, meine Bewegungen wurden schneller, meine Finger spielten einen Automatismus ab, der mich nur Minuten später die Luft anhalten ließ, während mich eine kleine Welle der Glückshormone überrollte. Das fühlte sich scheiße gut an, wie hatte ich nur so lange darauf verzichten können?

*

Meine alte, neue Leidenschaft für Solo-Sex schenkte mir nicht nur Orgasmen, sondern versöhnte mich von Nummer zu Nummer auch langsam mit meinem Körper und meinem Geist. Weshalb ich mich ein paar Wochen später auch endlich dazu durchringen konnte, Mia in einen unserer Lieblingsclubs zu begleiten. Wir schminkten uns aufwendig, tranken zwei Flaschen Prosecco und stürmten die Tanzfläche, sobald wir im Club angekommen waren.

Ich schloss die Augen, genoss, wie sich mein Herzschlag dem Beat der Musik anpasste, und tanzte gedankenverloren und befreit vor mich hin. Ich lachte, ließ meinen Kopf in den Nacken fallen und dachte: »So fühlt es sich also an, wenn man endlich mal wieder glücklich ist.« Dann stolperte ich zur Bar und bestellte einen Moscow Mule.

»Geht aufs Haus«, zwinkerte mir der ziemlich heiße Barkeeper zu, als er mir den Cocktail vor die Nase stellte.

Ich grinste ihn an, bedankte mich und drehte mich zur Tanzfläche. Mia tanzte eng umschlungen mit einem großen dunkelhaarigen Typen. Mein Blick wanderte weiter. Ich checkte die Männer ab, die neben mir an der Bar standen und entdeckte ein bekanntes Gesicht: Nero, der auf sein Handy guckte.

Fuck. Was sollte ich jetzt machen? Ich konnte ja nicht einfach zu ihm gehen und ihn fragen, wie es ihm ging, oder doch? Ich biss mir überfordert auf die Unterlippe und starrte ebenfalls auf mein Handy, um mir etwas Zeit für einen klaren Gedanken zu verschaffen. Ok, wenn ich aufblickte und er immer noch dastand, musste ich wohl meinen Mut zusammennehmen und ihn zumindest grüßen.

Ich zählte tonlos von drei runter: Bei null guckte ich hoch und blickte direkt in Neros braune Augen. Mir huschte ein unsicheres Lächeln über die Lippen. Seine Pupillen weiteten sich kurz, ich hob meine Hand zum Gruß. Er stand wie angewurzelt da und brauchte ein paar Sekunden, bis er meinen Gruß erwiderte. Das interpretierte ich als Zeichen, dass ich ihn ansprechen durfte: »Hey, ich weiß nicht, ob das jetzt hier der richtige Move ist, aber ich dachte, dass es noch bescheuerter ist, wenn ich gar nicht Hallo sage!«

»Na ja, mit gar nichts sagen kennst du dich doch aus«, sagte er und zuckte mit den Schultern. Der Satz traf mich. Was hatte ich erwartet?

Dass Nero vor Begeisterung im Dreieck springen würde? Ich guckte verunsichert auf meine Finger.

»Geht es dir denn gut?«, fragte er nach einer kurzen Pause. Seine Stimme klang freundlich. Mir fiel ein Stein vom Herzen, deshalb schoss mir meine Antwort unüberlegt über die Lippen: »Ja, mir geht es besser! Und es tut mir wirklich leid, was da vor Monaten passiert ist. Wie geht es dir denn?«

Ihm huschte ein Schmunzeln über die Lippen: »Mir geht es gut, mein Kumpel hat Geburtstag. Dreißig ... der ist jetzt ein richtig alter Mann.«

»Ich dachte, ich wäre der einzig alte Mann hier im Raum«, kicherte ich vorsichtig, weil ich nicht wusste, ob es angebracht war, einen Insider einzuwerfen.

»Für einen alten Mann siehst du heute aber wieder ganz schön gut aus«, zwinkerte er und prostete mir zu. Ich nickte verlegen, bedankte mich, griff nach meinem Glas: »Hast du Lust, mit mir Rauchen zu gehen?« Er nickte.

Aus der einen Zigarette wurden erst zwei, dann drei. Irgendwann lud er mich auf einen weiteren Drink ein, bevor ich all meinen Mut zusammennahm und ihn fragte, ob wir uns am nächsten Abend noch einmal in einer etwas ruhigeren Atmosphäre treffen sollten, weil ich ihm gerne mein beschissenes Verhalten erklären wollte. Er willigte ein.

»War schön«, zwinkerte er, als wir uns voneinander verabschiedeten, weil seine Freunde in den nächsten Club weiterziehen wollten.

»Fand ich auch«, lächelte ich, drehte mich auf dem Absatz um und stürmte zu Mia, um ihr sofort von der Situation zu berichten. Ich fand sie an der Bar und gestikulierte wild mit den Händen:

»Was für ein kranker Zufall«, sagte ich zu ihr.

Sie lachte: »Da gehst du das erste Mal nach Monaten mal wieder raus und dann passiert das ... Dein Leben ist wirklich wie ein schlechter Film,

Julie Schmidt.« Ich nickte eifrig, prostete ihr zu und stürzte meinen Tequila runter.

*

Mein Herz pochte wild, als ich am nächsten Tag vor meinem Kleiderschrank stand. Ich hatte schon fünf Outfits anprobiert, aber keins gefiel mir. Der Uhrzeiger tickte erbarmungslos – fuck, ich hatte keine Zeit mehr, noch lange zu überlegen. Also ließ ich das schwarze Kleid an, in dem meine Brüste irgendwie komisch aussahen, sprang mit wackligen Knien ins Auto und fuhr zu Neros Adresse. Er begrüßte mich mit Jeans und weißem Shirt: »Na? Hast du gut hergefunden?« Ich bejahte, folgte ihm in seine Wohnung und konnte meinen Augen kaum glauben, als ich das Wohnzimmer betrat: Er hatte überall Kerzen aufgestellt.

»Das ist jetzt nicht dein Ernst?«, sagte ich gerührt.

»Na ja, wenn schon Neustart, dann richtig, oder?«, zwinkerte er und reichte mir ein Glas Rotwein. Ich schwebte schon wieder Richtung Wolke sieben. Konnte es wirklich sein, dass das Karma trotz einer derartigen Arschloch-Aktion so viel Gnade walten ließ?

Nero ließ sich neben mich auf die Couch fallen und legte seinen Arm um meine Schulter. Ich sah ihm tief in die Augen: »Es tut mir wirklich leid, dass ich mich damals wie das letzte Arschloch verhalten habe. Soll ich es dir erklären?«

Sein Blick ruhte liebevoll auf mir, trotzdem zuckte er leicht gleichgültig mit den Schultern: »Wenn du möchtest.« Besonders scharf schien er auf meine große Beichte nicht zu sein, aber das war mir egal. Ich wollte es ihm unbedingt erklären, um ihm zu zeigen, dass ich nicht das große Arschloch war, für das er mich wahrscheinlich gehalten hatte. Ich holte tief Luft und erzählte ihm alles: von der Trennung, von der miserablen Beziehung, von meinen Selbstzweifeln, von dem tiefen Stimmungsloch.

»Na ja, und dann bin ich eines Morgens aufgewacht und es hat plötzlich zwischen meinen Beinen gekribbelt, weil ich von dir geträumt habe«, beendete ich meine Erklärung.

Er rieb sich nachdenklich sein Kinn und seufzte: »Gut, das ist jetzt so passiert. Kann man nicht mehr ändern. Wenn wir drüber geredet hätten, wäre dir das Loch vielleicht erspart geblieben. Aber na ja, dann sollten wir uns jetzt vielleicht mal um dein Loch kümmern, oder?« Ich prustete los. Ok, dieser Humor war ziemlich flach, trotzdem löste er etwas in mir aus.

»Ja, vielleicht sollten wir das Monster zwischen meinen Beinen dann mal zum Leben erwecken«, kicherte ich. Um nachzufragen, wie es ihm in den letzten Monaten ergangen war, blieb keine Zeit, denn Nero lächelte nur und drückte sanft seine Lippen auf meine. Wir verfielen in einen vertrauten Kuss. Ich kletterte auf seinen Schoß. Seine Hände fuhren unter mein Kleid, bis zu meinen Brüsten. Meine Finger kraulten seinen Nacken. Sein Schwanz drückte sich durch die Jeans.

Nach ein paar Minuten zog er mich ins Schlafzimmer – eine rote Lampe tauchte es in gedämpftes Licht. Ich strampelte meinen Slip von den Beinen. Er küsste sich meinen Bauch hinab und blieb an meiner Mitte hängen – es prickelte. Die Situation war neu für uns: Denn unsere Blitzbeziehung war schon wieder vorbei gewesen, bevor wir überhaupt zum ersten Mal Sex haben konnten. Ich griff in seine Haare und genoss den leichten Druck, den er mit der Zunge ausübte. Kurz bevor ich in Richtung Orgasmus abdriftete, meldete sich meine Erinnerung an Basti und versetzte mir einen Stich: Fuck, Neros Zungenkünste waren wirklich gut, aber nicht so gut wie die von Basti.

Ich schüttelte kaum merklich den Kopf, um den Gedanken schnell loszuwerden und versuchte, mich auf seine Zunge zu konzentrieren. Das wollte mir nicht richtig gelingen: Er jagte mich mehrmals bis zu dem Punkt, an dem meine Beine anfingen zu zittern, aber ich schaffte es einfach nicht darüber hinaus. Das war mir so unangenehm, dass ich nach ein paar Minuten gekünstelt aufstöhnte: Ich konnte ihn doch nicht so einen guten Job machen lassen, ohne ihm die Bestätigung dafür zu schenken, nur weil mir der Gedanke an Basti den Moment versaut hatte. Nero lächelte zufrieden, ich drückte ihn sanft von mir, kletterte zwischen seine Beine und leckte mit der Zunge über seinen Penis – den ich bis dato noch gar nicht zu Gesicht bekommen hatte. Sein Schwanz hatte eine schöne Form – er richtete sich gerade auf –, war für meinen Geschmack aber ungefähr zwei Zentimeter zu kurz und etwas zu dünn. Trotzdem freute ich mich, ihn nun endlich mit meinen Lippen zu umschließen und Nero zu zeigen, wie sich eine Julie Schmidt am allerliebsten entschuldigte.

Er genoss es, wie mein Mund über seine Haut glitt, griff in meine Haare und seufzte, während er seinen Kopf in den Nacken fallen ließ. Ich variierte meine Technik, fuhr mal schneller, mal langsamer über seinen Penis, saugte dran, nur um im nächsten Moment meine Zunge über die Spitze kreisen und ihn tief in meinen Rachen gleiten zu lassen. Ich war wirklich in Höchstform und genoss es, dass sich sein Körper irgendwann anspannte, er aufstöhnte und in meinem Mund zum Orgasmus kam. Sein Sperma schmeckte salzig. Ich warf ihm einen provokativen Blick zu und schluckte es geräuschvoll und demonstrativ herunter. Er breitete seine Arme aus, ich legte meinen Kopf auf seine Brust. Und beobachtete ihn dabei, wie er immer noch mit klopfendem Herzen und schwer atmend neben mir lag. Meine Fingerspitzen kreisten auf seiner Brust: Für einen friedlichen Moment dachte ich, dass wir doch noch eine Chance auf ein Happy End hatten.

Bis er nach seinem Handy griff und seufzte: »Äh, mein bester Freund hat gerade geschrieben, dass ich ihn irgendwo abholen muss. Du bist mir doch nicht böse, wenn ich das mache, oder?«

Ich schüttelte irritiert mit dem Kopf: »Quatsch, nein, alles gut!« Bevor ich ihm wegen etwas böse sein konnte, schuldete ich ihm für meine Arschloch-Aktion noch einige Versöhnungs-Blowjobs.

»Gut«, sagte Nero und sprang aus dem Bett auf, um sich hastig seine Hose anzuziehen. Ich blieb noch eine Sekunde liegen, er wirkte gehetzt und distanziert. Aus seinem Verhalten wurde ich nicht schlau, als er demonstrativ auf die Uhr an seinem Handgelenk guckte, zog ich mich verwirrt an, ohne irgendwelche Fragen zu stellen.

Vor der Tür verabschiedete Nero sich mit einem flüchtigen Kuss: »Bis dann!«

Noch bevor ich etwas erwidern konnte, stürmte er zu seinem Auto. Ich blieb irritiert zurück: Hatte er sich gerade etwa nicht mal mehr nach mir umgedreht, bevor er in sein Auto gestiegen und davongerast war?

*

»Hat er sich immer noch nicht gemeldet?«, wollte Mia wissen, als wir drei Tage später bei einem Glas Weißwein zusammensaßen.

»Nein«, lachte ich bitter und zuckte mit den Schultern. Es hatte drei Tage gedauert, in denen ich keine Nachricht von Nero bekommen hatte, bis mir endlich dämmerte, dass diese Aktion nicht das Märchen-Happy-End einer Tinderella, sondern einfach nur die Begleichung einer fetten Karma-Rechnung war.

»Wahrscheinlich hat er sich einfach nur dafür gerächt, dass ich ihn so scheiße behandelt habe«, fügte ich noch hinzu.

»Meinst du?«, fragte sie und legte ihre Stirn in Falten.

»Keine Ahnung, vielleicht hat es ihn auch überfordert, dass ich ihm die ganze Sache mit Basti erzählt habe. Ganz ehrlich? Ich hätte auch keinen Bock auf so eine Psychobraut«, sagte ich und zündete mir eine Zigarette an.

»Na ja, sei mal nicht so hart zu dir selbst. Aber es könnte natürlich sein, dass ihn das wirklich ein bisschen überfordert hat«, nickte sie.

»Kann ich auch verstehen, aber dann kann man das doch wenigstens noch mal kurz sagen, oder?«, seufzte ich.

»Ja, das wäre fair gewesen. Ich meine, du hast ihm ja auch die Wahrheit gesagt. Aber warte doch erstmal ab. Vielleicht meldet er sich ja noch«, zuckte sie ratlos mit den Schultern.

»Ach, keine Ahnung. Es ist mir auch irgendwie egal. Einen Typen, der sich erst einen von mir blasen lässt und sich dann nicht bei mir meldet, kann ich nicht gebrauchen«, sagte ich gleichgültig, nahm einen weiteren Zug von meiner Zigarette und schob noch hinterher: »Vielleicht bin ich auch nur auf eine Masche von ihm reingefallen: Wer weiß, vielleicht macht er das jedes Mal so? Er jagt einer Frau hinterher, bis sie mit ihm in die Kiste steigt, und dann verliert er das Interesse an ihr.«

»Aber warum sollte er das machen?«, fragte Mia.

»*Be-zie-hungs-un-fä-hig*«, betonte ich jede einzelne Silbe, sie warf mir einen zweifelnden Blick zu und presste ihre Lippen aufeinander. Ich lachte: »Komm, das passt schon alles ganz schön gut! Vor allem wenn man bedenkt, dass ich sowieso immer an Typen gerate, die ein Problem mit Beziehungen haben.«

»Du hast aber auch immer ein Pech, ey«, seufzte Mia. Ich nickte und hob mein Weinglas, um ihr zuzuprosten: »Auf die Fuckboys!« Sie lachte und ließ ihr Glas gegen meins klirren.

*

Die beschissene Aktion von Nero verdaute ich erstaunlich gut. Zwar meldete er sich ein paar Wochen später mit einer komischen WhatsApp mitten in der Nacht, in der er mich fragte, ob ich ihm zum halben Preis einen Gutschein für Hollister abkaufen wollte, zu dem Zeitpunkt war es mir aber schon zu blöd, mich noch einmal auf ihn einzulassen. Was auch immer ihn dazu verleitet hatte, an diesem Abend aus der Situation zu flüchten, es hatte mir nur mal wieder gezeigt, dass Männer einfach Idioten waren. Abgesehen davon war es mir auch gar nicht mehr möglich, mir weiter meinen Kopf über Nero zu zerbrechen oder ihm noch eine Chance zu geben, weil ich endlich den Job anfing, für den ich mich einen Sommer zuvor beworben hatte: Journalistin bei einer der größten deutschen Tageszeitungen – was für eine geile Scheiße! Dafür musste ich nun allerdings in die Hauptstadt umziehen. Die Wohnungssuche aus der Ferne war die Hölle, also hielt ich parallel Ausschau nach WGs. Meine Vorzüge: Ich hatte eine Popcorn-Maschine – wenn das mal kein überzeugendes Argument war.

Das sah auch Sophia so: Sie war gerade dreißig geworden, hatte sich ein paar Wochen zuvor von ihrer Psycho-Ex getrennt, war ein Workaholic und hatte dazu mit Dori auch noch einen Hund, der ebenfalls in der Wohnung lebte. Schon nach unserem ersten Telefonat hatte ich sie in mein Herz geschlossen und war freudig durch die Luft gesprungen, als sie mich ein paar Tage später anrief, um mir zu sagen, dass ich einziehen konnte. Ein kleines Manko gab es allerdings: Das Zimmer wurde erst zwei Tage, bevor mein neuer Job in der Hauptstadt starten sollte, frei. Also plante ich die Inneneinrichtung aus der Ferne, in meinem Kopf arrangierte ich sogar schon die Bilderrahmen an der Wand. Denn als ich mit meinem Papa dann endlich mit einem vollbeladenen Anhänger in die Hauptstadt fuhr, zählte jede Sekunde. Er blieb nur eine Nacht, baute alle Möbel mit mir auf, schleppte die Kisten in die Wohnung im ersten Stock und staunte, als ich ihm keine 24 Stunden später ein fertig eingerichtetes und bis auf die letzte Kerze dekoriertes Zimmer präsentierte. *Tja,* wenn ich eins konnte, dann hochdiszipliniert Dinge durchziehen!

Sophia schmunzelte jedes Mal, wenn sie an meiner offenen Zimmertür vorbeiging: »Ich habe noch nie gesehen, wie jemand so schnell alles hergerichtet hat. Das ist eine Gabe, Julie.« Ich freute mich, dass wir uns so gut verstanden, weil ich nicht einfach nur in einer Zweck-WG leben wollte, sondern Lust auf eine echtes Zuhause hatte. Sophia sah das genauso, deshalb saßen wir nach der Arbeit stundenlang zusammen und redeten, um uns noch besser kennenzulernen.

»Und? Hast du in deiner alten Heimat irgendeinem Typen das Herz brechen müssen, als du dich dafür entschieden hast, nach Berlin zu ziehen?«, fragte Sophia, als wir eines Abends mit einem Aperol auf unserem Balkon saßen.

»Nee, ich breche keine Herzen. Wenn, dann wird mir das Herz gebrochen«, zwinkerte ich ihr zu.

»Oh, oh, das klingt aber nicht gut«, seufzte sie und ließ sich zurück in den Stuhl fallen.

»Pech in der Liebe, Glück im Job, oder wie sagt man? Aber vielleicht bringt Berlin ja mal etwas Abwechslung in mein Leben«, sagte ich und zuckte mit den Schultern.

»Also suchst du nach einer Beziehung?«, hakte sie nach, worauf ich sie entsetzt ansah.

»Auf gar keinen Fall! Ne, also für eine Beziehung habe ich gar keine Zeit! Mein Job ist mein Leben, ich will als Journalistin durchstarten, die Lebensgeschichten von Menschen erzählen, über Missstände in der Gesellschaft aufklären und so viele Interviews wie möglich führen! Ich brauche auch gar keinen Mann, der mich abends nervt, wenn ich mal wieder Überstunden gemacht habe. Aber gegen ein bisschen Sex spricht nichts«, hielt ich eine Brandrede, die keinen Zweifel daran ließ, dass ich auf eine Beziehung verzichten konnte.

»Ja, dazu sage ich mal Prost«, sagte Sophia beeindruckt und stieß mit mir an.

*

In den nächsten Monaten tat ich alles dafür, um bloß nicht an einen Mann zu geraten, der ernsthaftes Interesse an mir hatte. Das wurde mir allerdings erst bewusst, als ich mit meiner Freundin Kimberly in unserer Lieblingsweinbar saß. Ich hatte sie bei meiner ersten Entdeckungstour durch den Prenzlauer Berg zufällig kennengelernt und gleich in mein Herz geschlossen, weil sie mir einen Platz an ihrem Tisch angeboten hatte. Ihr Lächeln war so ansteckend, ihre Aura so herzlich, dass mir gar nichts anderes übrig blieb, als sie zu mögen. Als unsere Gläser zum ersten Mal gegeneinanderklirrten, hatten wir beide schon voneinander erfahren, dass *Sex and the City* unsere Bibel und Schwänzelutschen unsere Religion waren, und das machte uns von der ersten Begegnung an zu Penis-Schwestern.

Diesmal erzählte sie mir von ihrem letzten Date mit Tom. Einem Typen, den sie eigentlich schon seit Monaten ziemlich toll fand, der sich aber nicht so richtig auf sie einlassen wollte.

»Ach Julie, ich weiß es doch auch nicht«, seufzte Kimberly und sah mich mit großen Augen an.

»Warum sind die so? Wieso können die sich alle nicht entscheiden? Und warum kommt immer erst nach Monaten heraus, dass die irgendein Problem haben?«, seufzte ich und griff nach meinem Weinglas.

Die beiden Typen, die mit uns an der langen Tafel saßen, lachten plötzlich auf. Ich drehte mich zu ihnen: »Ja, was denn? Es ist doch so. Alle Männer haben aus Frauensicht ein Problem: entweder ihr seid vergeben, schwul oder habt ein Trauma von eurer Mutter.«

»Schuldig«, lachte einer der Typen und hielt seine Hand hoch, an der ein Ehering funkelte.

»Siehst du? Ganz falsch liege ich damit nicht«, zwinkerte ich ihm zu. Er nickte, auf seiner Wange hatte sich ein Grübchen gebildet, eine Strähne seiner lockigen, dunklen Haare fiel ihm ins Gesicht. Ich konnte verstehen, dass sich eine Frau diesen Typen unter den Nagel gerissen und langfristig gesichert hatte.

»Ich bin Mo. Das ist Dave – und wer seid ihr?«, fragte er und hielt erst mir, dann Kimberly die Hand hin.

Wir stellten uns vor und prosteten ihnen zu: »Auf die Männer«, sagte Kimberly grinsend.

»… und ihre Probleme«, beendete ich ihren Satz. Wir lachten.

Der Abend wurde erst fröhlich, dann feucht: Wir teilten uns drei Flaschen Weißwein, quatschten über die Ehe und Beziehungen. Wenn Frau schon mal die Chance hatte, mit einem Mann zu reden, der nicht viel älter, aber beziehungstechnisch schon sehr viel weiter war, dann musste sie das schließlich auch nutzen. Kimberly und ich hatten viele Fragen.

»Aber wie schafft man es, so lange an jemandem festzuhalten? Das ist doch sicherlich nicht immer einfach?«, fragte ich in die Runde. In diesem Moment fing es an zu regnen, wir flüchteten in die volle Bar. Das Licht war schummrig, Zigarettenrauch vernebelte die Luft. Mo bestellte uns vier Limoncello an der Bar, stellte sich hinter mich und ließ seine Hand an meine Hüfte wandern. »Das Geheimnis einer guten Ehe ist …«, sagte er in mein Ohr, weil der Geräuschpegel in der Bar so hoch war. Dass sich seine Lippen jetzt so nah an meinem Hals befanden, sorgte für eine Gänsehaut. »Man muss auch mal etwas für sich tun«, fügte er hinzu. Ich drehte mich zu ihm um, unsere Gesichter kamen sich gefährlich nah. Mein Herz klopfte.

»Wie meinst du das?«, wollte ich von ihm wissen und sah ihm in die grünen Augen. Er schmunzelte und küsste mich. Ah, jetzt war der Groschen gefallen! Dass er einen Ring am Finger trug, minderte die Qualität des Kusses nicht, im Gegenteil, es fühlte sich extrem gut und ehrlich gesagt auch ein bisschen aufregend an. Seine Lippen waren weich. Sie erinnerten mich an ein Trampolin, das genau zum richtigen Moment nachgab. Sein Bart kratzte über meine Haut, während seine Finger zwischen meine Beine glitten. Meinen Herzschlag spürte ich jetzt nicht mehr unter der Brust, sondern zwischen den Beinen. Shit, was passierte hier? Er war doch verheiratet und mein Karmakonto längst überstrapaziert. Ich seufzte, wehrte mich allerdings nicht, als Mo nach meinem Handgelenk griff und mich nach draußen zog. Der Regen schüttete immer noch auf die Straße, doch das war uns egal. Wir guckten einander an und rannten einfach los.

Als wir atemlos in einem Hauseingang Halt machten, klebten seine lockigen Haare in seinem Gesicht – was ihn verwegen wirken ließ und ihn noch attraktiver machte. Mein Herz pochte immer noch. Das wurde auch nicht besser, als er mich im nächsten Moment gegen die Tür presste und mir mit der Zunge an meinem Hals entlangstreifte. Ich tobte innerlich vor Lust, griff in seine nassen Haare und schaltete meine Gedanken und vor allem auch mein Gewissen aus.

»Lass uns in mein Büro fahren«, flüsterte er mir inmitten zweier Küsse ins Ohr. Jetzt wachte ich langsam aus meiner Trance auf.

»Aber du bist doch verheiratet«, wisperte ich, ehe ich meine Lippen wieder an seinem Hals platzierte und seinen männlichen Geruch einatmete.

»Aber jetzt gerade bin ich bei dir und nicht bei ihr«, säuselte er mir ins Ohr und ließ seine Finger über meine Seiten fahren – meine absolute Schwachstelle.

Ich keuchte, ließ meine Zähne über seinen Hals fahren. Fuck, Mann! Natürlich wollte ich mit ihm mitgehen, aber ich wollte keine fucking Ehebrecherin sein. Klar, es war seine eigene Verantwortung, und ich war nicht seine beschissene Babysitterin, aber das fühlte sich nicht richtig an. Er drückte mich noch fester gegen die Wand und sich selbst an mich. Ich konnte seinen Ständer deutlich durch die Hose spüren und zitterte vor Lust.

»Komm, wir gehen«, raunte er mir entgegen, griff nach meiner Hand und zog mich aus dem Hauseingang.

Ich folgte ihm zwei Schritte, bis sich mein Verstand wieder einschaltete und ich meine Hand aus seiner riss: »Das geht nicht! Ich kann das nicht!«

Der Regen tropfte unaufhaltsam auf uns herab. Er ließ frustriert seinen Kopf in den Nacken fallen: »Ist das jetzt dein Ernst, ja?«

»Ich würde wirklich gerne, aber ich kann nicht. Ich würde das bereuen«, sagte ich entschuldigend. Die Scheinwerfer eines vorbeifahrenden

Autos leuchteten uns an. »Entweder du kommst mit oder du lässt es!«, sagte er drohend. Ich schüttelte den Kopf.

»Dann tschüss!«, sagte er, riss seine Arme genervt in die Höhe und stampfte durch den Regen Richtung Tram.

*

Bereut hatte ich den Abend nicht. Auch wenn mich das schlechte Gewissen ein paar Tage plagte. Deshalb achtete ich beim nächsten Typen, auf den meine Vagina ansprang, auch akribisch darauf, ob er einen Ring am Finger trug. Lukas traf ich zufällig bei einem Interview. Ich hatte einen Termin bei seinem Chef, mit dem ich über Solarenergie und die Klimakrise sprechen wollte. Als ich in den Raum kam, begrüßte er mich mit einem frechen Grinsen. Er trug einen blauen Anzug und ein weißes Hemd. Ich schluckte, weil der Typ wirklich gut aussah.

»Möchten Sie etwas trinken: Wasser oder Kaffee?«, hatte er mich gefragt, worauf ich dankend ablehnte. Er hatte die Figur eines Rugbyspielers: war groß und breit, aber muskulös. Sein Lachen war schelmisch, seine Haare dunkelbraun, sein Gesicht hübsch.

»Mein Chef kommt gleich«, erklärte er mir, worauf ich nur nickte und auf meinem Handy herumtippte. Für ein paar Minuten musste ich jetzt keine große Unterhaltung mit ihm anfangen.

Leider wurden aus den wenigen Minuten fast eine Dreiviertelstunde. In der ich mich dann doch dazu durchrang, mich von ihm in ein Gespräch verwickeln zu lassen. Er war wirklich witzig, was ja quasi so etwas wie die Grundvorrausetzung war, um meine Vagina zu knacken. Gutes Aussehen alleine reichte nicht, ich musste an jedem Typen irgendwas finden, das ihn besonders machte, bevor ich mit ihm in die Kiste stieg – und Lukas war eben besonders witzig.

Nach dem Interview kramte ich meine Sachen zusammen und warf nochmal einen verstohlenen Blick auf den Typen im Anzug, der lässig in der Ecke des Büros saß und auf sein Handy guckte. Sein Chef war gleich nach unserem Gespräch aus dem Raum gestürmt. Weil das Interview wirklich gut gelaufen war und die Euphorie in meinem Bauch tanzte, kam Stripper-Julie mal wieder zum Vorschein: Um mich auszuziehen, war es noch etwas zu früh, trotzdem stand ich ganz selbstbewusst auf, ging auf ihn zu und hielt Lukas meine Visitenkarte hin, seine Augen weiteten sich für eine Sekunde.

»Schreib mir, wenn du Lust auf einen Drink hast«, zwinkerte ich, er griff danach und begutachtete die Karte wie einen wertvollen Schatz. Ich grinste, drehte mich um und verließ selbstbewusst den Raum.

Es dauerte zwei Stunden, bis Lukas mir eine Nachricht schrieb. Wir texteten etwas hin und her und verabredeten uns für den gleichen Abend in einer Bar. Diesmal machte ich bei meiner Kleiderwahl kein großes Theater. Ich fühlte mich wohl in meiner Haut, freute mich auf mein Glas Wein und vielleicht auch ein bisschen auf den Typen.

»Du bist zwanzig Minuten zu spät«, sagte er gespielt genervt, als ich an der Bar ankam und meine Kopfhörer aus den Ohren nahm. Er trug ein weißes, lockeres Hemd und eine dunkle Sonnenbrille.

»Ok, die erste Runde geht auf mich«, zwinkerte ich ihm zu und spazierte an ihm vorbei in den Laden.

Die Vibes zwischen uns waren sofort wieder da. Wir quatschten, diskutierten hitzig über seine Zukunftspläne, bestellten uns einen Drink nach dem anderen und lachten viel. Als er allerdings immer wieder von seinem Studium erzählte und nebenbei fallen ließ, dass er damit erst in ein paar Jahren fertig war, hob ich misstrauisch meinen Zeigefinger.

»Wie alt bist du denn überhaupt?«, wollte ich wissen.

»Rate doch mal«, sagte er selbstsicher. Ich zog meine Augenbrauen zusammen: Ich schätzte ihn auf mein Alter.

»Puh, keine Ahnung, 25?«, zuckte ich ratlos mit den Schultern.

»*Ähm ja* … Zieh da noch mal fünf Jahre ab«, er lachte.

»Dein Ernst?«, ich riss meine Augen auf. Nie im Leben hätte ich damit gerechnet, dass Lukas gerade mal zwanzig und damit ganze fünf Jahre jünger als ich war.

»Ist das ein Problem?«, fragte er mich und nahm einen Schluck aus seiner Bierflasche.

Hm, als Boyfriend-Material schied er damit aus, aber ich war ja sowieso nicht auf der Suche nach etwas Festem. Außerdem war ein Zwanzigjähriger bestimmt besser für mein Karmakonto als ein Verheirateter.

»Nein, ich wollte schon immer einen Toyboy haben«, zwinkerte ich ihm zu, wir lachten.

Sobald unsere Flaschen geleert waren und ich unsere Rechnung beglichen hatte, zogen wir in die nächste Bar. Wir bestellten uns zwei Mixbier am Tresen und beobachteten die Gäste auf der Tanzfläche.

Ich grinste ihn herausfordernd an: »Na komm, zeig mir mal, ob Zwanzigjährige tanzen können.«

Er seufzte und ließ sich schwerfällig hinter mir herziehen. Gott, wie konnte ein Mann nur so süß sein ... *oder sollte ich lieber Junge sagen?* Es war mir egal! Er war jedenfalls süß und stellte sich beim Tanzen gar nicht so schlecht an. Spätestens als er mir seine Hände auf meine Hüften legte, sprang auch meine Vagina auf den kleinen, großen Lukas an. Ich drehte mich zu ihm um, taxierte kurz seinen Blick, dann ging ich auf Risiko und drückte ihm einen Kuss auf die rosigen Lippen. Es dauerte etwas, bis wir einen Rhythmus gefunden hatten, trotzdem sorgte seine Nähe dafür, dass ein paar Glühwürmchen durch meine Blutbahn schwirrten und ich Lust auf mehr bekam.

Wir landeten noch am gleichen Abend miteinander in der Kiste. Er hatte einen schönen Schwanz, der doch eine sehr beachtliche Größe hatte – für seine zwanzig Jahre wusste er ganz offensichtlich auch schon, wie er damit umgehen musste. Ich kam zwar nicht zum Orgasmus, aber das war nicht schlimm, weil ich die Schwere seines Körpers auf meinem und seine Berührungen trotzdem genießen konnte.

Deshalb verabredete ich mich gleich für den nächsten Abend noch einmal mit ihm. Und für den darauffolgenden und den nächsten und den übernächsten und den überübernächsten. Jedes Mal landeten wir in der Kiste, knutschten etwas herum und redeten ein bisschen, bis ich ihn ansah und ihn entschuldigend aus der Wohnung schmiss, weil ich, als alte Frau, schließlich meinen Schönheitsschlaf brauchte. »Die Falten, du weißt doch …«, zwinkerte ich ihm immer entschuldigend zu, bevor ich die Tür hinter ihm schloss.

Etwa drei Monate ging das gut, dann kam der Tag, an dem Lukas mich verschämt anguckte – diesen Blick und seine Bedeutung kannte ich von Basti.

»Was ist los?«, seufzte ich, als ich mich auf seinen Schoß gesetzt und sein Gesicht in meine Hände genommen hatte.

»Ich … ich hab …«, sagte er und wich meinem sanften Blick aus.

»Du hast eine andere kennengelernt?«, half ich ihm auf die Sprünge, er bekam die Worte nicht über die Lippen.

»Ja, sie ist in meinem Semester und wir haben eine Gruppenarbeit zusammen gemacht«, sagte er zögerlich, traute sich aber immer noch nicht, mich anzugucken.

Ich hatte damit schon gerechnet. Dass er nicht ewig mit mir vögeln würde, war mir von Anfang an klar gewesen, trotzdem trafen mich seine Worte irgendwie – vielleicht nicht im Herzen, aber dafür zwischen meinen Beinen. Sollte ich ihm deswegen jetzt eine Szene machen? Nein, das wäre unfair gewesen. Deshalb legte ich meinen Finger unter sein Kinn und drehte seinen Kopf sanft zu mir: »Lukas, das ist doch kein Problem. Ich freu mich für dich«, lächelte ich und meinte es in diesem Moment auch so.

»Okay, cool! Vögeln wir jetzt noch einmal, so zum Abschied?«, grinste er schelmisch.

Ich lachte, schüttelte aber mit dem Kopf: »Nee, ich glaube es ist besser, wenn wir es hierbei belassen.« Dann drückte ich ihm einen letzten Kuss auf die Wange, kletterte von ihm runter und griff nach meinen Sachen.

Als ich auf der Straße stand, blieb ich kurz stehen und warf einen langen Blick in den dunklen Himmel: Es waren keine Sterne zu sehen. Schön, dann war das mit Lukas also auch schon wieder vorbei. Es schmerzte nicht, es ziepte nur etwas zwischen meinen Beinen. Meine Vagina war nicht besonders begeistert, dass sie ihren Toyboy verloren hatte. Ich seufzte, kramte mein Handy aus der Tasche und schrieb Mia eine Nachricht: >>*Lukas ist raus, der vögelt jetzt lieber wieder in seiner Altersklasse.*<<

Sie antwortete nur wenige Sekunden später: >>*Das tut mir leid.*<<

>>*Kann man nicht ändern*<<, tippte ich, steckte das Handy in die Handtasche und machte mich auf den Weg zur Bahn.

*

Obwohl nicht mal Gefühle für Lukas im Spiel gewesen waren, frustrierte es mich in den nächsten Tagen dann doch etwas stärker, als ich anfangs gedacht hatte, dass er ganz plötzlich weg und eine andere Frau mal wieder der Grund dafür war.

»Warum sind Männer so? Jetzt mal ganz unabhängig von Lukas, der ist noch klein und süß und ja, ich wusste von Anfang an, dass das nichts wird, aber ganz ehrlich? Was ist denn bitte falsch mit mir, dass sich keiner auf mich einlassen will?«, fragte ich an Mia gewandt, die mit mir auf meinem Balkon saß. Das machten wir seit ein paar Wochen regelmäßig, denn dank ihres neuen Jobs war sie vor Kurzem ebenfalls in die Hauptstadt gezogen, was ein riesiger Segen für uns, aber vor allem für die Weinindustrie war. Auch an diesem Abend hatten wir die erste Weißweinflasche schon geleert, der Boden der zweiten war nur noch mit einer Alibi-Pfütze bedeckt.

»Na komm, das war jetzt ein Zwanzigjähriger, mit dem du nur gebumst hast. Es ist ja nicht so, als würde kein Mann etwas von dir wollen«, seufzte sie.

»Ja, doch! Irgendwie schon. Klar, sie gucken alle, aber irgendwas muss ich doch ausstrahlen, dass sie davon abhält, mich anzusprechen«, sagte ich frustriert.

»Ach Julie, komm! Die meisten Typen, die dich ansprechen, wischst du wie eine lästige Fliege weg. Ich glaube, du merkst gar nicht, wie oft du eigentlich Körbe verteilst«, sagte Mia ernst und griff nach ihrem Glas, in dem sich das Kerzenlicht spiegelte.

»Ja, wenn da nur so Idioten kommen«, protestierte ich und sah Mia mit vorgeschobener Unterlippe an: »Und außerdem geht es ja auch mehr um die Männer, mit denen ich was anfange. Die kommen auch nicht auf die Idee, mal etwas Festes mit mir auszuprobieren. Guck mal, du hast einen festen Freund nach dem anderen und ich? Bin Dauersingle und immer nur zum Ficken gut!«

Meine Freundin intervenierte: »Na ja, also erstens bringt es mich ja auch nicht weiter, denn ich bin derzeit auch Single, falls du das schon wieder vergessen hast. An mich haben die Männer Erwartungen, die ich sowieso nicht erfüllen kann. Letztendlich trennen sie sich ja dann doch wieder von mir. Und zweitens, meinst du nicht, es könnte auch ein bisschen daran liegen, dass du insgeheim gar keine Beziehung willst?«

Ich schnappte nach Luft, weil ich etwas erwidern wollte, doch ihre Worte trafen irgendein Hirnareal, das gerade einen Totalausfall erlitten hatte.

»Was geht aaaab?«, dröhnte in dieser Sekunde Sophias Stimme über den Balkon, Mia und ich drehten uns amüsiert zu ihr um.

»Wir reden über Männer. Die sind einfach scheiße, weil keiner von denen eine Beziehung mit mir will«, erklärte ich ihr vorwitzig und bot ihr, großzügig wie ich war, die Pfütze aus der Weinflasche an.

Sie lachte und zuckte mit den Schultern: »Aber du willst doch auch gar keine Beziehung.«

Mia kicherte und stieß dabei den eingeatmeten Rauch aus: »Meine Rede …«

»Boah, ihr seid scheiße! Wer sagt denn bitte, dass ich keine Beziehung will?«, fragte ich und kniff meine Augen angriffslustig zusammen.

»*Äh,* du?«, lachte Sophia, räusperte sich und imitierte mich: »Ich hab keine Zeit für eine Beziehung! Kompromisse? Ne, geh mir weg damit! Für den anderen einen Termin auf der Arbeit absagen? Kommt gar nicht in Frage! Kuscheln? Ne, darauf hab ich keine Lust! Regelmäßig mit jemandem in Kontakt stehen und sich auch mal süße Sachen sagen? Bloß nicht! Mich öfter als zweimal die Woche mit jemandem treffen? Auf keinen Fall!«

»Gar nicht! Zweimal die Woche ist vollkommen okay, vielleicht auch drei oder viermal, aber dann nur nachts, zum Vögeln«, wetterte ich dagegen, konnte mir ein Schmunzeln aber trotzdem nicht verkneifen. Vielleicht hatte Sophia ein minibisschen Recht.

»Aber jetzt mal ganz ehrlich, ich will halt nicht so eine nervige, einengende Beziehung – ich will eine … *coole* Beziehung. Es könnte alles so entspannt mit mir sein. Ich erwarte doch nicht viel von denen. Ich will nur ein bisschen Sex, ein bisschen lachen und die Zeit mit ihm genießen, wenn wir zusammen sind. Ich erwarte nicht, dass er rund um die Uhr für mich erreichbar ist und will ihm auch nichts verbieten. Das kann ja wohl nicht zu viel verlangt sein, oder?«, sagte ich und ließ meine Hände wild gestikulierend durch die Luft fliegen.

»Das stimmt, aber dann musst du auch mal jemandem die Chance geben und nicht immer alles abblocken, was vielleicht ein bisschen Potenzial hätte«, sagte Sophia.

Ich schüttelte energisch den Kopf. »Wann habe ich denn bitte mal was abgeblockt, was Potenzial hatte?«, fragte ich zickig.

»Was war denn zum Beispiel mit Julius?«, fragte Sophia gelassen.

»Ja, *wow* ... Julius! Das ging mir einfach alles zu schnell. Der war mir zu begeistert, damit konnte ich halt nicht umgehen«, seufzte ich.

Julius war ich bei einem Medizin-Kongress über den Weg gelaufen. Ich sollte einen Artikel über die Veranstaltung schreiben und Kontakte pflegen. Meine deutlich ältere Kollegin hatte mich auf Julius angesetzt, weil sie die Nummer des groß angepriesenen Nachwuchsmediziners für ein Interview wollte. Ich fand ihn zwar ganz niedlich, war aber schon ziemlich müde und hatte deshalb nicht besonders viel Lust auf einen Flirt mit ihm. »Komm schon, Julie. Tu es für den Job«, hatte meine Kollegin mich angestupst. Ich opferte mich.

Als ich vor ihm stand, traf mich sein weicher Blick allerdings direkt ins Herz: Er war witzig, smart, ein bisschen tollpatschig – er kleckerte sich Wasser auf seinen teuren Boss-Anzug.

Aus einem kurzen, anfänglichen Flirt wurde erst eine Diskussion über seinen Forschungsbereich, dann ein Gespräch über Rap und anschließend eine lange Unterhaltung über den ständigen Kampf, sich nicht zu überarbeiten, weil uns unsere Jobs nicht wie Arbeit vorkamen. Am Ende sicherte ich mir seine Nummer, reichte sie allerdings nicht an meine Kollegin weiter, sondern schlug ihm einen Interviewtermin mit mir vor.

Als wir uns ein paar Wochen später in der Klinik trafen, in der er forschte, wiederholte sich das Szenario: Erst machten wir Business, dann wurde unsere Verabredung zum Date. Wir quatschten mehrere Stunden, flirteten und hielten uns vor Lachen den Bauch. Er war Sternzeichen Löwe – genau wie Nero.

Auch dieses Date lief perfekt, für ein paar Stunden konnte ich mich sogar mal wieder der schönen Illusion hingeben, dass eben nicht alle Männer gestört waren. Bis Julius mir tief in die Augen blickte und mich fragte: »Verliebst du dich schnell?«

Ich lachte hysterisch auf: »Oh mein Gott, NEIN! Im Schnitt dauert es locker ein halbes Jahr, bis ich mich mal auf jemanden einlassen kann.« Er zuckte etwas enttäuscht mit den Schultern und wechselte schlagartig das Thema.

Trotzdem konnte ich es, kurz nachdem ich in die stickige Berliner S-Bahn gestiegen war, nicht lassen, aufgeregte Sprachnachrichten an meine Mädels zu verschicken: »Er ist soooo toll! Wahnsinn, ein echter Traumtyp!«

Blöderweise schien Julius mich ebenfalls für eine Traumfrau zu halten und tat alles dafür, um in Kontakt mit mir zu bleiben: Er schrieb mir achtzehn Nachrichten hintereinander, fragte direkt am nächsten Tag, wann wir uns wiedersehen wollten, und war sogar bereit dazu, mit mir für ein Wochenende ans Meer zu fahren. Statt Herzklopfen löste seine Euphorie bei mir leider nur Panik aus. Es war kein schönes Gefühl, wenn Typen vor mir flüchteten, aber es war ein noch unschöneres Gefühl, wenn sie klammerten. Was dazu führte, dass ich die Flucht antrat. Alleine die Vorstellung, dass jemand Erwartungen an mich stellte und mich womöglich einengte, ließ kalten Schweiß unter meinen Brüsten ausbrechen. Das war der Grund, weshalb ich die Sache mit Julius schon wieder beendet hatte, bevor er mich überhaupt zum ersten Mal küssen konnte. *Tja, da hatten meine Mädels mich wohl ertappt.*

*

Ich küsste stattdessen lieber mal wieder einen Typen, der offensichtlich nicht auf eine Beziehung mit mir aus war. Schon als ich ihn auf der Geburtstagsparty meiner Freundin Sara an einem Tresen sitzen sah, meldete sich meine Vagina mit einem verbotenen Kribbeln. Er war groß, hatte ein hübsches Gesicht, seine muskulösen Arme zierten schwarze Tattoos. Ich beobachtete ihn eine ganze Zeit nur aus dem Augenwinkel und warf immer mal wieder einen verstohlenen Blick in seine Richtung, bis wir irgendwann gleichzeitig an der Bar standen, um ein neues Getränk zu ordern.

»Na?«, sagte er und lächelte.

»Selber na!«, antwortete ich frech.

»Woher kennst du Sara denn eigentlich?«, wollte er wissen und legte seinen Kopf schräg.

»Wer will das denn wissen?«, fragte ich und ließ meine Augenbrauen in die Höhe zucken.

»Äh, ich?«, sagte er.

»Und wie heißt du?«, verdrehte ich gespielt genervt die Augen.

»Gabriel, wie der Engel.« Er streckte mir seine Hand entgegen.

Dass Gabriel so gar kein Engel war, wurde mir erst bewusst, als wir uns bereits in ein Gespräch über Gott und die Welt verheddert hatten, und er bereits nach ein paar Minuten ziemlich touchy wurde. Es wäre gelogen, wenn ich behaupten würde, dass ich seine selbstsicheren Berührungen nicht genossen hätte.

»Hey, du bist aber ganz schön frech«, mahnte ich ihn breitgrinsend ab, als er seine Hand um meine Hüfte legte und mich in seine Arme zog.

»Ich kann sogar noch frecher«, flüsterte er mir in mein Ohr und hauchte mir einen Kuss auf den Hals, was nicht nur mir, sondern auch meiner Vagina ein Grinsen auf die Lippen zauberte. Ich kicherte aufgekratzt, mein Herz klopfte. Er fing meinen Blick ein – in seinem lag etwas Liebevolles: »Du bist süß, Julie. Weißt du das?«

»Süß?«, ich zog eine Augenbraue hoch.

»Ja, ich weiß nicht … Du bist so selbstbewusst und gleichzeitig so unsicher, das ist sehr liebenswert«, sagte er und griff nach meinen Händen. Ich verschränkte meine Finger in seinen.

»Was sind das für Ringe?«, fragte ich locker. Er streckte seine Hände aus und gewährte mir einen Blick darauf.

»Ehering?«, deutete ich auf den einen. Er nickte und fixierte kurz meinen Blick. »Ist das ein Problem?«, fragte er ebenso locker. Er schien sich nicht ertappt zu fühlen oder sich dafür zu schämen, dass er sein Bett sonst mit einer anderen Frau teilte. Ich fand es nicht gut, dass ich hier gerade einer anderen Frau den Mann ausspannte, aber irgendwie … Er hielt mir so gelassen und unaufgeregt seine Finger hin, dass mein schlechtes Gewissen sich dieses Mal einfach nicht melden wollte. Mein Bauchgefühl war bei ihm ein anderes als bei den anderen Vergebenen, die ich bisher von der Bettkante geschubst hatte, deshalb zuckte ich mit den Schultern und antwortete: »Für mich nicht.« Er lächelte und kassierte dafür einen Kuss von mir, der Lust auf mehr machte.

»Möchtest du noch etwas trinken?«, fragte er mich. Ich nickte.

Wir gingen wieder in die Bar und setzten uns an den Tresen. Meine Hand wanderte ganz unauffällig zwischen seine Beine, während wir uns quer über den Tresen mit einem seiner Kumpels unterhielten. Ich ließ meine Finger in kreisenden Bewegungen über seine Jeans fahren, erst sanft, dann fester, dann wieder sanft. Er griff unter dem Tisch nach meiner Hand und hielt sie kurz fest: »Lass uns gehen«, raunte er mir ins Ohr, während ich so tat, als würde ich seinem Kumpel weiter zuhören. Als zustimmendes Zeichen drückte ich meine Hand noch einmal in seinen Schritt – obwohl ich noch gar nicht richtig angefangen hatte, wusste ich, dass ich mit Gabriel einen guten Fang gemacht hatte.

»Wollen wir zu mir?«, fragte ich ihn atemlos, als er mich vor der Tür gegen eine Hauswand presste und mir einen weiteren Kuss auf die Lippen drückte. Er nickte.

Als ein Taxi an uns vorbeifuhr, sprang ich fast auf die Straße, so eilig hatte ich es. Sobald ich mich auf die Rückbank fallen ließ, rauschte das gesamte Blut meines Körpers zwischen meine Beine. Mein Unterleib kribbelte. Ich warf ihm einen Blick zu, er lächelte ehrlich.

»Komm mal her«, flüsterte ich aufgekratzt und legte meine Jacke unauffällig über seinen Schoß. Meine Hand fuhr augenblicklich darunter und öffnete den Reißverschluss, während uns der Taxifahrer von seiner großen Liebe Rosalie vorschwärmte. Ich grinste, während meine Finger unter dem Stoff seinen Schwanz massierten. Sein Blick ruhte auf mir, er war nicht von Geilheit geprägt, sondern irgendwie liebevoll.

»Na, dann wünsch ich den Turteltäubchen noch einen schönen Abend«, sagte der Taxifahrer, als er vor meiner Tür gehalten und wir ihm hastig zwanzig Euro in die Hand gedrückt hatten.

Als wir endlich oben waren, schubste ich Gabriel auf mein Bett, setzte mich auf seinen Schoß und küsste ihn.

»Du bist einfach der Wahnsinn«, flüsterte er mir entgegen, während ich mich voller Vorfreude an seinem Gürtel zu schaffen machte. Ich rutschte von ihm runter und zog ihm seine geöffnete Hose aus.

»Ich weiß«, flüsterte ich selbstsicher, leckte mir über die Lippen, schenkte ihm einen Fick-Blick und verschwand für einen Blowjob zwischen seinen Beinen. Mein ganzer Körper kribbelte. Ich war sowas von bereit für eine Nummer mit ihm, dass ich mich einige Sekunden später auf seine Mitte setzte und kaum erwarten konnte, mich auf ihm zu bewegen.

Nach dem Sex lagen wir Arm in Arm und völlig aus der Puste da und sahen uns für einige Momente einfach nur in die Augen, während er mir mit der Hand, an der sein Ehering steckte, seicht über den Oberarm fuhr.

»Warum ist eine Frau wie du eigentlich nicht vergeben?«, flüsterte er und lächelte dabei.

Ich seufzte. *Tja,* warum war so eine Frau wie ich eigentlich Single? Vermutlich, weil ich tatsächlich jedes Mal Panik bekam, wenn es ein Typ ernst mit mir meinte, und ich deshalb lieber mit Verheirateten in die Kiste stieg.

»Weil ich mindestens genauso beziehungsunfähig bin wie die Typen, die ich seit Jahren dafür verfluche«, sagte ich leise und lehnte meinen Kopf an seine Brust.

Kapitel 8:
Die Nummer mit der
Freundschaft Plus

Lieber Alexander,

*habe ich dir eigentlich schon mal gesagt, dass es ein Furz war,
der letztendlich dazu geführt hat, dass wir in der Kiste gelandet
sind? Ich freue mich auf unser nächstes Pasta-Date!*

Bis bald, deine Schmidti

*P.S.: Und ja, du hast mir mein Herz gebrochen und das hat
verdammt wehgetan. Aber im Gegensatz zu den anderen Idioten,
hast du es aufgebrochen und dafür bin ich dir sehr dankbar.*

*

Ich saß mit ziemlich schlechter Laune bei einem Kaffee mit meiner
Freundin Mara zusammen. Ihr blondes, glattes Haar fiel ihr über die
Schulter, ihre Lippen zierte ein friedliches Lächeln. Sie beobachtete
mich. »Ich habe das Gefühl, dass es dir heute nicht so gut geht«, hatte
sie mir gleich gesagt. Ich seufzte. Sie hatte Recht: Ich hatte in der
Nacht zuvor von Basti geträumt, mein Herz fühlte sich deshalb schwer
an.

»Hab nur schlecht geschlafen«, murmelte ich und nahm einen Schluck von meinem Cappuccino. Ich wollte mit ihr nicht über den Traum reden, weil ich keine Lust auf dieses Thema hatte. Mara war erst drei Jahre nach der Trennung von Basti in mein Leben gekommen und kannte nur Bruchteile unserer Geschichte: Ihr zu erklären, wieso ich nach all der Zeit immer noch völlig fertig war, nur weil ich in der Nacht von ihm geträumt hatte, war mir einfach zu anstrengend. Außerdem hatte ich selbst keine Antwort auf die Frage.

»Soll ich dich etwas aufmuntern?«, fragte sie und klimperte auffällig mit ihren geschwungenen Wimpern.

»Klar«, nickte ich. Ihr huschte ein vielversprechendes Grinsen über die Lippen, dann reichte sie mir ihr Handy rüber und präsentierte mir ein Foto: Es zeigte einen oberkörperfreien, sehr muskulösen Typen mit dunkelblonden Haaren am Strand, der mit ziemlich arrogantem Blick in die Kamera starrte.

Ich schnaubte verächtlich: »Schon wieder so ein arrogantes Arschloch.« Ich wusste nicht was, aber irgendwas an diesem Bild traf mitten in mein Hirnareal für Aggressionen.

Mara verzog ihren Mund zu einer Schnute und protestierte: »Hä, wiesooo? Alex ist wirklich richtig cool! Ich glaube, ihr würdet euch sehr gut verstehen. Auf meiner letzten Geburtstagsparty hat er zu Helene Fischer auf dem Tisch getanzt und gestrippt.« Sie grinste, als sie sich an die Situation erinnerte.

Ich seufzte und zuckte mit den Schultern: »Schön für ihn.«

Dann reichte ich ihr das Handy über den Tisch, ohne den Typen noch eines Blickes zu würdigen. Ich wusste was sie vorhatte: Mara versuchte mich seit geraumer Zeit immer wieder mit irgendwelchen Männern aus ihrem Freundeskreis zu verkuppeln, weil sie mir etwas Gutes tun wollte. Dass dieser Axel oder Alexis ... ach ne, Alexander aber so gar nicht mein Typ war, das hätte sie auch vorher wissen können. Erstens war er blond, zweitens hatte er es offensichtlich nötig, bei Instagram seine Muskeln zu präsentieren und drittens hatte er dieses abwertende Glitzern in seinem Blick, das mich so sehr an Basti erinnerte, dass ich absolut nichts mit ihm zu tun haben wollte.

»Hmm, wenn du meinst«, brummte Mara enttäuscht, dann wechselten wir das Gesprächsthema.

Ich hatte diesen Alex schneller vergessen, als mir mein verächtliches Schnauben über die Lippen gerutscht war. Bis ich ihn, ein paar Tage nachdem Mara mir das Foto von ihm präsentiert hatte, auf ihrer Geburtstagsparty auf der Couch sitzen sah. In echt sah er zwar nicht mehr ganz so arrogant aus, trotzdem wollte ich ihn nicht näher kennenlernen. Deshalb setzte ich mich an das andere Ende der Couch und begutachtete lieber meine Fingernägel, als in die hitzige Diskussion über Fußball einzusteigen, die dieser Typ anführte. Seine Stimme war tief und dröhnte durch den Raum, seine breitbeinige Sitzhaltung wirkte großkotzig und selbstgefällig. Nein, ich war definitiv kein Fan von ihm.

Als ich irgendwann in die Küche ging, um mir ein Getränk zu holen, hörte ich hinter mir plötzlich die tiefe, männliche Stimme: »Du bist Julie, oder?«

»Ja«, brummte ich, ohne mich umzudrehen. Pfft, jetzt besaß dieser Kerl auch noch die Frechheit, mich anzusprechen.

»Ich habe von Mara schon echt viel über dich gehört. Ich bin Alexander von Steinberg, aber meine Freunde nennen mich Alex«, sagte er freundlich. Ich drehte mich zu ihm um, er hatte mir seine Hand selbstbewusst entgegengestreckt. Jetzt hatte dieser arrogante Spacko auch noch einen Adelstitel? Das war ja wohl ein Witz!

Ich musterte seine langen Finger, die immer noch auf einen Handschlag von mir warteten. »Ach ja? Alexander von Steinberg, also«, erwiderte ich abfällig, um ihm ganz deutlich zu machen, dass wir beide sicherlich keine Freunde werden würden.

»Ja, aber wie gesagt: Alex ist mir lieber«, sagte er nun verlegen und schob noch schnell nach: »Also, Mara hat wirklich nur Gutes über dich erzählt und meinte, dass wir uns sicher gut verstehen würden.«

»Hmm …«, presste ich unbeeindruckt über meine Lippen. Schön, dass er mir netterweise seine Hand entgegengestreckt und mir das Du statt des Adelstitels angeboten hatte – was war das bitte für ein überheblicher Idiot?

»Na ja, ich geh mal wieder zu den anderen«, sagte er auf meine wortkarge Reaktion. Ich nickte und versuchte, mir ein Lächeln auf die Lippen zu zwingen, das augenblicklich verschwand, als er mir den Rücken zudrehte, um sich wieder breitbeinig auf seinen Platz fallen zu lassen.

Ich beobachtete ihn, wie er zwischen meinen Freunden saß, den Alleinunterhalter spielte, und kippte genervt einen großen Schluck Weißwein herunter. Alleine diese ausladenden Gesten, seine selbstgefällige Körperhaltung und seine großkotzigen Erzählungen von den ganzen Models und Instagram-Schönheiten, die er angeblich schon abgeschleppt hatte – das sorgte dafür, dass sich in mir alles zusammenzog und ich diesen *von Steinberg* absolut unerträglich fand.

Bevor ich mich wieder zu den anderen gesellte, ging ich auf den Balkon, um eine Zigarette zu rauchen.

»Alles gut?«, fragte Mara, die mir nach einer halben Zigarettenlänge gefolgt war.

»Ja«, lächelte ich.

»Hast du Alex schon kennengelernt?«, flötete sie unschuldig.

»Ja«, jetzt brummte ich.

»Und?«, fragte sie erwartungsvoll.

Ich seufzte. Die Wahrheit war: Ich hatte schon ewig keinen Mann mehr kennengelernt, den ich von der ersten Sekunde so unfassbar unsympathisch gefunden hatte und dessen Anwesenheit allein ausreichte, um einen fetten Wutknoten in meinem Bauch zu bilden. Aber das konnte ich Mara schlecht sagen, vor allem, weil ich selbst gar nicht verstand, wieso ich so heftig und abwehrend auf ihn reagierte – er hatte mir schließlich nichts getan.

»Vielleicht ist er ja doch ganz nett«, log ich sie an. Sie hatte schließlich Geburtstag, und ich wollte nicht diejenige sein, die ihn mit ihrer schlechten Laune vermieste.

»Sehr gut«, grinste sie und klatschte aufgeregt in die Hände, bevor sie wieder ins Wohnzimmer ging und die Musikanlage aufdrehte.

Als ich ihr in den Raum folgte, seufzte ich: Das Schicksal fand es heute wohl mal wieder besonders amüsant, meine Resilienz auf die Probe zu stellen. Denn tatsächlich gab es nur noch einen freien Sitzplatz im ganzen Raum und der war ausgerechnet neben … richtig, Alexander.

Ich ließ mich auf den Platz neben ihm fallen, überschlug die Beine und lächelte gekünstelt, während ich mich an meinem Weinglas festklammerte und es innerhalb von wenigen Minuten leerte: Wenn ich mich heute noch mal entspannen und zumindest ein bisschen Spaß haben wollte, musste ich mir dringend einen Pegel antrinken.

Vier Gläser Weißwein und drei Schnäpse später hatte ich den Pegel erreicht. Um genau zu sein, hing ich jetzt auf Alexanders Schulter und sang mit ihm Arm in Arm Marianne Rosenbergs »Er gehört zu mir«.

»Auf uns!«, prostete ich ihm nach unserer Gesangseinlage zu, ehe ich einen weiteren Schnaps herunterkippte. Wie es ganz plötzlich dazu gekommen war, wusste ich in diesem Moment schon gar nicht mehr, aber es war auch egal. Denn gerade fand ich ihn gar nicht mehr so bescheuert wie noch wenige Stunden zuvor. Vielleicht auch, weil er eine gehörige Portion selbstironischen Witz an den Tag legte, was ich ihm gar nicht zugetraut hatte.

»Warum hast du mich vorhin in der Küche eigentlich so auflaufen lassen?«, fragte er mich, als wir betrunken auf dem Balkon standen und rauchten. Seine Lippen zierte ein unschuldiges, ehrliches Lächeln.

»Weil ich dachte, dass du ein arroganter Arsch bist, Alexander *von Steinberg*«, rutschte es mir unüberlegt heraus.

»Wieso?«, fragte er und zog seine breiten, trainierten Schultern nach oben.

»Alleine wie breitbeinig du dasitzt: Jo, ich hab' hier die dicksten Eier im Raum! Das ist sowas von lächerlich«, kicherte ich und imitierte seine Haltung, nur um mit erhobenem Zeigefinger hinzuzufügen: »Das stimmt übrigens nicht, denn die dicksten Eier habe immer noch ich!«

Alexander lachte. In dem Moment fiel mir das erste Mal auf, dass dieses abwertende Glitzern in seinem Blick, das ihn auf dem Foto so unsympathisch gemacht hatte, in echt gar nicht da war.

»Ich kenn so Typen wie dich«, lallte ich. Ja, der Alkohol war definitiv in meiner Blutbahn angekommen. Er zog eine Augenbraue hoch.

»Diese übertrieben selbstbewusste Art, das nervt mich, ich glaub dir das nicht«, sagte ich überheblich und zuckte mit den Schultern.

»Wieso? Sorry, aber … Ich weiß eben einfach, dass ich nicht schlecht aussehe, dass ich ein korrekter Typ bin und dass ich sehr gut in dem bin, was ich tue. Wenn du das arrogant findest, kann ich ja auch nichts dafür. Außerdem gibt es auch noch eine andere Seite von mir, die zeige ich aber nicht jedem«, sagte er selbstbewusst. Ich guckte ihm skeptisch in die blauen Augen: Er hielt den Blick länger als ich – plötzlich musste ich wegschauen.

Auf einmal wusste ich ganz genau, warum ich so allergisch auf ihn reagiert hatte: Mein hypersensibler Basti-Radar war ausgeschlagen. Als Alex mir erklärte, dass er nicht jedem jede Seite von sich zeigte, fiel es mir wie Schuppen von den Augen. Seine Körpersprache, sein selbstgefälliges Grinsen, das abfällige Glitzern in seinem Blick, die Art wie er über Frauen sprach, dieses übersteigerte Selbstbewusstsein – das erinnerte mich alles an Basti, obwohl Alexander ihm äußerlich gar nicht ähnlich war. Einen großen Unterschied gab es allerdings zwischen ihnen: Alex ging sehr viel transparenter damit um, dass er nicht jedem Menschen alles über sich preisgab und sich eine Schutzmauer aufgebaut hatte, der er sich offensichtlich bestens bewusst war.

Das beeindruckte mich auch deswegen, weil ich mir diese Transparenz nicht zutraute. Ich hatte so eine beschissene Angst, dass mir nochmal jemand wehtat, dass ich die verletzliche Version von mir komplett von der Außenwelt abschottete. Ich hatte mal wieder eine selbstbewusste Fassade kreiert, von der ich zwar irgendwie hoffte, dass die Menschen um mich herum irgendwann von alleine auf die Idee kamen, dass dahinter vielleicht auch ein ziemlich zerbrechlicher Teil schlummerte, aber freiwillig wollte ich diese Seite niemandem zeigen. Blöderweise frustrierte es mich trotzdem immerzu, dass die wenigsten wirklich so aufmerksam und empathisch waren, um die echte Julie unter all dem Gehabe zu erkennen.

In diesem Moment war mir das allerdings noch nicht wirklich bewusst, ich sah vor allem die Ähnlichkeit zu Basti und donnerte ihm gnadenlos entgegen: »Dann erzähl mir doch mal bitte, was dir Beschissenes passiert ist, dass du so genau auswählen musst, wem du was von dir zeigst.«

Ich erwartete eine ähnlich traumatische Kindheitsgeschichte, doch die kam nicht. Stattdessen erzählte Alex mir, dass er lange seinem Lebenstraum, einmal die Champions League zu gewinnen, hinterhergejagt war. Leider wurde dieser Weg jäh beendet, als er kurz vor dem Wechsel in die U-21 Nationalmannschaft einen Kreuzbandriss hatte, der seinen Traum scheitern ließ.

»Das hat mir kurz den Boden unter den Füßen weggerissen, aber dann hab ich mich aus meinem Loch rausgekämpft und mir gesagt: scheiß drauf, wenn Plan A nicht klappt, machst du halt Plan B«, erklärte er und warf mir einen festen, selbstbewussten Blick zu. Ich sah ihn beeindruckt und erleichtert an: Ich hatte mich geirrt, dieser Typ hatte kaum etwas mit Basti gemeinsam, dafür aber umso mehr mit mir.

*

Dass ich damit nicht ganz richtig lag, sollte ich erst ein paar Monate später während eines Brunchs feststellen. Nach einer durchzechten Nacht mit meinen Freundinnen war ich an dem Morgen so kurz vor knapp aufgestanden, dass die Zeit nur für ein Minimalprogramm reichte: kurz unter die Dusche springen, Jeans und T-Shirt und das Schminktäschchen in die Handtasche.

»Hey, meine Hübsche«, begrüßte Mara mich aufrichtig strahlend, als ich vor ihrer Tür stand, und schloss mich fest in den Arm. Sie hatte ein großes Talent: Die Herzlichkeit, die sie ausstrahlte, sorgte dafür, dass man sich in ihrer Nähe auch in den Augenblicken leiden konnte, in denen man eigentlich nicht so zufrieden mit sich war.

»Hey, sorry, dass ich etwas spät bin, es ist gestern etwas länger geworden«, entschuldigte ich mich bei ihr, sie winkte ab und bat mich herein.

»Alex, Robin, Elena und Timo sind schon da«, lächelte sie, während ich meine Schuhe auszog. Unsere Clique war ein bunter Mix aus Männern und Frauen, Paaren und Singles. Mara und ihr Freund Timo bildeten den Kern und brachten immer wieder neue Leute ein, die sie eines Tages einfach zu einem Treffen mit ihren Freunden einluden.

»Oh, das ist super! Kommen Kristina und Henning auch noch?«, fragte ich.

»Nee, die müssen arbeiten«, erklärte Mara. Ich nickte und lief ins Wohnzimmer.

»Hallooohooo«, begrüßte ich die anderen freundlich lächelnd und wollte mich gerade hinsetzen, als Alexander plötzlich mit seiner tiefen, rauen Stimme auflachte: »Boah Julie, was ist denn mit dir los? Siehst du ungeschminkt immer so scheiße aus?«

KLATSCH, das hatte nicht nur gesessen, das hatte mich hinterrücks an meiner empfindlichsten Stelle getroffen. Für einen Moment fühlte es sich an, als würde ich taumeln und innerlich ohnmächtig werden. Ich brauchte etwas, bis mein verkümmertes Selbstwertgefühl das weggesteckt hatte, dann fing ich mich aus irgendeinem Grund wieder und schaffte es zumindest, ihm einen vernichtenden Blick zuzuwerfen.

»Boah, Alex ey …«, sprang mir Robin bei und sah ihn mahnend an. Alex war bekannt für sein Einfühlungsvermögen, das einem Trampeltier glich.

Ich beobachtete ihn dabei, wie er sich großkotzig ein Brötchen angelte, ich bemerkte das doofe Grinsen auf seinen Lippen und wie mich langsam die ersten Wellen des Selbsthasses überkamen, den Basti mir mit seinen gemeinen Sprüchen über mein Aussehen systematisch eingetrichtert hatte. Seit Jahren versuchte ich, gegen diese selbstzerstörerischen Gedanken anzukämpfen und meine angeknackste Selbstliebe irgendwie aufzubauen, und dann kam Alex und fütterte den Teufel unter meiner Brust mit Zucker – das fühlte sich grausam an.

»Was ist mit dir?«, fragte er mich nach ein paar Minuten schmatzend, als ich immer noch regungslos vor meinem leeren Teller saß. Ich hatte keinen Hunger mehr.

»Fick dich, Alexander!«, sagte ich eiskalt. Die anderen am Tisch beobachteten die Situation perplex.

»Hä? Bist du dumm?«, erwiderte er irritiert. Anscheinend hatte er nicht bemerkt, wie tief mich sein Spruch getroffen hatte.

»Nein, ich bin nicht dumm«, knirschte ich gefährlich ruhig zwischen meinen Zähnen hervor, rückte den Stuhl zurück, stand auf und verschwand auf die Toilette.

Als ich die Tür hinter mir abgeschlossen hatte, schossen mir die Tränen in die Augen. Mir war übel. Ich wusste, dass Alex keine Ahnung hatte, was so ein Satz in mir anrichtete, aber das änderte nichts an der Tatsache, dass ich nun wieder einen schweren, ekligen Klumpen in meinem Magen spürte. Es war ja nicht so, dass ich keine Kritik bezüglich meines Aussehens annehmen konnte. Ich provozierte das mit meinen Klamotten manchmal sogar absichtlich, weil ich es eben auch liebte, wenn sich andere über mich das Maul zerrissen und mir damit die Aufmerksamkeit schenkten, die ich so sehr brauchte. Ich konnte nur nicht damit umgehen, wenn sie eben meinen Körper betraf. Vor allem nicht von Menschen, die ich wirklich gerne mochte.

Als ich es endlich geschafft hatte, die Tränen und das Übelkeitsgefühl halbwegs zurückzudrängen, atmete ich einmal tief ein und aus und öffnete die Tür. Alex stand vor dem Klo und sah mich mit entschuldigendem Blick an. Nein, da hatte ich jetzt keine Lust drauf, ich wollte mir nicht noch eine Breitseite von ihm abholen. Deshalb ignorierte ich ihn und schritt an ihm vorbei, als wäre er gar nicht da.

»Julie, warte doch mal …«, sagte er, was mich natürlich nicht dazu brachte, stehen zu bleiben. Ich war doch nicht sein verdammter Hund.

»Julie, jetzt warte doch mal«, hörte ich seine Stimme direkt hinter mir, ehe er mich am Oberarm packte und mich zu sich drehte.

»Nein! Nein!«, bellte ich aufgebracht und klang nun doch wie ein Hund.

»Boah, das war doch nicht so …«, setzte er an, doch ich ließ ihn nicht ausreden.

»Du bist einfach zu weit gegangen. Du kannst dich gerne immer und über alles an mir lustig machen, aber nicht über mein Aussehen. Ich kann sehr gut über mich selbst lachen, und ich finde es auch witzig, wenn du mir sagst, dass mein Kleid aussieht wie eine Küchenschürze! Und ja, wenn du es lustig findest, dann kann ich meinetwegen auch darüber lachen, wenn du mir sagst, dass ich in meiner Hose fett aussehe oder meine Schuhe hässlich sind, aber mir zu sagen, dass mein Gesicht scheiße aussieht? Das ist einfach nur respektlos«, sagte ich bitter, riss meinen Arm aus seiner Hand und ging zurück ins Wohnzimmer.

Ich würdigte ihn an diesem Tag keines Blickes mehr. Mein Teller blieb weiterhin leer, ich nippte nur alibimäßig ab und zu an meinem schwarzen

Kaffee und machte gute Miene zum bösen Spiel. Als sich die erstbeste Gelegenheit bot, verabschiedete ich mich von den anderen und ging.

Zu Hause ließ ich mich auf mein Bett fallen und brach in Tränen aus. Die Enttäuschung brannte unter meiner Brust und vermischte sich ekelhafterweise mit einem komischen Gefühl der Genugtuung: Nicht weil ich für mich selbst eingestanden und eine Grenze gezogen hatte, oh nein, in diesem Moment war es Genugtuung darüber, dass der kleine Teufel in meiner Brust mal wieder recht behalten hatte, dass ich wirklich nicht hübsch genug, nicht gut genug, nicht liebenswert genug war, so wie ich eben war: verkatert, ungeschminkt, mit Brille auf der Nase und verdammten Pickeln im Gesicht.

Und dann passierte etwas Interessantes: Der Selbsthass und die Enttäuschung über Alexander verquirlten sich in meinem Bauch zu einem neuen Gefühl: Erregung. Hätte ich einen Penis gehabt, hätte sich wohl ein fetter Ständer durch meine Boxershorts gedrückt, was so unpassend war, wie in den Filmen, in denen sich zwei Erzfeinde in Unterwäsche auf dem Boden kugelten, bis einer von ihnen plötzlich eine Erektion bekam. Wie das zustande kam? Wahrscheinlich hatte mich die Demütigung einfach so sehr an Basti erinnert, dass ich nicht anders konnte, als über Sex mit Alex nachzudenken.

Was natürlich nicht besser wurde, als er mir dann auch noch eine Nachricht schrieb: >>*Julie, Mann. Das war echt nicht so gemeint!*<< Ich seufzte, warf das Handy achtlos neben mich und versuchte, die Tatsache einfach zu ignorieren, dass aus dem Selbsthass-Klumpen anscheinend beschissene Schmetterlinge geschlüpft waren.

*

Es dauerte ein paar Tage bis ich nach dem Gespräch wieder auf mich selbst und mein merkwürdiges Gefühlschaos klarkam. Ich war zwar noch wütend auf Alex, willigte aber trotzdem ein, als er bei unserem nächsten

Treffen mit einem entschuldigenden Hundeblick vor mir stand und fragte: »Julie, können wir zusammen Rauchen gehen?«

Ich stolzierte selbstbewusst und schnellen Schrittes nach draußen in den Raucherbereich, er trottete mir wie ein reumütiger Hund hinterher. Ich zündete mir eine Zigarette an, verschränkte die Arme vor der Brust, verzog meine Lippen zu einer abschätzigen Schnute und beobachtete ihn dabei, wie er vor mir stand und etwas hilflos wirkte.

»Hast du mir was zu sagen?«, fragte ich.

»Ich dachte, ich frage mal nach, ob es dir gut geht«, stotterte er vor sich hin und schaute auf den Boden.

»Dein Ernst?«, lachte ich bitter auf.

»Boah, du weißt doch … Das war nur ein Spaß!«

»Ja, aber das war nicht witzig«, sagte ich ernst.

»Ich meinte das doch gar nicht so. Wir machen doch sonst auch immer Scherze.«

»Ja, vielleicht. Aber das war verletzend! Und ja, auch wenn du es nicht glaubst, aber auch ich habe Gefühle«, sagte ich und konnte selbst kaum glauben, dass ich ihm so viel von meiner verletzlichen Seite preisgab.

»Mann, komm schon …«, druckste er herum und scharrte mit dem Fuß eine Zigarette von links nach rechts. So hatte ich ihn noch nie erlebt, mit meinen Worten hatte ich den sonst so selbstsicheren Alexander ganz schön aus der Reserve gelockt, und weil ich selbst wusste, wie unangenehm es sich anfühlt, wenn man seine Komfortzone verlassen musste, schenkte ich ihm ein zögerliches Lächeln.

»Du kannst es nicht sagen, oder?«, stellte ich fest.

»Was meinst du?«, fragte er, seinen Hundeblick hatte er immer noch nicht abgelegt.

»Entschuldigung Julie, es tut mir leid«, sprach ich die Worte aus, die er nicht fand, weil sie unter seinem Stolz begraben waren, dabei sah ich ihn herausfordernd an.

Es war das zweite intensive Blickduell, das wir uns lieferten. Diesmal war er es, der nach ein paar Sekunden seinen Blick abwenden musste. Er guckte kurz auf den Boden, dann schüttelte er den Kopf, während ihm ein verlegenes Lächeln über die Lippen huschte: »Nein.«

Ich nickte und musste auch lächeln. Es war okay, seine Körpersprache zeigte mir, dass es ihm wirklich leidtat, und nur weil er es nicht aussprechen konnte, wollte ich nicht so sein.

»Ich weiß ... Ich kenn dich«, zwinkerte ich ihm zu und boxte spielerisch gegen seinen Bauch. Fuck, die Muskeln, die sich unter seinem Shirt verbargen, fühlten sich verdammt hart und sexy an.

*

Tatsächlich sorgte diese Auseinandersetzung dafür, dass wir uns plötzlich sehr viel näherstanden, als ich mir jemals hätte ausmalen können. Natürlich nur auf rein platonischer Ebene, meinen merkwürdigen Ständer-Moment hatte ich schnell wieder verdrängt. Auf jeder verdammten Party hingen wir zusammen ab, kümmerten uns umeinander, lachten, scherzten, manchmal stritten wir uns auch aus Spaß wie ein altes Ehepaar.

»Kannst du deine Füße nicht mal vom Tisch nehmen, das macht man nicht«, meckerte ich, als wir an einem Abend mal wieder mit unseren Freunden zusammensaßen.

»Jaja, Mama«, sagte Alex eingeschnappt und zog eine Grimasse, bevor er die Füße vom Tisch nahm. Ich grinste zufrieden.

»So Leute«, unterbrach Mara und guckte in die Runde: »Wir müssen noch einmal über unseren Urlaub sprechen. Wir haben das Haus in Holland jetzt gebucht, allerdings geht die Zimmerverteilung nicht richtig auf: Elena und Kristina nehmen ein Zimmer, Timo und ich eins und Hennig und Robin das andere. Leider bleibt nur noch ein Zimmer übrig ...«

»Heißt?«, wollte ich wissen.

»Na ja, du und Alexander, ihr müsstet euch ein Zimmer teilen«, erklärte sie.

Alex und ich guckten uns an, zuckten mit den Schultern und sagten gleichzeitig: »Klar!« In diesem Moment hatte ich nicht großartig darüber nachgedacht, wie viel Privatsphäre ich mit Alex teilen musste, wenn wir fünf Tage im gleichen Zimmer schlafen würden und willigte selbstverständlich in den Vorschlag ein.

Als ich ein paar Wochen später allerdings meinen Koffer für den Kurztrip an die holländische Küste packte, war ich plötzlich aufgeregt. Würden Alex und ich uns so gut verstehen wie sonst? Würde ich es überhaupt ertragen, mit einem Mann fast 24/7 aufeinanderzuhängen? Die Zeit mit mir allein war mir heilig, wenn ich die nicht bekam, sorgte das erfahrungsgemäß für schlechte Laune. Eigentlich wollten wir für fünf Nächte doch bloß ein bisschen ausspannen, am Strand chillen und etwas Frühsommersonne tanken. Dass ich jetzt auch noch eine Konfrontationstherapie gegen meine leichte Misanthropie angehen sollte, stresste mich und sorgte für ein aufgeregtes Kribbeln in meinem Bauch.

Das komische Kribbeln war auch noch da, als die Zimmertür einen Tag später das erste Mal hinter uns zufiel. Der Raum war groß und hell. In der Mitte stand ein zwei Meter breites Boxspringbett. Ok, wow. Anscheinend teilten wir uns nicht nur ein Zimmer, sondern auch gleich ein Bett. Ich schmiss meine Handtasche auf einen Ledersessel, der in der Ecke stand, und stellte den Koffer ab. Alex warf einen Blick ins Bad. »Sieht gut aus, mit begehbarer Dusche!«, rief er zu mir rüber.

»Cool«, sagte ich und blieb etwas unschlüssig im Raum stehen. Die Situation überforderte mich: Was sollte ich jetzt tun? Ich war noch nie mit ihm alleine gewesen. Ich kannte diesen Typen doch eigentlich gar nicht, und jetzt sollte ich mir ein Zimmer mit ihm teilen? Hilfe, wer war auf diese beschissene Idee gekommen?

Alexander sah mich grinsend an, als er aus dem Bad in den Raum kam und seine Sonnenbrille auf dem weißen Sideboard ablegte.

»Was grinst du so?«, fragte ich verunsichert und hockte mich zu meinem Koffer.

»Nichts, ist einfach richtig geil hier, da kann man sich wohlfühlen«, sagte er begeistert und öffnete im nächsten Moment demonstrativ seine Hose – ich guckte leicht verdutzt. »Zu Hause laufe ich immer ohne Hose rum«, erklärte er.

»Na dann haben wir ja was gemeinsam«, zwinkerte ich ihm zu und widmete mich wieder meinem Koffer. Erst als ich mich ein paar Minuten später wieder umdrehte, fiel mir auf, dass er tatsächlich nur in Boxershorts durch den Raum wanderte. Mein Blick blieb an der Beule in seiner Hose hängen. Wow, damit hatte ich nicht gerechnet. Ich riskierte einen zweiten Blick: Hui, der schien überraschend gut bestückt zu sein.

Kurz darauf trafen wir uns mit unseren Freunden im Garten des ehemaligen Bauernhauses zum Essen. Die Einrichtung war ein Mix aus Shabby-Chic und modernem Minimalismus. In der ersten Etage des Hauses lagen die Schlafzimmer, die alle ein eigenes Bad hatten; im unteren Teil gab es eine große Wohnküche, in der eine riesige Sofalandschaft und ein Esstisch für zwölf Personen standen. Auf der Terrasse stand ein weißer Strandkorb und ein weiterer großer Tisch; rund um den angrenzenden Pool waren Sonnenliegen aufgebaut. Der Geruch von frisch Gegrilltem lag in der Luft, die Sonne stand tief, glitzerte aber noch auf der Wasseroberfläche des Pools. Wir waren uns einig, dass wir heute alle nicht lange machen würden, wollten es uns aber nicht nehmen lassen, zumindest noch mit einem Glas Wein auf unseren Kurztrip anzustoßen. Nach dem Essen legte Alexander seinen Arm auf die Stuhllehne hinter mich und gähnte lautstark: »Leute, ich bin raus. Schlaft gut, bis morgen!« Dann warf er mir einen auffordernden Blick zu.

»Ich komm mit«, nickte ich und rückte mit dem Stuhl lautstark zurück.

»Unser altes Ehepaar verabschiedet sich«, kicherte Mara.

»Jaja, wir müssen uns noch darum streiten, wer auf welcher Bettseite schläft«, lachte ich und winkte meinen Freunden zum Abschied, um Alexander die Treppen zu unserem Zimmer hoch zu folgen.

Bis wir im Bett lagen, dauerte es eine ganze Weile: Erst sprang ich unter die Dusche, dann putze er sich die Zähne. Ich warf einen prüfenden Blick in den Spiegel: Ich sah okay aus, auch wenn ich ungeschminkt war. Zwar hatte ich den bösen Spruch von Alexander längst verziehen, aber vergessen konnte ich ihn nicht. Umso glücklicher war ich, als wir beide irgendwann endlich im Bett lagen, ohne dass er mir einen weiteren doofen Spruch gedrückt hatte.

Es wurde still. Ich atmete einmal tief ein und aus, trotzdem fühlte ich innerliche Unruhe. Ich strampelte die Bettdecke erst über meine Beine, dann wieder runter. Drehte mich von links nach rechts. Warum fühlte sich das trotzdem so komisch an? Ich hatte darauf gehofft, dass wir entspannt im Bett liegen und schnell einschlafen würden, aber das ging irgendwie nicht. Ich knautschte das Kissen zusammen, faltete es wieder auseinander und drehte mich mehrmals hin und her.

»Sag mal, hast du es jetzt gleich mal?«, fragte Alex irgendwann mit genervtem Unterton.

»Boah, ja, sorry«, seufzte ich und haute ihm mit der Hand gegen seine Seite. Ich berührte seine nackte, warme Haut. Alexander schlief nur in Boxershorts.

»Aua!«, beschwerte er sich, ich verdrehte die Augen.

Die Situation war wirklich merkwürdig. Ich versuchte krampfhaft, mich zu entspannen, aber es ging nicht. Es war einfach komisch, dass wir hier nebeneinander lagen. Ich hatte mir bis dato noch nie das Bett mit einem Mann geteilt, mit dem ich keinen Sex hatte. Okay, Tim mal ausgenommen, aber der zählte irgendwie nicht.

»Du solltest übrigens eine Sache wissen«, sagte Alex in die drückende Stille hinein.

»Was denn?«

»Ich kann nur schlafen, wenn etwas in meinem Gesicht liegt.« Seine Stimme klang nicht verunsichert, aber leicht verlegen.

»Okay, und ich kann nur schlafen, wenn ich ein Hörbuch oder so höre«, erklärte ich ihm.

»Okay, dann mal gute Nacht«, sagte Alexander und drehte sich um.

»Äh ja, gute Nacht«, säuselte ich, fühlte mich aber schlagartig hellwach. Nee, also mit dieser Situation konnte ich mich ja mal so gar nicht anfreunden. Das fühlte sich falsch an, das stresste mich, diese Stille machte mich wahnsinnig. Alexander schien das alles gar nichts auszumachen. Etwa zwanzig Sekunden lang war ich sogar fest davon überzeugt, dass er innerhalb kürzester Zeit in einen Dornröschenschlaf verfallen war.

Dann ertönte ein lauter Furz den Raum.

»Sag mal, bist du bescheuert?«, fragte ich empört lachend und richtete mich schlagartig auf.

»Hey, komm, unter Freunden macht man das so!«, kicherte er.

»Tolle Freundschaft«, kommentierte ich und verdrehte gespielt genervt die Augen.

»Du kannst dich glücklich schätzen. Außer meiner Schwester und meiner Mutter hat mich noch nie eine Frau furzen hören«, lachte er, worauf ich nur schmunzelnd mit dem Kopf schüttelte: Ich hatte diesen Idioten wirklich gern.

*

»Ich wurde eben von Robin gefragt, ob was zwischen uns geht«, erklärte Alexander am nächsten Tag ganz beiläufig, während wir im Auto saßen und er lässig einen Arm auf der Fahrertür aufgestützt hatte. Die Sonne spiegelte sich in seiner dunklen Sonnenbrille. Wir waren gerade auf dem

Weg zu einem Restaurant, die anderen waren schon vorgegangen. Alex und ich fuhren mit dem Auto hinterher, weil wir klischeehafterweise noch etwas Gras besorgt hatten, das uns die nächsten Abende versüßen sollte.

Ich sah ihn neugierig an: »Und? Was hast du gesagt?«

»Natürlich nicht! Wir sind nur Freunde«, sagte er lässig, worauf ich heftig nickte. In meinem Herzen spürte ich trotzdem einen kleinen, unerwarteten Stich. Statt ihm meine Betroffenheit zu zeigen, lachte ich noch lauter und sagte: »Ist ja auch völlig bescheuert, wie kommt der auf die Idee?«

»Keine Ahnung, du und ich ... niemals!«, bestätigte Alexander und konzentrierte sich wieder auf die Straße, die sich durch idyllische, grüne Felder schlängelte.

Keine Ahnung?! War der blind? Also mir fielen da tausend Gründe ein! Zufällig waren wir auf einem Zimmer, hingen 24 Stunden am Tag aufeinander und abgesehen davon, flirrte seit dieser Nummer mit der Beleidigung diese komische Spannung umher, die fast so deutlich in der Luft stand wie Hochsommerhitze in der Stadt.

»Aber nur mal angenommen ...«, unterbrach er die Stille und riss mich aus meinen Gedanken.

»Angenommen, was?«

»Na ja, wen aus der Gruppe würdest du am ehesten vögeln?«, fragte er, worauf ich irritiert meinen Kopf zu ihm drehte. Tja, die Antwort lag ja wohl auf der Hand: natürlich Alex. Mit ihm hatte ich das vertrauteste Verhältnis. Auch Hennig und Robin waren nett: Robin wäre mit seinen dunklen Haaren, dem kantigen Gesicht und den markanten Augenbrauen sogar eher mein Typ gewesen, aber irgendwann hatte ich festgestellt, dass ich ihn als Charakter eher langweilig fand. Aber Alex diese Genugtuung zu schenken, kurz nachdem er sehr deutlich gemacht hatte, dass wir nur Freunde waren? Niemals! Deshalb sah ich ihm fest in die Augen und log eiskalt: »Robin!«

»Ich würde Elena nehmen, die ist schon echt heiß«, erklärte Alex. Ratsch! Jetzt fühlte ich nicht mehr einen kleinen Stich, sondern eine aufgerissene, alte Wunde unter der Brust.

Schön, dass er sie so heiß fand! Warum teilte er sich dann nicht mit Elena ein Zimmer? Vielleicht ging da ja noch was? Und wieso ausgerechnet Elena? Noch drei Stunden vorher hatte er sich unfassbar über sie aufgeregt und jetzt erzählte er mir hier, dass er lieber sie in seinem Bett haben wollte? Arsch, ganz ehrlich! Nur weil sie wahrscheinlich den perfekteren Körper und die schönere Nase hatte. Pfft, dann sollte er beim nächsten Mal doch sie anfurzen. Ich kochte innerlich vor Wut.

Meine Stille deutete Alexander offensichtlich als Gleichgültigkeit, weshalb er unüberlegt und fröhlich das Gespräch fortsetzte: »Hach Schmidti, der richtige Typ für dich, der muss auch erst noch gebacken werden«, philosophierte er, was mich ganz plötzlich explodieren ließ.

»Wie meinst du das?«, fragte ich zischend und kniff meine Augen zusammen.

»Ach nichts …«, grinste er über meine sehr heftige Reaktion hinweg.

»Nee, das will ich jetzt wissen. Was genau ist so unrealistisch daran, dass es irgendwo da draußen einen Mann gibt, der mich wirklich mag? Was ist das fucking Problem an mir, dass man mir einen Mann backen müsste, der es mit mir aushält?«, schoss es aufgebracht und mit rauer Stimme aus mir heraus.

»Mein Gott ey, komm mal wieder runter und labere mich hier nicht voll«, seufzte er genervt und drehte die Musik auf.

»Fick dich einfach nur!«, zischte ich, verschränkte die Arme vor der Brust und wandte mich von ihm ab. Die Felder flogen an uns vorbei. Der blaue Himmel war mit weißen Wolken behangen, während – wie ironisch – in mir ein heftiges Gewitter losgebrochen war.

*

Ich sprang schon aus dem Auto, bevor Alex überhaupt die Handbremse ziehen konnte und flüchtete ins Restaurant. Inzwischen kippte ich bereits den vierten Weißwein in mich hinein. Meine schlechte Laune war verflogen. Ich hatte mich, statt wie üblich neben Alex, direkt neben meine Freundin Mara gesetzt und mit ihr ein unverfängliches Gespräch über Designer-Handtaschen angefangen. Wir hatten einen Fensterplatz bekommen, mit direktem Blick aufs Meer. Die Wellen rollten in rhythmischen Bewegungen auf den Strand, das Rauschen sorgte für eine friedliche Stimmung. Als ich aufstand, merkte ich erst, wie betrunken ich eigentlich schon war.

»Ich glaube, Julie muss ins Bett«, grinste Robin und seufzte bei meinem Anblick. Alex guckte hoch und warf mir einen besorgten Blick zu.

»Bringst du sie heim?«, setzte Robin an Alex gerichtet hinterher. Er nickte.

»Komm, du kleine Schnapsdrossel«, seufzte er und hakte sich bei mir unter, bevor er mich vorsichtig durch die Tische nach draußen manövrierte. Dass ich eigentlich sauer auf ihn war, hatte ich wohl wegen des vielen Alkohols schon wieder vergessen. Jetzt gerade war ich einfach nur glücklich und sorgenfrei.

Der Weg bis zum Haus war zu Fuß nicht mal dreihundert Meter. Unser Auto ließen wir auf dem Parkplatz stehen. Das hatten wir nur gebraucht, weil wir vorher noch in einem Coffeeshop in der Nachbarstadt Halt gemacht hatten. Ich torkelte an Alex' starken Arm geklammert über den Sandweg und deutete begeistert in den Nachthimmel: »Guck mal, da sind gaaaanz viele Sterne … die sieht man in Berlin nie.« Alex warf mir einen liebevollen Blick zu, lachte leise in sich hinein und zog mich weiter.

Als ich mich wenige Minuten später kraftlos aufs Bett fallen ließ und an die Decke guckte, drehte sich alles. »Alexander …«, sagte ich mit beschlagener Stimme und ließ meinen Kopf unkontrolliert in seine Richtung fallen.

»Hmm?«, fragte er und musste schmunzeln, vermutlich weil er es sehr witzig fand, dass ich vom Alkohol völlig ausgeknockt war.

»Ich ...«, setzte ich an, hatte im selben Moment aber vergessen, was ich eigentlich sagen wollte.

»Na komm her«, seufzte er lächelnd und breitete seine Arme aus. Ich rollte mich bereitwillig zu ihm. Seine Hand strich sanft über meinen Rücken, meine legte ich auf seinen Bauch. Das fühlte sich schön und friedlich an, als hätten wir seit Ewigkeiten auf diesen Moment gewartet. Und dann meldete sich plötzlich meine Vagina zu Wort und ließ meine Sicherungen durchknallen.

Innerhalb von Sekunden saß ich auf seinem Schoß. Meine Hände verschränkten sich in seinem Nacken. Mein Kopf war leer. Da gab es kein richtig oder falsch mehr. Nur noch Lust. Ich presste meine Lippen auf seine. Der Kuss wurde hastiger. Schneller. Leidenschaftlicher. Mit einem festen Griff zog er mich an den Oberschenkeln noch näher zu sich. Fuck, was passierte hier und wieso konnte der so gut küssen? Ich hatte mir immer vorgestellt, dass wir spätestens in diesem Moment feststellen würden, dass wir doch nicht harmonierten. Dass er nur ein großer Schwätzer war und verdammt nochmal keine Ahnung hatte, was er eigentlich tun musste. Aber fuck it, der wusste ganz genau wie das ging.

Seine Hände fuhren unter mein Shirt. Es flog durch die Luft. Dann drehte er sich auf mich, ich krallte meine Fingernägel in seinen Nacken und zog unkontrolliert an seinem Hemd.

»Wir sollten das nicht ...«, unterbrach Alexander die Situation und drückte meinen Oberkörper kurz von sich weg.

»Ach, halt die Klappe!« War mein einziger Kommentar, ehe ich meine Lippen wieder auf seine drückte. Was wir sollten oder nicht, war mir doch scheißegal! Ich wollte das jetzt. Ich wollte es endlich wissen. Die Beule in seiner Hose schien auch nicht gerade darauf hinzudeuten, dass er wirklich ernst meinte, was ich ihn nicht aussprechen ließ.

Meine Finger huschten über seine Brustmuskeln, meine Lippen von seinem Mund zu seinem Hals und wieder zurück, er griff mich fest und drehte sich auf mich, während er sich seine Boxershorts von den Beinen strampelte. Meine Beine zitterten bereits, als ich sie aufstellte, damit er mir meinen Slip runterziehen konnte.

»Komm wir gehen unter die Dusche«, sagte er bestimmt, zog mich hoch und ließ mich an sich vorbei Richtung Badezimmer stürmen. Im Flur fing ich ihn ab, drückte meinen Körper gegen seinen und prallte gegen die Wand, weil er sich zu mir drehte, um wieder in einen hastigen Kuss zu verfallen und mich ein paar Momente später unter die Dusche zu ziehen.

Das warme Wasser, das jetzt auf unseren Körper prasselte, veränderte die Stimmung zwischen uns. Von aufgeheizt und stürmisch, zu ruhig und leidenschaftlich. Er griff fest nach meinen Oberarmen, drückte mich im nächsten Moment von hinten gegen die Wand und zog meinen Kopf an den nassen Haaren zurück, ehe er zustieß.

»Fuuuck«, seufzte ich, als ich seinen harten Schwanz in mir spürte.

»Das gefällt dir, hm?«, kommentierte er dominant und mit fester Stimme.

Ich wimmerte unter seinen Stößen und genoss dieses angenehme Ziehen an meiner Kopfhaut, dass er verursachte, indem er meinen Kopf noch weiter nach hinten zog. Mein Herz pochte schnell.

»Fick dich!«, seufzte ich, nachdem ich noch ein paar weitere Stöße genossen hatte. So einfach ließ sich eine Julie Schmidt nicht gefügig machen. Deshalb stemmte ich mich mit aller Kraft gegen ihn, drehte mich um und schubste ihn leicht von mir weg, was die Spannung an meiner Kopfhaut nur noch erhöhte, weil er gar nicht daran dachte, meine nassen Haare loszulassen.

»So leicht lass ich mich nicht ...«, weiter kam ich nicht, weil er seine Lippen schon wieder auf meine presste. Ich kniff ihm in die Unterarme und drückte ihn mit aller Kraft gegen die Wand, nur um vor ihm auf die Knie zu gehen, ihm noch mal einen tiefen Blick von unten in die Augen zuzuwerfen und ganz langsam und genüsslich seinen Schwanz in den Mund zu nehmen. Scheiße, diese Situation machte mich so unfassbar an, dass ich mich natürlich nicht wehrte, als er mich an den Haaren wieder zu sich hochzog, mich erneut umdrehte, gegen die Wand presste, um wieder tief in mich einzudringen. Ich genoss, wie sich in mir ein Hormoncocktail zusammenbraute, der mich wegen des Alkohols langsamer als sonst, aber sicher in den siebten Orgasmushimmel befördern würde. Während ich noch darauf hinarbeitete, gleich abzuheben, stoppte Alex plötzlich: »Ich glaub das reicht. Wir sind doch Freunde.« Ich brauchte ein paar Sekunden, um zu realisieren, dass ich gerade eine Bruchlandung erlitten hatte, dann drehte ich mich um.

»Ja, wir sind Freunde«, sagte ich irritiert und drückte ihm noch einen sanften Kuss auf die Brust. Er nickte und stieg wortlos aus der Dusche. Ich folgte ihm nur wenige Sekunden später, trocknete mich ab und fiel in mein Handtuch gewickelt neben ihn ins Bett.

»Ich bin ganz überrascht, dass du so gut durchgehalten hast«, kommentierte ich, als ich es mir unter meiner Bettdecke gemütlich gemacht hatte. Vor dem Sex hatte ich gelallt, jetzt klang meine Stimme ziemlich klar.

»Natürlich, was glaubst du denn?«, fragte er nüchtern und zuckte mit den Schultern.

»Hat nicht jeder Typ so 'ne Standkraft, wenn er besoffen ist«, erklärte ich ihm und kicherte, weil mir der Gedanke an Leon kam.

»Tja, ich schon«, sagte er. Hätte jemand unser Gespräch belauscht, wäre er niemals auf die Idee gekommen, dass wir nur wenige Minuten zuvor besoffen unter der Dusche eine Nummer geschoben hatten.

»Gut, dass wir das endlich gemacht haben, dann können wir damit jetzt auch mal abschließen«, sagte ich zufrieden. Die Bombe, die schon die ganze Zeit zwischen uns gezündelt und ihre Funken versprüht hatte, war endlich explodiert. Jetzt konnten wir diese Spannung abhaken und zum normalen Leben übergehen.

*

Am nächsten Morgen brauchte ich nach dem Aufwachen ein paar Atemzüge, bis ich mich orientiert hatte. Dann brachen die Erinnerungen an den Vorabend wie ein Blitzlichtgewitter über mich herein: Fuck, ich war wirklich mit Alexander in der Kiste gelandet. Und entgegen aller Erwartungen, war das auch noch überraschend heiß gewesen!

Wir hatten uns schon öfter über Sex unterhalten, trotzdem war ich irgendwie nicht davon ausgegangen, dass mich seine Performance überzeugen würde. Deshalb fand ich es umso erstaunlicher, dass ich mir für den ersten Fick eine ehrliche Zwei in meinem inneren Notizbuch notieren konnte. Ich seufzte und tapste ins Bad. Ach du Scheiße. Meine Knie waren blau angelaufen, auf meinen Oberschenkeln zeichneten sich dunkle Schatten ab und an den Armen, die Alexander so selbstbewusst und fest gegriffen hatte, hatte er lila Fingerabdrücke hinterlassen. Ich lachte leise vor mich hin: Na bravo, wie sollte ich das bloß meinen Freunden erklären?

»Julie, du alte Schnapsdrossel«, begrüßte mich Robin, als ich mich an den Frühstückstisch setzte. Nachdem ich mich kurz unter die Dusche gestellt hatte, war ich nach draußen in den Garten gewandert, weil ich wusste, dass ich im Gegensatz zu Alexander, der noch tief und fest schlief, sowieso nicht mehr schlafen konnte.

Ich lachte nur müde.

»Na, hast du gestern noch die Kloschüssel geküsst?«, fragte er mich provokativ lächelnd, was kurz die Panik in mir aufsteigen ließ. Nein, ich hatte niemanden geküsst! Keine Kloschüssel und schon gar keinen Alexander!

»Nee, Alex hat mich brav ins Bett gebracht. Bin sofort eingepennt«, log ich, ohne mit der Wimper zu zucken. Obwohl wir noch nicht miteinander gesprochen hatten, entschied ich mich intuitiv dafür, dass es niemanden etwas anging, was da in der Nacht zuvor passiert war – vielleicht auch, weil ich absolut keine Lust auf die Fragen hatte, denen ich sonst ausgesetzt gewesen wäre. Mein Schädel brummte.

»Guten Morgen«, ertönte Alex' tiefe Stimme hinter mir. Ich drehte mich zu ihm, er streckte sich mit ausladender Geste und gähnte. Dabei rutschte sein T-Shirt hoch und entblößte seine Bauchmuskeln, was augenblicklich dazu führte, dass ich von einem Flashback heimgesucht wurde: nasse Haut, feste Stöße, warmes Wasser, feste Griffe in meine Oberarme.

»Morgen«, sagte ich so gleichgültig wie möglich und warf einen Blick auf mein Handy. Die Situation überforderte mich. Ich wusste nicht, wie ich ihm begegnen sollte, nicht weil mir unser Fick irgendwas bedeutet hätte oder ich bereute, was passiert war, sondern weil mein Kopf immer noch zu vernebelt für klare Gedanken war.

»Hättest du heute Morgen nicht ein bisschen leiser Duschen können?«, fragte er mich, als er sich großkotzig auf den Stuhl neben mich fallen ließ.

»Nee«, sagte ich und zuckte mit den Schultern, ehe ich mich wieder meinem Handy zuwandte und meiner besten Freundin Mia eine Nachricht schrieb: >>*DER FUCKING ADLER IST GELANDET!!!!!*<<

Tatsächlich hatten Mia und ich vorher ein Codewort ausgemacht, um sie im Fall der Fälle unauffällig auf den neusten Stand bringen zu können.

>>*Es war so klar, dass das passiert!*<<, antwortete sie nur Sekunden später. Was war daran denn bitte klar? Bis zu dem Moment, als er mir seinen harten Penis zwischen die Beine gedrückt hatte, war ich mir nicht mal sicher gewesen, ob er mich auch nur ansatzweise attraktiv fand.

>>*Und jetzt? Ist zwischen euch alles okay?*<<, schickte sie mir eine weitere Nachricht hinterher.

Ich erhaschte einen kurzen Blick auf ihn, er saß mit ausgebreiteten Beinen auf dem Stuhl neben mir und hatte sich hinter seiner Sonnenbrille versteckt. Ich versuchte, in mich hineinzuhorchen: War alles cool? Hatte sich irgendwas verändert? Regte sich da irgendwas in mir? Keine Ahnung. Das Einzige, was mir mein Körper in diesem Moment zurückspiegelte, war ein dumpfes Pochen am Hinterkopf, das wohl auf den Alkohol und nicht auf Alex zurückzuführen war.

Eine Antwort auf die Frage von Mia sollte ich erst nach dem Frühstück kriegen, als wir uns ins Zimmer zurückgezogen hatten, um uns für den Strand fertig zu machen. Alexander guckte nebenbei auf dem Handy ein Fußballspiel. Ich wühlte in meinem Koffer nach meinem Bikini und begutachtete noch einmal meine blauen Flecken an den Knien.

»Boah, ich seh aus, als hätte ich einen Blasmarathon hinter mir«, seufzte ich laut und ging vorwurfsvoll auf ihn zu.

»Tja, hättest dich ja nicht hinknien müssen. Kann man nicht auch in der Hocke blasen?«, fragte er emotionslos.

»Ja, genau, das will ich sehen, dass das ein Typ geil findet«, verdrehte ich die Augen und lachte.

Er zuckte mit den Schultern. »Also …«, setzte er nachdenklich an, warf mir kurz einen Blick zu: »Alles cool zwischen uns?«, fragte er freundlich, als ich mich wieder von ihm abgewandt hatte und mir meine Hose von den Beinen strampelte.

»Klar, war eine Erfahrung wert«, sagte ich und versuchte, dabei möglichst abgebrüht und entspannt zu klingen, obwohl ich mich innerlich doch noch ziemlich überfordert fühlte. Ich überlegte kurz, den Raum zu verlassen, um mir den Bikini anzuziehen. Was für ein Scheiß! Der Typ hatte nicht nur alles gesehen, der hatte mich sogar von innen gesehen, da war es vollkommen albern, wenn ich mir meinen Bikini woanders anzog.

»Okay, cool«, sagte Alexander und grinste bei meinem nackten Anblick, bevor er sich wieder dem Fußballspiel widmete.

*

Obwohl die Welt unter der Dusche kurz stehen geblieben war, drehte sie sich danach ganz normal weiter. Wir teilten uns am Strand ein Handtuch, lachten über die Witze der anderen und brachten uns Eis mit, wenn der andere gerade keine Lust zum Aufstehen hatte. Das Einzige, was sich geändert hatte: Wir klebten jetzt nicht mehr ständig aneinander. Was mir bis zu diesem Zeitpunkt, als wir es dann absichtlich sein ließen, gar nicht aufgefallen war: In den vergangenen vier Tagen hatten wir nicht nur ständig nebeneinandergestanden und -gesessen, wir hatten auch immer Körperkontakt gesucht. Mal war es sein Arm, den er um meine Schultern legte, mal war es meine Hand, die auf seinem Oberschenkel ruhte.

Das neue Abstandsgebot hielten wir auch in der nächsten Nacht ein. Ob wir noch mal eine Nummer schieben würden? Dieser Gedanke kam gar nicht auf. Es fühlte sich zu dem Zeitpunkt so an, als hätten wir einen Haken hinter die Sex-Sache gesetzt, der uns beiden endlich Frieden gab. Deshalb wünschte ich ihm eine gute Nacht und fiel in einen traumlosen Schlaf – ok, das war gelogen, tatsächlich träumte ich in der Nacht davon, dass Alexander sich an mich schmiegen und wir die Nummer noch einmal wiederholen würden.

Als ich am nächsten Morgen aufwachte, schämte ich mich etwas, ließ mir ihm gegenüber allerdings nichts anmerken, sondern verzog mich alleine an den Strand, um mit meiner offensichtlich ziemlich übergeschnappten Vagina ins Gericht zu gehen: »Es ist okay, dass ihr im Bett gelandet seid, es ist auch vollkommen okay, dass es sich gut angefühlt hat. Es war ja auch gut, aber das muss nicht bedeuten, dass das noch einmal passieren muss, okay Julie? Du hast deine Bestätigung bekommen, er findet dich attraktiv und ihr habt die sexuelle Spannung gelöst – was soll da schon noch mehr passieren? Und du, liebe Vagina, reiß dich mal ein bisschen zusammen, verstanden?«

Zum Abschluss des geistigen Zwiegesprächs zündete ich mir eine Zigarette an und rauchte die obligatorische Friedenspfeife, die mich, mein Gehirn und meine Vagina wieder miteinander versöhnen sollten. Was auch klappte, denn als ich die Kippe ausdrückte und wieder zurück zum Haus lief, war ich der festen Überzeugung, dass ich das jetzt nicht nur mit ihm, sondern auch mit mir geklärt hatte.

Abends saßen wir mit allen Freunden im Garten und stießen auf den gelungenen Kurztrip an. Der Weißwein schmeckte mir nach meinem kleinen Absturz zwei Tage zuvor auch schon wieder. Aus den Musikboxen dröhnten seichte Elektro-Beats.

»Das müssen wir auf jeden Fall noch mal machen«, sagte Robin irgendwann, während er sich eine Zigarette anzündete. Alle stimmten ihm zu.

»Was für eine schöne Zeit das einfach war«, philosophierte ich herum und dachte an den atemberaubenden Sonnenuntergang, an den witzigen Absturzabend, an die Steaks, die wir auf dem Grill gebrutzelt hatten, an den Moment, als meine Lippen zum ersten Mal auf Alexanders trafen und an …

»Jetzt ist Zeit für Party«, quietschte Mara neben mir laut auf und ließ einen Sektkorken knallen, was mich aus meinen verbotenen Gedanken riss. Alle lachten, dann stießen wir miteinander an.

Der Abend endete genauso feuchtfröhlich, allerdings nicht unter der Dusche. Der Weißwein hatte diesmal früher seine Wirkung gezeigt: Ich war müde, verzog mich ins Zimmer und fiel gleich in einen seichten Schlaf.

»Hey …«, war es Alexanders raue, betrunkene Stimme, die mich aufweckte.

»Hey, ist alles okay?«, fragte ich ihn verschlafen und setzte mich auf.

Er stand vor dem Bett, trug sein Hemd, aber keine Hose und hielt seine Schuhe in der Hand.

»Warum hast du keine Hose an?«, wollte ich verwirrt wissen.

»Wir sind noch in den Pool gesprungen«, erklärte er mir und ließ sich rücklings aufs Bett neben mich fallen.

»Echt? Oh Mann, und ich hab's nicht mitbekommen«, seufzte ich traurig und warf einen Blick auf mein Kleid, das ich noch anhatte.

»Kannst du mir mal helfen, den Reißverschluss aufzumachen?«, fragte ich völlig ohne Hintergedanken.

»Klar«, sagte er, setzte sich auf und öffnete mir den Reißverschluss. Als seine Finger meinen Rücken berührten hinterließen sie eine Gänsehaut. Ich seufzte, zog mir das Kleid über den Kopf und entblößte meine nackten Brüste. Alexander reagierte nicht darauf, sondern knöpfte sich sein Hemd auf, um sich dann aufs Bett zu legen. Ich blieb noch einen Moment sitzen, drehte meinen Kopf über die Schulter zu ihm um und beobachtete ihn.

»Das war wirklich ein guter Trip«, lächelte ich, zog mir die Decke über den Körper und ließ mich neben ihn aufs Bett fallen. Näher als in den Nächten zuvor, aber nicht so nah, wie in der Nacht, als wir unter der Dusche gelandet waren.

»Ja, das stimmt, müssen wir unbedingt wiederholen«, säuselte er.

»Ich hätte nicht gedacht, dass das mit uns so gut klappt. Ich dachte, dass wir uns spätestens am zweiten Abend zerfleischen«, redete ich weiter.

»Ich hätte auch nicht gedacht, dass du mir so wenig auf den Sack gehst«, kommentierte er, worauf ich ihm protestierend gegen den nackten Bauch haute.

»Was denn?«, fragte er grinsend.

»Du bist ein Arsch!«, seufzte ich.

»Jaja«, lachte Alex nur, bevor er seinen Arm zwischen uns wegzog und ihn um meine Schulter legte.

Diesmal zündete die Schnur zwischen uns nicht ganz so schnell. Wir lagen da, hingen unseren Gedanken nach und genossen, dass der Sex nichts zwischen uns geändert hatte. Bis seine Hand zu meinem Po wanderte. Ich wartete die Situation einen Moment ab, dann legte ich meine Hand vorsichtig auf seinen Bauch und kraulte in kreisenden Bewegungen darüber. Bis er sich auf mich drehte, um mir seine Lippen aufzudrücken, dauerte es etwas – diesmal waren wir langsamer, vorsichtiger, gefühlvoller. Seine Griffe waren nicht so hart, meine Fingernägel kratzten nicht so heftig, seine Stöße waren nicht so fest und unsere Bewegungen weniger hastig. Ich gab mich dem Moment hin, meinen Kopf hatte ich auf Stumm geschaltet, meine Vagina schrie dafür umso lauter. Ihr gefiel, was passierte, sie verlangte nach mehr und sorgte dafür, dass ich, als er ihr mehr gab, aufseufzte, mich zufrieden unter ihm wand und wimmerte.

*

»Soooooophiaaaa … Ich bin wieder dahaaa«, rief ich am nächsten Tag, als ich in unserem WG-Flur stand. Ich hörte polternde Schritte und erblickte ihr freudiges Lächeln. Sie wollte mich gerade umarmen, als sie mitten in der Bewegung stoppte: »Weinst du?«, fragte sie.

Ich nickte mit bebender, vorgeschobener Unterlippe, meine Tränen rannen mir über die Wangen.

»Oh Gott, so schlimm?«, fragte sie und drückte mich an ihre Brust, jetzt schluchzte ich laut auf.

»Ich weiß auch nicht, was los ist mit mir, aber es war so … schöööön«, heulte und lachte ich gleichzeitig, während ich mir die Tränen der Überforderung von den Wangen wischte.

»Okay, du brauchst erstmal einen Sekt«, sagte sie, eilte in die Küche und füllte uns zwei Gläser.

Sophia wusste natürlich längst Bescheid. Auch sie hatte eine Nachricht mit dem Adler-Code bekommen. Und auch Sophia wusste, dass mich die Sache mit Alexander schon vor dem Trip nicht so kalt gelassen hatte, wie ich mir selbst versuchte einzureden.

»Ich weiß auch nicht … Das ist einfach nur richtig krass gewesen. Die Stimmung und das Haus, das war so richtig schön und ja … ich weiß auch nicht, ich habe mich einfach unglaublich gut mit Alexander verstanden, und dann sind wir auch noch miteinander in der Kiste gelandet und jetzt … jetzt …« Als ich die letzten Worte sprach, brach ich wieder in einen hysterischen Heulanfall aus.

»Och, Mäuschen«, tröstete Sophia mich und nahm mich wieder in den Arm.

»Weißt du, es ist nicht so, dass das irgendwas zwischen uns geändert hat, aber ich weiß auch nicht … Ich bin gerade einfach total überfordert!«, faselte ich vor mich hin, nachdem ich mir erneut die Tränen weggewischt und das Glas Sekt auf ex geleert hatte.

»Ja, ihr habt halt einfach eine krasse Zeit geteilt, und das muss man ja auch erstmal verarbeiten«, sagte sie mit ihrem immer ruhigen Sophia-Ton in der Stimme.

»Und außerdem vermisse ich den jetzt schon. Ich habe die letzten fünf Tage keine Sekunde ohne ihn verbracht. Als wir uns gerade verabschiedet haben, ist mir mein Herz fast zerbrochen«, erklärte ich und nahm erneut einen Schluck aus meinem Glas, das Sophia schnell wieder aufgefüllt hatte.

»Aber das klingt doch schön«, lächelte sie, worauf ich mit vorgeschobener Unterlippe heftig nickte.

»Und wie war der Rest des Urlaubs so?«, sagte sie und wechselte völlig unverständlich, dafür aber umso gekonnter das Thema. Indem sie nicht noch mehr Salz in die Wunde streute, schaffte sie es recht schnell, mich wieder zu beruhigen. Ich erzählte ihr vom Haus, vom Strand, vom Sonnenuntergang, von dem einen Restaurant, das mit Abstand den besten Zitronenkuchen der ganzen Welt angeboten hatte und dann fasste ich ihr die Abende zusammen, an denen Alex und ich unsere Freundschaft auf die Probe gestellt hatten.

Der Emotionssturm, der kurz zuvor aufgezogen war, legte sich im Laufe des Gesprächs. Deshalb konnte ich nach einer Flasche Sekt und in

Begleitung unserer braunen Labradorhündin Dori – die diesen Namen bekommen hatte, weil sie eine gewisse Ähnlichkeit zum gleichnamigen Fisch aus *Findet Nemo* hatte – mit dem Gedanken ins Bett gehen, dass dieser plötzliche Gefühlsausbruch sicherlich nur dem Schlafmangel und dem Katertief zu verdanken war.

*

Diesen Gedanken konnte ich nicht nur am nächsten Morgen, sondern auch in den nächsten Tagen aufrechterhalten. Als ich den Schlaf aufgeholt und etwa eine Woche auf Alkohol verzichtet hatte, aber diese schreckliche Sehnsucht nach Alex immer noch nicht nachließ, schob ich ihn auf das typische After-Urlaubs-Tief. Die Wochen vergingen, die Sehnsucht blieb.

»Julie, kann es sein, dass dich das mit Alexander doch etwas mehr berührt hat, als du zugibst?«, fragte Sophia mich etwa vier Wochen, nachdem ich heulend in unserem Flur gestanden hatte.

Ich riss meine Augen auf und schüttelte mit dem Kopf: »Nee, wie kommst du darauf?«

»Du erwähnst nur ungefähr alle dreißig Sekunden seinen Namen, aber sonst ist eigentlich nichts auffällig an deinem Verhalten«, sagte sie ironisch.

»Ich bin nicht verliebt in den, falls du das glaubst! Da sind keine Gefühle im Spiel oder so«, stritt ich direkt ab.

Sophia sagte nichts, sondern guckte mich nur prüfend an.

»Ja, also doch, da sind schon Gefühle, aber eben nur freundschaftliche. Ich weiß, dass ich viel über ihn rede, und ich finde es auch immer noch krass, dass wir im Bett so gut funktioniert haben. Aber … ich bin nicht verliebt in ihn!«, plapperte ich los und schwenkte gelassen den Wein in meinem Glas.

Sophia sagte weiterhin nichts, intensivierte den fragenden Blick nun aber, was mich etwas aus dem ach so gelassenen Konzept brachte, weil ich nicht wusste, was sie von mir hören wollte.

»Ich weiß auch nicht, natürlich hat mich das berührt. Aber es geht weniger um Alexander und auch überhaupt nicht darum, dass wir Sex hatten – damit bin ich total cool. Es ist eher, dass … na, dass …« Ich rang mit mir selbst, weil es mir unangenehm war, meinen Gedanken auszusprechen.

»Ich fand es schön, wie wir miteinander umgegangen sind. Weißt du, wir haben einfach aufeinander achtgegeben, haben uns ab und zu mal ein Eis mitgebracht, dann haben wir unfassbar viel miteinander gelacht, wir haben die ganze Zeit aufeinandergehangen, und es hat trotzdem so gut funktioniert. Der ist mir nicht einmal richtig auf die Nerven gegangen, und du kennst mich: Normalerweise ertrage ich es nicht, wenn ich länger als ein paar Stunden Zeit mit jemandem verbringen muss. Das war schön und na ja, das ist es doch eigentlich, wonach alle suchen, oder? Ich frage mich halt, ob … ob…«, ich musste wieder nach Worten suchen, wahrscheinlich weil ich den folgenden Satz niemals zuvor ausgesprochen hatte: »Ob wir als Paar nicht doch gut funktionieren würden.«

Jetzt lächelte meine Freundin. In diesem Moment erinnerte sie mich an eine Therapeutin, die so lange abwartete, bis der Patient selbst auf die Lösung seines Problems kam.

»Aaaaalso …«, holte Sophia tief Luft und lachte. »Ich finde, dass das alles sehr gut klingt.«

»Ja, ich weiß, dass das gut klingt, aber Alexander sieht das glaub' ich einfach nicht so. Der ist noch nicht soweit, um so was zu wollen. Der will eine geile Alte, die er beeindrucken und bei Instagram vorzeigen kann und keine Julie«, schoss es mir aufgeregt über die Lippen und entlarvte, dass ich eben doch schon länger mit dem Gedanken gespielt hatte, als ich zugeben wollte.

»Und woher willst du das wissen? Ihr habt doch noch gar nicht darüber geredet, oder?«, sie warf mir einen kritischen Blick zu.

»Nein, aber jetzt mal ganz ehrlich. Ich kenne den ja nun auch schon etwas länger, und ich weiß, auf was für Frauen der fliegt. Und außerdem hat er gesagt, dass er am liebsten Elena vögeln würde.«

Sophia fiel mir lachend ins Wort: »Ja, das hat er gesagt und ist am gleichen Abend mit dir in der Kiste gelandet. Hast du vielleicht schon mal darüber nachgedacht, dass Alexander auch unsicher ist? Du bist eine Wahnsinnsfrau, und vielleicht kann er sich gar nicht vorstellen, dass du mehr in ihm siehst.«

Ich öffnete meinen Mund, um ihre Antwort zu relativieren, doch es kamen keine Worte heraus. So hatte ich die ganze Sache noch gar nicht gesehen! Ich war bisher immer davon ausgegangen, dass ich die Fehlerquelle in dem Code war, mit dem ich mich jetzt seit Wochen herumschlug, hatte dabei aber ganz außer Acht gelassen, dass auch so ein cooler Typ wie Alexander vielleicht nicht so abgebrüht war, wie ich ihn mir in meiner Fantasie immer vorstellte.

»Da sagste nix mehr, hm?«, grinste Sophia.

»Boah ja, fuck, Mann! Du hast Recht«, sagte ich und zündete mir auf diesen Schock eine Zigarette an.

*

Mein Herz klopfte, als ich etwa drei Wochen später vor meinem Lieblingsitaliener wartete und mich nach Alexander umsah. Es war das erste Treffen nach unserem Urlaub, weil er gleich einen Tag nach unserer Rückkehr in den Flieger nach Portugal gestiegen war, um dort beruflich ein paar Wochen zu verbringen und anschließend noch einen Roadtrip mit seinen Kumpels zu machen.

Als er endlich um eine Ecke bog, setzte kurz mein Fluchtreflex ein, doch zum Wegrennen war es zu spät, weil er mich gleich in seine gebräunten Arme zog.

»Geht es dir gut?«, wollte ich wissen und kam nicht drum herum, ihn zu mustern: Er sah erholt aus.

»Ja, die letzten Tage war etwas viel los, aber sonst ist alles klar. Ich habe nur mega Hunger«, erklärte er und zog schnellen Schrittes an mir vorbei, um das Restaurant zu betreten. So hatte ich mir unser Wiedersehen nicht vorgestellt – ok, vielleicht war es etwas übertrieben gewesen, mir auszumalen, dass er sicherlich gleich vor mir auf die Knie gehen würde, aber etwas mehr Aufmerksamkeit für mein neues Kleid wäre doch angebracht gewesen.

»Und wie geht's dir so?«, fragte er, als wir uns an den Tisch gesetzt hatten.

»Gut«, log ich ihm dreist, aber unbewusst ins Gesicht. Gut? Mir ging es überhaupt nicht gut! Mein Herz pochte bis zum Anschlag, und ich war fucking verunsichert von seiner Selbstsicherheit. »Wie war denn Portugal?«, schob ich schnell nach und guckte ihn erwartungsvoll an.

»War richtig gut! Wir hatten einfach eine super Zeit. Die Landschaft, das Essen, das Meer, die Menschen …«, sagte er und schaufelte sich eine Portion Nudeln in den Mund.

»Die Menschen?«, hakte ich nach, weil er das so merkwürdig betont hatte.

»Ja, alle so offen und herzlich, wir haben abends immer mit den Portugiesen an einem Tisch gesessen und gesungen. Alle, die wir da kennengelernt haben, waren richtig entspannt und cool drauf«, erklärte er, worauf ich nickte und einen Schluck von meiner Club-Mate nahm.

»Hab' da auch eine Frau kennengelernt, die was für die Zukunft sein könnte«, sagte er beiläufig und schob sich noch eine Portion Nudeln in den Mund.

Seine Worte ließen mich auf dem harten Boden der Realität aufklatschen. Vielleicht hatte ich mich zuvor nicht auf Wolke sieben befunden, aber von Wolke vier herunterzuknallen, war mindestens genauso unangenehm. Da war sie hin, die Hoffnung, dass Alexander sich in Portugal ähnliche Gedanken über uns gemacht hatte. Und obwohl ich mich für einige Sekunden mal wieder im freien Fall befand, ließ ich mir von meiner Enttäuschung nichts anmerken.

»Echt? Das klingt ja mega. Erzähl mir mehr«, zwang ich mir ein breites Strahlen auf die Lippen.

»Sie arbeitet für einen größeren Pharmakonzern und kommt zufällig auch aus Berlin: sportlich, sieht gut aus, aber alles ganz langsam. Ich wollte das nicht überstürzen, wenn es was Ernstes werden soll. Und wie läuft es bei dir und den Männern?«, fragte er und guckte mich aufmerksam an.

»Bei mir läuft es *suuuper*. Ich habe mal hier was und mal da was«, grinste ich. Meine Antwort auf die Frage überraschte mich selber – ach ja, wo hattest du denn in den letzten Wochen, in denen du dir den Kopf über Alex zerbrochen hast, auch noch Zeit für andere Typen, Julie?

Dass mir diese Lüge so schamlos über die Lippen kam, hätte Pinocchio vor Stolz sicherlich platzen lassen. Gott, ich war sowas von feige! Blöderweise konnte ich jetzt nicht wieder zurückrudern und ihm sagen, dass ich in Wirklichkeit nur noch an ihn dachte. Was machte ich blöde Kuh stattdessen? Ich kniff. Ich kniff vor ihm, vor mir selbst, vor meinen Gefühlen.

Für großen Ärger gegen mich war keine Zeit, denn Alexander legte grinsend nach: »So kennt man Julie. Na, wie viele Typen hast du gerade gleichzeitig? Zwei, drei?«

Ich wollte Schadensbegrenzung betreiben, doch was über meine Lippen kam, klang nicht gerade nach Abmilderung seiner These: »Ach, eine Frau schweigt und genießt.«

»Komm, jetzt hab dich doch nicht so, wir haben immer über sowas geredet«, stupste er mich an.

»Ja, aber ich bin gerade eigentlich ganz brav«, versuchte ich, meine Aussage zu relativieren, was aber nicht klappte, weil mir ein keckes Grinsen über die Lippen huschte, was viel Interpretationsspielraum ließ.

»Wie brav du bist, hab ich ja gemerkt«, sagte er, worauf ich meinen Kopf kurz zurückzog und seinen Blick taxierte.

»Klar, ich bin immer brav«, grinste ich, weil es mich überforderte, dass er das mit uns nun so offen ansprach. So war das nicht geplant! Klar wollte ich mit ihm darüber reden, aber doch nicht jetzt und vor allem nicht hier und noch weniger so!

»Willst du mir was sagen? Müssen wir da etwa noch mal drüber reden?«, zog ich seine Aussage mit einer affektierten Handbewegung ins Lächerliche.

»Ne, ich bin damit durch. Alles gut«, sagte er emotionslos.

»Dann ist ja gut.« Innerlich gab ich mir Standing Ovations für den Titel größte Lügnerin der Nation.

»Ich bezahl das«, sagte er ganz Gentleman, nickte und ging zur Kasse.

*

»Ich glaube, ich habe richtig Scheiße gebaut«, waren die Worte, mit denen ich Sophia an diesem Abend begrüßte, als ich zur Tür reinkam.

»Oh nein, was hast du gemacht?«

»Ich habe Alexander getroffen, und es war grausam! Du kannst mich ab jetzt Pinocchio nennen. Sobald ich den Mund aufgemacht habe, kamen nur Lügen raus. Ich hab ihm erzählt, dass ich tausend Typen am Start habe, dass ich mich für ihn freue, weil er eine andere kennengelernt hat und dass ich nicht das Bedürfnis habe, mit ihm noch mal über alles zu sprechen. Was zur Hölle? Wie kann man nur so dumm sein?«

»Wow«, sagte Sophia und ließ sich in ihrem Sessel zurückfallen: »WIESO?«

»Ich weiß es nicht, ich hab Schiss bekommen. Ich habe das noch nie gemacht. Ich habe noch nie einem Menschen gesagt, was ich wirklich denke und fühle«, entschuldigte ich mich hastig.

»Wie? Du hast das noch nie gemacht?«

»Nee, hab ich nicht. Ich war noch nie in so einer Situation. Wenn ich was mit jemandem angefangen habe, dann erst, wenn er mir gezeigt hat, dass er etwas mit mir anfangen will. Na ja, also ausgenommen so reine Sex-Sachen. Da übernimmt ja meistens meine Vagina die Kontrolle, und dann kann ich für nichts mehr garantieren. Aber was Gefühle angeht? Nein, ich glaube selbst Basti habe ich nie so deutlich gesagt, wie ich zu uns stehe«, erklärte ich ihr.

Sie lächelte mich liebevoll an: »Julie, das müssen wir ändern!«

»Ach ja? Und wie? Ich kann ihn doch nicht anrufen und sagen: Hey, ich wollte nur kurz Bescheid geben, dass ich dich heute von vorne bis hinten belogen habe. Und übrigens bin ich bis über beide Ohren in dich verknallt und habe mir schon überlegt, wo wir eventuell heiraten könnten«, sagte ich aufgebracht, musste beim letzten Satz aber lachen. Tatsächlich hatte ich mich bei jedem Typen gefragt, wie die ideale Hochzeit mit ihm ausgesehen hätte: In Alexanders Fall spielten eine kleine Dorfkirche, ein Bauernhof, zwei Hunde und eine große Schlagersause eine Rolle.

»Wenn du das irgendwie wieder geradebiegen willst, dann bleibt dir nichts anderes übrig, als genau das zu tun!«, erwiderte Sophia und zog die Schultern entschuldigend nach oben.

»Das geht nicht! Dabei verliere ich doch das letzte bisschen Würde, das mir noch geblieben ist«, sagte ich panisch.

Sophia schüttelte den Kopf: »Das musst du entscheiden, aber wenn du willst, dass es irgendwann mal mit einem Typen funktioniert, dann musst du ihm wohl die Wahrheit sagen.«

Mir stiegen die Tränen in die Augen: »Wieso bin ich so dämlich? Wieso mache ich mir das immer selbst kaputt, nur weil ich mich schützen will?«

»Das ist okay, alle versuchen, sich zu schützen, aber … man kann sich nicht schützen. Verletzt werden kannst du immer, ob vor oder während einer Beziehung«, sagte Sophia und schloss mich in die Arme.

In dieser Nacht konnte ich nicht einschlafen, deshalb setzte ich mich auf den Balkon und rauchte mit zittrigen Fingern eine Zigarette. Ich war jahrelang davon ausgegangen, dass die Typen, die mir das Herz gebrochen hatten, das Problem waren. Und jetzt saß ich hier und musste mir eingestehen, dass ich so eine Panik davor hatte, verletzt zu werden, dass ich ihnen gerne zuvorkam: indem ich nicht für meine eigenen Grenzen einstand, indem ich akzeptierte, wenn sie mich wie Scheiße behandelten, indem ich mein eigenes Glück sabotierte, weil ich immer nur eine Fassade von mir zeigte und log, wenn sie mich nach meinen Gefühlen fragten.

Als die Zigarette aufgeraucht war, fasste ich einen Entschluss: Wenn ich eines Tages wirklich mal die Liebe finden wollte, dann musste das mit den Lügen und der Selbstsabotage aufhören – und zwar auf der Stelle. Deshalb schrieb ich Alexander noch an diesem Abend eine Nachricht:

>>Vielleicht wäre es ganz gut, wenn wir doch noch mal darüber reden. Ich war heute einfach ein bisschen feige.<<

*

Ich saß mit zittrigen Knien und klopfendem Herzen vor einer Bar und wartete auf Alex. Mir war übel, das Glas Wein, das ich mir zur Beruhigung bestellt hatte, rührte ich nicht an. Als er mich an einem der Tische erblickte, lächelte er freundlich, drückte mich kurz an sich und erkundigte sich direkt, wie es mir gehe. Auf meine Nachricht hatte er sofort geantwortet und ein Treffen am nächsten Tag vorgeschlagen.

»Was gibt es denn?«, lächelte er mich nach ein paar Minuten an.

»Ich muss mit dir über was reden«, sagte ich und starrte dabei verlegen zur Seite.

»Okay«, er lächelte geduldig, rückte seinen Stuhl noch etwas zurecht und sah mich erwartungsvoll an. Ich checkte erst im nächsten Moment, dass er erwartete, dass ich jetzt auf der Stelle loslegte.

»Nee, doch nicht hier. Das geht nicht, ich kann das nicht hier sagen!«, ruderte ich völlig entgeistert zurück.

»Juliiiiieee … Klar, natürlich hier! Wo denn sonst?«

»Keine Ahnung, hier geht es nicht. Hier kriegen das doch alle mit und …. Ich kann das sowieso nicht sagen«, stotterte ich vor mich hin und fuhr mir dabei aufgebracht durch die Haare.

»Ich gehe hier nicht eher weg, bevor du es mir gesagt hast«, sagte Alexander und lächelte aufmunternd.

Ich schüttelte den Kopf und vergrub ihn in meinen Händen, um mich dahinter zu verstecken: »Ich kann das nicht sagen. Ich habe das noch nie gesagt.«

»Sag es doch einfach«, lachte er, wirkte nun aber auch etwas verunsichert.

»Ich … ich kann nicht … Aber ich kann dir etwas vorlesen. Ich habe mir aufgeschrieben, was ich sagen will«, gab ich verschämt zu und suchte in meinem Handy nach den Notizen. Alex huschte ein peinlich berührtes Lächeln über die Lippen.

»Lieber Alexander …«, las ich vor, worauf er laut auflachte. *Ok*, das war wirklich lächerlich von mir. Ich atmete einmal tief durch und erzählte ihm dann alles, was ich mich in unserem letzten Gespräch nicht getraut hatte auszusprechen. Natürlich unterbrach ich meinen Monolog zwischendurch immer wieder mit den Worten: »Ich kann das nicht sagen.«

Als ich ihm sagte, dass ich schon seit Wochen jede Nacht den Hund mit ins Bett nehmen musste, weil ich ihn so schrecklich vermisste, musste Alex lächeln: »Das ist jetzt aber schon irgendwie ganz schön süß.«

Ich vergrub mein Gesicht wieder verschämt in den Händen.

»Und was genau heißt das jetzt?«, fragte er mich zögerlich.

»Ich weiß auch nicht … Ich habe mir einfach gedacht, dass das alles so gut gelaufen ist und dass es eventuell gar nicht so dumm wäre, wenn man sich überlegen würde … Also wenn man sich überlegen würde … Ich habe halt viel darüber nachgedacht und habe mir überlegt, dass es ja eigentlich genau das ist, was eine Beziehung ausmacht. Und dass wir eventuell, also dass wir ... dass wir das vielleicht einfach mal ausprobieren sollten ...«, stotterte ich vor mich hin.

Alexander zog die Augenbrauen zusammen. »Also willst du mir gerade sagen, dass da Gefühle im Spiel sind?«, hakte er jetzt sicherheitshalber noch mal nach.

»Nein!«, dröhnte es aus mir heraus, was ich im nächsten Moment wieder revidierte: »Also ... doch ... schon, irgendwie. Ich weiß nicht, ob das wirklich mit dir zusammenhängt oder ob es nur die Umstände waren, aber ich wünsche mir eigentlich genau so eine Beziehung und wir haben quasi eine Probevorstellung davon abgeliefert. Und was soll ich sagen, die haben wir ziemlich gut gemeistert, oder?«

Alexander beobachtete mein Gestammel mit einem liebevollen Grinsen: So hatte er die superselbstbewusste Julie noch nie gesehen! »Ich hatte ja keine Ahnung, dass du so darüber denkst«, sagte er und fuhr sich mit der Hand über den Mund.

»Ich auch nicht«, kicherte ich peinlich berührt.

»Krass. Also Julie, du bist wirklich die korrekteste Frau, die ich kenne. Du bist intelligent, du bist witzig, du bist attraktiv, und ich finde auch, dass das wirklich sehr gut mit uns funktioniert hat, aber ich habe bisher gar nicht darüber nachgedacht, dass du das so sehen könntest. Mir kam gar nicht der Gedanke, dass es sich so entwickeln könnte«, erklärte er mir.

»Vielleicht solltest du jetzt mal darüber nachdenken«, sagte ich und sah ihn mit einem zaghaften Lächeln an.

»Ja, vielleicht sollte ich das«, nickte Alexander und wirkte dabei doch sehr verblüfft.

»Ich meine ... Wenn du mich attraktiv findest und wir uns so gut verstehen, was willst du dann noch mehr?«, fasste ich zusammen.

»Ich weiß nicht, ich will jetzt nicht, dass das blöd klingt und ich will dir auch nicht wehtun, ich fand den Sex auch echt gut. Aber ich hatte danach nicht das Gefühl, dass da ein Gefühl ist«, erklärte er vorsichtig, worauf ich nickte und lächelte. Nicht bitter, nicht wütend, nicht falsch, es war ein ehrliches, erleichtertes Lächeln.

»Ich habe mir das schon gedacht. Ich habe danach auch nicht dagesessen und mir gedacht: Wow, ich bin mega verliebt in den. Das hat fast zwei Monate gedauert«, erklärte ich.

Jetzt wirkte Alex ein bisschen überfordert: »Ja, krass ... Ich muss darüber nachdenken.«

»Okay, kein Problem«, lächelte ich und nahm nun endlich einen Schluck von meinem Weißwein. Nach zwei Monaten Aufregung und Gedankenchaos kehrte jetzt Ruhe ein in meinem Kopf, aber vor allem in meinem Herzen – ich war stolz, dass ich mich meiner eigenen Angst gestellt hatte. Nur meine Vagina war mit der Wendung des Gespräches nicht besonders glücklich.

»Was ist, wenn wir erstmal eine Freundschaft Plus probieren?«, fragte er, nachdem man es für ein paar Sekunden hinter seiner Stirn rattern hören konnte. Mit diesem Vorschlag hatte ich nach seinen vorherigen Worten nicht gerechnet.

»Puh, also ... darüber müsste ich erstmal nachdenken«, sagte ich und lächelte.

»Du kannst auch bei mir schlafen, und wir quatschen und reden und dann haben wir Sex und du kannst immer so lange bei mir bleiben, wie du magst«, erklärte er seinen Entwurf für unsere Freundschaft Plus. Vom Inhalt unterschieden sich unsere Vorstellungen nicht besonders. Ich wollte nicht viel mehr als er – außer dem ganzen einen anderen Namen geben.

Als wir vor der Bar standen, zog er mich an sich und legte seine Hände an meinen Po. Ich gab ihm erst einen Kuss auf die Wange und platzierte einen weiteren an seinem Hals.

»Danke, Alexander! Danke, dass du so toll reagiert hast und dass ich mich trauen durfte. Das bedeutet mir richtig viel. Und egal, was da jetzt auch bei rumkommt, das werde ich dir für immer sehr hoch anrechnen«, flüsterte ich ihm ins Ohr, worauf er mich etwas fester an sich zog.

»Ist doch klar! Gut, dass wir geredet haben«, zwinkerte er mir zu, bevor er sich umdrehte und verschwand.

*

»Sophiiiiaaaa«, schrie ich aufgekratzt, als ich die Wohnung betrat und hüpfte ihr durch den Flur entgegen.

Sie lachte: »Na, wie ist es gelaufen?« Ich klatschte aufgeregt in die Hände und erzählte ihr strahlend von dem Gespräch und seinem Vorschlag.

Sie zog skeptisch eine Augenbraue hoch: »Aber auf eine Freundschaft Plus hast du doch gar keine Lust ...«

»Das weiß ich noch nicht, keine Ahnung. Vielleicht ist eine Freundschaft Plus ja doch das, was ich will. Ich war mir ja eh nicht ganz sicher, ob sich die Gefühle jetzt auf Alexander beziehen oder einfach nur auf die Situation. Vielleicht wäre das ein guter Anfang, um es herauszufinden«, sagte ich.

»Julie, du hast ihm das doch jetzt nicht alles gesagt, damit ihr ein bisschen Sex haben könnt«, seufzte sie streng. In dem Moment hörte ich nicht richtig zu, weil mein Handy aufleuchtete.

Alexander von Steinberg: >>*Herzilein, mach dir nicht so viele Gedanken! Lass uns heute Abend bei mir weiterreden, dann schauen wir, wo es hingeht.*<<

Ich grinste verstohlen und wandte mich wieder an Sophia: »Ich warte jetzt erstmal ab, wie er das alles sieht und dann denke ich noch mal darüber nach. Außerdem, meine Vagina schreit nach Sex.«

Genau drei Stunden später hatte meine Vagina eine sehr vorschnelle Entscheidung getroffen: Vielleicht wollten mein Herz und Hirn keine Freundschaft Plus – die miese Verräterin zwischen meinen Beinen war von der Idee allerdings hellauf begeistert. Deshalb antwortete ich Alex, dass ich vorbeikommen würde, sprang kurz unter die Dusche, nur um eine Stunde später frisch rasiert, eingecremt und in einen heißen Slip gehüllt in seiner Wohnung zu stehen.

»Und? Hast du schon nachgedacht?«, fragte er, als er zwei Weingläser aus dem Schrank holte.

»Nein, wann denn? Ich musste erstmal darauf klarkommen, dass ich dir das alles wirklich gesagt habe«, erklärte ich lachend und schob ein vorsichtiges »Und du?« hinterher.

»Ja, also erstmal danke, dass du es gesagt hast. Ich denke, dass eine Freundschaft Plus gut funktionieren könnte. Und wenn Gefühle ins Spiel kommen, dann sprechen wir darüber«, sagte er. Das klang fair, auch wenn ich nicht verstand, wieso er es ausgerechnet Freundschaft Plus nennen und nicht den Versuch wagen wollte, eine Beziehung daraus zu machen. Leider hörte ich statt der berechtigten Fragen meines Verstandes in diesem Moment nur die lauten Jubelschreie meiner Vagina.

»Ja, vorerst bin ich damit ok. Aber: das hier bleibt exklusiv. Wenn ich auch nur ein einziges Mal den Satz höre ›Ich habe jemanden kennengelernt‹, dann bin ich weg«, erklärte ich ernst.

»Deal!«, nickte Alex, griff in mein Haar und schubste mich leicht zurück. Seine Wohnung wurde zu unserem ganz persönlichen Spielplatz: Er zog mich in die Mitte des Raums und befahl mir, dass ich mich ausziehen sollte.

»Langsam …«, sagte Alexander mit dominantem Unterton und beobachtete mich dabei, wie ich die Schleife meines Kleides öffnete und es mir über den Kopf zog. Dann bückte er sich zu mir runter und streifte mir die Strumpfhose von den Beinen. Ich griff in sein Haar und kicherte leise, nicht weil ich mich über ihn lustig machte, sondern weil ich nicht fassen konnte, welche Wendung der Tag genommen hatte.

Alexander ignorierte mein Kichern und baute sich vor mir auf, um mir erst einen Kuss aufzudrücken und mich dann grob umzudrehen. Dass er nicht zimperlich war, gefiel mir. Als ich mich wieder zurückdrehen wollte, schubste er mich gegen den Esstisch und nahm mich von hinten. Ich hielt ein paar Stöße durch, bis ich mich hastig umdrehte. Er seufzte auf, als meine Lippen seine Mitte berührten. Seine Hand ließ er an mein Kinn wandern, er wollte, dass ich ihm in die Augen guckte: In seinem Blick glitzerte ein Mix aus Geilheit und Arroganz, etwas Liebevolles fand ich nicht. Aber das brauchte ich in diesem Moment auch nicht. Das Einzige, was ich jetzt brauchte, war sein Schwanz in meinem Mund und die Genugtuung, dass ich wieder mit ihm in der Kiste gelandet war.

*

Lange hielten wir die Vereinbarung mit unserer Freundschaft Plus nicht ein. Die ersten Treffen liefen noch reibungslos ab, nach ein paar Wochen wurde es holpriger: Wenn ich Alexander nach einem Termin fragte, hatte er keine Zeit, wenn er mich fragte, hatte ich keine Zeit. Ständig verpassten wir uns, sagten einander ab – wegen des Jobs, wegen zufälligen Dienstreisen oder spontanen Ausflügen mit unseren Freunden. Die Panik, dass irgendwas nicht in Ordnung war, wuchs unter meiner Brust. Grund dafür war natürlich mein Basti-Trauma, bei ihm hatte ich nie gewusst, wie es weiterging, wenn er sich mal ein paar Tage nicht meldete.

Dann kam der Tag, an dem Alex mich fragte, ob wir etwas essen gehen wollten. Ich bejahte. Schon als er mich in seine Arme zog, wusste ich instinktiv, dass er mir etwas Unschönes zu sagen hatte.

»Okay, was ist los?«, fragte ich offen, nachdem wir etwas Small Talk gemacht hatten – jedes seiner Worte wählte er mit Bedacht.

Alexander sah auf die Tischplatte vor ihm, holte tief Luft und sagte verschämt: »Ich habe jemanden kennengelernt.«

Das Klirren meines Herzens konnte ich in diesem Moment nicht hören, weil das Adrenalin laut durch mein Blut rauschte. Es waren genau die Worte, mit denen auch Basti mich regelmäßig die Klippe runtergestürzt hatte. Der vertraute Schmerz, dass es wieder schiefgegangen war, gab mir paradoxerweise den Halt, den ich nur wenige Sekunden zuvor durch diesen einen beschissen Satz verloren hatte. Dann setzte ein Automatismus ein: Es war ein unechtes Lächeln, das über meine Lippen huschte, während meine Augen eiskalt blieben, es war die hohe Stimme, die meine Enttäuschung überspielen sollte und es waren die zuckersüßen Worte, die einen bitteren Nachgeschmack auf meiner Zunge hinterließen: »Wirklich? Oh, das freut mich für dich! Erzähl mir alles!«

Er nickte dankbar und fing an, von ihr zu schwärmen. Ich saß tapfer da, hörte ihm zu, lächelte, fragte sogar nach, wie sie sich kennen gelernt hatten und quälte mich durch dieses Gespräch durch. Ich war nicht mal sauer auf ihn. Die einzige Person, über die mich maßlos ärgerte, war ich selbst: Ich hatte ihm wieder schamlos in sein Gesicht gelogen, wieder eine Maske aufgesetzt, hatte meine Gefühle wieder vor ihm verheimlicht.

Als wir uns voneinander verabschiedet hatten, wählte ich Mias Nummer und brach auf der Stelle in Tränen aus. Ich erzählte ihr, dass meine schlimme Vorahnung erneut wahrgeworden war und beendete meine Erklärung mit dem Satz: »Egal, vermutlich kommt er irgendwann eh wieder an.«

»Klar, das hält doch nie im Leben!« Mia wollte mir mit diesen Worten nur Trost spenden, doch ich unterbrach sie zornig.

»Hast du gehört, was ich gerade gesagt habe?«, fragte ich sie fast hysterisch. »Ich fang schon wieder mit dem Mist an. Ich will das nicht mehr, ich will nicht mehr warten! Entweder er entscheidet sich für mich, oder er lässt es. Aber ich kann das nicht noch mal durchmachen! Ich kann nicht die gleiche Scheiße machen wie bei Basti! Das hat mein Leben zerstört, damit kann ich doch jetzt nicht schon wieder anfangen«, japste ich aufgebracht nach Luft.

Jetzt seufzte Mia nachdenklich: »Nee, das können *wir* wirklich nicht noch mal machen.«

Dass sie in diesem Moment »wir« sagte, ließ mich noch einmal laut aufschluchzen. Denn ja: Mia war jedes Mal an meiner Seite gewesen, wenn mir einer dieser Idioten mal wieder mein gottverdammtes Herz gebrochen hatte. Jedes Mal päppelte sie mich auf, war stark für uns zwei, wenn ich all meine Stärke verloren hatte und schenkte mir ihre Energie, um mich aus dem Loch, in das mich die Typen achtlos reingestoßen hatten, wieder rauszuziehen.

*

In den nächsten Wochen heulte ich mich Tag für Tag in den Schlaf, versuchte aber weiter, die starke Fassade aufrechtzuerhalten, nur damit ich abends im Bett unter meiner Trauer zusammenbrechen konnte. Ich trauerte nicht um Alexander, nicht um den Sex, den wir hätten haben können – ich trauerte viel mehr um mich selbst.

Als ich eines Tages meiner Freundin Mara gegenübersaß und sie traurig anguckte, seufzte sie: »Ach, Julie, es tut mir so leid.« Mara hatte ich erst ein paar Wochen nach dem Holland-Urlaub von der Sache mit Alexander erzählt, als ich mir selbst eingestanden hatte, dass da wohl doch Gefühle im Spiel waren. Sie hatte sehr verständnisvoll reagiert und mir Mut zugesprochen, dass ich es ihm einfach sagen sollte.

»Ich finde es bloß so unfair«, sagte ich zu ihr, eine einzelne Träne tropfte mir über die Wange. Dass wir mitten in einem Café saßen, war mir egal. Ich hatte in den letzten Wochen überall geweint: in der Bahn, im Sportstudio, sogar beim Masturbieren.

Sie lächelte betroffen und sagte: »Julie, er hat dich einfach nicht verdient. Wenn er nicht sieht, was für ein toller Mensch du bist, dann ist er das Problem und nicht du.«

»Ich weiß, dass du Recht hast, und irgendwann werde ich das sicher auch fühlen können, aber mich ärgert es gerade einfach so, weil ich finde, dass ich es verdammt nochmal verdient hätte. Scheiß auf Alexander, soll der doch glücklich werden, aber dass ich es nicht werde und es mir nicht vergönnt ist, das bricht mir das Herz«, sagte ich traurig. Sie nickte verständnisvoll.

Inmitten dieser düsteren Herbsttage, in denen ich mich in meinem eigenen Selbstmitleid suhlte, schubste mich das Karma still und heimlich zurück auf die Sonnenseite des Lebens. Auf einmal fügten sich Dinge, für die ich jahrelang so hart gearbeitet hatte: Mein Job fiel mir unfassbar leicht, ich wurde mit Lob und Anerkennung überschüttet, ich bezwang nach ewig langer Suche endlich den Berliner Wohnungsmarkt und meine Freunde kümmerten sich rührend um mich. Wir trafen uns fast täglich in irgendeiner Bar zum Quatschten, manchmal weinte ich, aber die meiste Zeit lachten wir.

Und dann kam irgendwann der Tag, als ich aufwachte und sich mein Herz ganz plötzlich nicht mehr schwer anfühlte. Stattdessen durchflutete mich eine große Dankbarkeit: Ich hatte in den letzten Jahren schon so viele Tränen wegen irgendwelchen Typen vergossen und dabei gerne außer Acht gelassen, wie viele Menschen ich in meinem Leben hatte, die mich zum Lachen brachten. Als mir das plötzlich bewusst wurde, war der Kummer wegen Alex vergessen.

Deshalb freute ich mich auch, als er mich erneut nach einem gemeinsamen Essen fragte. Vor uns auf dem Tisch standen zwei Teller mit Pasta.

»Erzähl, wie geht es dir. Was ist in den letzten Wochen so passiert?«, erkundigte er sich, während er sich die Nudeln in den Mund schaufelte.

Ich lächelte, horchte kurz in mich hinein und antwortete: »Es dreht und wendet sich gerade ganz viel, aber das fühlt sich irgendwie gut an.«

Er legte seine Stirn in Falten, weil er mit meinem Geschwafel nicht so viel anfangen konnte. Ich überlegte kurz, ob ich ihm die größte Neuigkeit wirklich schon anvertrauen wollte. Ich atmete einmal tief durch, faltete die Hände unter meinem Kinn und lächelte: »Alex, ich werde ein Buch schreiben!«

Er ließ den Löffel geräuschvoll auf den Teller sinken und grinste verblüfft: »So ein richtiges Buch? Mit Verlag? Das man dann im Buchladen kaufen kann?«

Ich nickte.

»Das ist mega, Julie! Das wolltest du immer machen«, sagte er mit ehrlicher Begeisterung in der Stimme.

»Ich weiß«, lächelte ich seelenruhig.

»Und in die Danksagung schreibst du dann: Danke Alexander«, lachte er.

Ich warf ihm einen langen Blick zu: »Nein! Da steht: Danke, an all die Typen, die mir mein Herz gebrochen haben.«

In Alexanders Kopf ratterte es merklich, es dauerte zwei, drei, vier Sekunden bis er sich auf einmal auf seinem Stuhl nach vorne beugte und hastig sagte: »Aber ich hab dir nicht dein Herz gebrochen.«

Ich sagte nichts.

»Julie, ich hab dir doch nicht dein Herz gebrochen. Hab ich dir dein Herz gebrochen?«, fragte er aufgeregt und sah mich durchdringend an.

Ich wich seinem Blick aus und fuhr mit meiner Hand durchs Haar: Ja, er hatte es gebrochen. Er hatte zwar nicht darauf rumgetrampelt; vielleicht hatte er es, im Gegensatz zu all den Typen vor ihm, nicht in tausend Teile zerfetzt; aber er hatte es gebrochen und es hatte in den letzten Wochen verdammt wehgetan.

Ich warf ihm einen kurzen Blick zu, seine Pupillen huschten aufgeregt umher. Dann seufzte ich.

Er hatte es vielleicht gebrochen, aber vielleicht hatte er es ja auch einfach nur aufgebrochen? Alexander hatte sich nicht falsch verhalten, eigentlich hatte er sogar verdammt viel richtig gemacht und dafür war ich ihm unendlich dankbar. Ihm jetzt die Verantwortung dafür zu geben, dass ich mich selbst sabotiert, belogen und dadurch eben auch selbst verletzt hatte, wäre irgendwie unfair gewesen.

Und weil ich diesen Gedanken sehr heilsam fand, entschied ich mich in diesem Moment dazu, ihm statt einer Antwort auf seine Frage lieber ein liebevolles, friedliches Lächeln zu schenken und ganz schlagartig das Thema Alexander und Julie für immer zu wechseln.

Epilog

Lieber Traummann,

*ich kenne dich noch nicht, oder vielleicht doch, wer weiß das
schon? Aber ich bin mir sicher, dass du ein ziemlich cooler Typ
bist. Ich danke dir jetzt schon mal, dass du es erträgst, wenn
ich mir mal wieder den Kopf über irgendwas zerbreche und
stundenlang in einer Gedankenschleife festhänge. Ich danke dir,
dass du mich auch in den Momenten magst, in denen ich mich
selbst nicht leiden kann. Dass du mich nicht verändern willst,
aber trotzdem hilfst, wenn ich es will. Ich danke dir, dass du es
gelassen nimmst, wenn ich mal wieder wild nach Aufmerksamkeit strampele, dass du damit klarkommst, wenn mein Hunger
auf deinen Schwanz unersättlich ist und wenn ich nicht aufhören kann zu reden, obwohl ich dich schon zwei Stunden vollge-
quatscht habe.*

Deine Julie

P.S.: Kannst du dich bitte mal ein bisschen beeilen?

*

Obwohl ich tief in mir drin wusste, dass Alex nie der Richtige für mich
gewesen war, genauso wenig wie Leon, Nero und Basti, hatte es mich
wirklich traurig gemacht, dass es wieder nicht funktionieren sollte.

Ich fragte mich in diesem Moment, was zur Hölle ich denn noch alles tun sollte, um endlich mal einen Typen zu finden, der mich nicht nur für eine heiße Nummer, sondern auch für den Sonntagsbrunch bei Mutti in seinem Leben haben wollte. Ich fragte mich, warum Männer zwar ständig sagten, dass ich toll sei, sie sich aber doch lieber für eine andere entschieden. Und ich fragte mich, wie viele beschissene Beziehungsratgeber und Psychobücher ich eigentlich noch lesen sollte, bis ich endlich mal verstand, wie Männer tickten.

Tja, und dann telefonierte ich eines Abends, eigentlich nur wegen eines Geburtstagsgeschenks, mit einem entfernten Bekannten: Jones. Er erwischte mich leider ausgerechnet an einem Tag, an dem ich emotional mal wieder völlig aufgebracht war. Weshalb ich ihm eine Stunde die Ohren vollheulte und ihn fragte, wieso eigentlich alle Männer so scheiße waren. Dass er die Augen verdrehte, konnte ich durchs Telefon förmlich sehen. Trotzdem hörte er mir geduldig zu, brachte mich mit seinen Witzen zum Lachen und sagte dann auch noch so schlaue Dinge, dass ich ganz vergaß, mit ihm über das Geschenk zu sprechen und ihn gleich am nächsten Tag noch einmal anrufen musste und am übernächsten und am überübernächsten.

Eines Abends saß ich nach einem unserer Telefonate auf der Couch, trank ein Glas Rotwein und rauchte eine Zigarette, als ich mir noch einmal durch den Kopf gehen ließ, was er gesagt hatte, und mir klar wurde, dass ich mir seit Jahren einfach immer nur die falschen Fragen gestellt hatte.

Jahrelang hatte ich immer nur das Verhalten der Typen analysiert, hatte versucht, ihnen klarzumachen, wie liebenswert sie waren, hatte stundenlang dagesessen und mir den Kopf darüber zerbrochen, wieso sie einfach nicht zulassen konnten, so eine Frau wie mich in ihr Leben zu lassen. Seitdem ich denken konnte, hatte ich die Männer, die mir allesamt mein Herz gebrochen hatten, als beziehungsunfähige Arschlöcher, Fuckboys oder Psychopathen abgestempelt.

Leider war Prof. Julie Schmidt, Hobbypsychologin und Blowjob-Queen, nie auf die Idee gekommen, dass sie selbst wohl auch ihren Teil dazu beigetragen hatte, immer an diese Art von Männern zu geraten. Leider hatte ich nie mein Verhalten analysiert, hatte nie versucht, mir klarzumachen, wie liebenswert ich eigentlich war, hatte mir nie Gedanken darüber gemacht, wieso ich es einfach nicht zulassen konnte, endlich mal einen Mann in mein Leben zu lassen, der mich für das wertschätzte, was ich war.

Ich hatte mich immer nur verzweifelt gefragt, warum zur Hölle ich die Liebe eigentlich nicht fand. Plötzlich lag die Antwort auf der Hand: Die Liebe konnte ich niemals in einem anderen, sondern immer nur in mir selbst finden. Diese Erkenntnis war verdammt schmerzhaft und unglaublich heilsam zugleich. Weil ich plötzlich verstand, dass ich die Zügel die ganze Zeit selbst in der Hand hatte und ich bloß die Verantwortung für mein eigenes Glück übernehmen musste.

Als ich mit Jones eines Tages über Schicksal und Vorbestimmung sprach, sagte ich: »Ich glaube, dass fast alles vorbestimmt ist.« Er fand das eher kurzsichtig: »Findest du nicht, dass du es dir da ein bisschen einfach machst? Ich glaube, dass vorbestimmt ist, wann man geboren wird und wann man stirbt. Den Rest hat man selbst in der Hand.«

In dem Moment versuchte ich noch dagegenzuhalten und meine engstirnige Denkweise irgendwie zu verteidigen – so liefen unsere stundenlangen Diskussionen über die wichtigen und unwichtigen Dinge des Lebens immer ab. Im Laufe des Gesprächs musste ich mir allerdings eingestehen, dass Jones mal wieder recht hatte. Als ich an dem Abend im Bett lag, erkannte ich, dass ich wirklich niemandem ausgeliefert war: keinem Mann, keinem Karma, keiner verdammten Sternzeichenkonstellation, keinem Gefühl, keinem brüllenden dreijährigen Kind, das sich trotzig auf den Boden schmiss und andere vor Wut mit Sand bewarf. Ich konnte selbst entscheiden, wie lange ich etwas mitmachte, wo ich selbst eine Grenze ziehen wollte, wer meine Loyalität, mein Vertrauen und vor allem meine Liebe verdiente.

Dass mir diese Erkenntnis überhaupt kam, hing natürlich auch damit zusammen, dass ich seit einiger Zeit nur noch Menschen in mein Leben ließ, die mir wirklich guttaten und die mich genauso akzeptierten, wie ich eben war: lebensfroh, verletzlich, stur, emotional, selbstbewusst, laut, redselig, Aufmerksamkeit heischend, unsicher, witzig, stark, viel zu nah am Wasser gebaut, anstrengend, aber immer und unter allen Umständen liebenswert.

Was auch dafür sorgte, dass ich das Bild meines Traummannes noch einmal kräftig überdachte: Ich hatte keine Lust mehr auf Männer, die immer irgendwas an mir auszusetzen hatten und für die ich mir die Haare umfärben oder den Kleidungsstil ändern musste. Ich hatte keine Lust mehr auf die Typen, die bloß auf der Suche nach einer Hobbypsychologin waren, die ihre tiefen Löcher in der Seele stopfen sollte. Ich wollte auch nicht mehr hinnehmen, mich von einem Mann schlecht behandeln zu lassen, nur weil ich Angst hatte, dass er mich sonst vielleicht nicht mehr mögen könnte. Ich schwor mir, dass ich ab jetzt nur noch coole Typen in mein Leben lassen wollte, die mich akzeptierten, respektierten und sich wirklich für mich und nicht nur für die unnahbare Verführerin interessierten.

Diese weltbewegenden Erkenntnisse teilte ich an einem Nachmittag auch mit meiner Freundin Sara. Wir saßen gerade in einem Café, rührten in unseren Macchiato-Gläsern herum und quatschten über unsere zukünftigen Traummänner, als ich sie anguckte und sagte: »Ich will doch bloß einen Mann, der lässig seine Zigarette in den Mundwinkel steckt und zu mir sagt: *Julie, es ist doch alles gut! Beruhig dich und hör auf nachzudenken, wir reißen jetzt die Weltherrschaft an uns!*«

Im gleichen Moment vibrierte mein Handy auf dem Tisch. Ich griff danach.

Sara lachte auf: »Na, ob das jetzt ein Zeichen ist?«

Mir huschte ein Schmunzeln über die Lippen.

Jones: >>*Na, du Heulsuse? Was geht ab?*<<

Danke,

an all die Typen, die mir mein Herz gebrochen haben.

an Noreen, dass du mich daran erinnerst, wer ich bin, wenn ich es vergessen habe; dass du bleibst, wenn ich vor mir flüchten würde, und dass mir kein Mann das geben könnte, was du mir gibst.

an Mama, Nina und Papa, dass ihr mich unterstützt, zuhört und mich liebt, obwohl ich nicht über Politik, sondern über Penisse schreibe.

an Oma und Opa, weil ihr mitfiebert, wann mein Traummann endlich kommt.

an Julia, dass du an das hier geglaubt hast, lange bevor ich daran glauben konnte: Oh, Baby – das wird ein Bestseller!

an Paulina, alsooo … dass du mir eine andere Perspektive gibst und das Besondere siehst, wenn ich den Blick dafür verliere.

an Katharina, dass mich deine Herzlichkeit daran erinnert, nicht immer so hart zu mir zu sein, für deinen Optimismus und für das Abhören meiner ewig langen Sprachnachrichten.

an Juju, für deine bedingungslose Loyalität, für das gemeinsame Overthinking, dass du mir so oft sagst, dass alles gut wird, und für das immer offene Ohr – auch wenn deins streikt.

an alle, die an meiner Seite geblieben sind, obwohl ich euch jahrelang mit meinem Liebeskummer vollgeheult habe, und ich trotzdem noch zum Flunkyball eingeladen werde.

an Ariane und Iris, für die konstruktive Kritik, die Freiheit bei der Arbeit und den Glauben an das Projekt – Teil zwei ist doch gebongt, oder?

an Manuel, dass wir schon einen Bestseller geplant haben, lange bevor die erste Kolumne erschienen ist, und deine Unterstützung.

an die beschissene Corona-Pandemie, ohne die dieses Buch niemals so geworden wäre.

an Dr. Jones Junior, dass ich dich vollheulen durfte und du mich trotzdem immer zum Lachen gebracht hast; für die Sicherheit, wenn meine Unsicherheit mich verrückt gemacht hat, und vor allem dafür, dass ich mich dank dir selbst wieder leiden kann.